［ブックガイド］

東大教師が新入生にすすめる本

東京大学出版会『UP』編集部――［編］

東京大学出版会

Book Guide for Incoming University Students:
Reading Recommendations from the University of Tokyo Faculty

Editorial Department of *UP*, University of Tokyo Press

University of Tokyo Press, 2012
ISBN 978-4-13-003332-9

はじめに

長谷川寿一
東京大学大学院総合文化研究科長・教養学部長／動物行動学

『UP』四月号恒例の特集『東大教師が新入生にすすめる本』は、一九八八年四月号から始まった。人間でいえば、福原愛さんや田中将大クンと同じ年生まれである。「知の世界」に飛び込む新入生にむけて、読書プランの一助となればと始められ、当初、教養学部の教官（法人化以前の呼称）を中心に寄稿をお願いした。その後、他の部局の教員からもご寄稿をいただくようになり、以来二〇一一年までの二四年間にわたり、延べ五七〇名の東京大学教員から読書案内が寄せられた。あげられた書目数は、じつに約三四〇〇冊をこえる。

　このアンケートでは、各教員の専門の立場からではあっても、文理を問わない幅広い視野で、読むべき古典をおさえつつ、最新の知の世界も紹介するという形式をとっている。それゆえ、その時のその先生の、若い世代に伝えたい真摯な思いが、きわめてよく表れているように思う。リベラル・アーツ教育に重きをおく総合大学に相応しく、文理を問わない視野で回答が寄せられ、そのため、文学や思想などの本が中心となりがちな他のブックガイドとは異なり、自然科学系の書目も数多くあがっている。

　このような教員の思いは東京大学の新入生だけではなく、全国の大学新入生、または、よい本との出会いを求めている読書人にも広く伝わり、ここにあがっている本が読みたいという声にこたえて書店でフェアがくまれ、過去のアンケート回答が収録された文春新書『東大教師が新入生にすすめる本』も好評だと聞く。

　また、本の選択とも併せ、短い文章にもにじみ出るその先生の楽しい個性、その分野の面白さが、新入生の講義選択や、はてはその後の進路選択にあたっても一つのきっかけになることもあったのではないかと想像する。入学したての学生諸君にとっては、おそらくそれはまぶしいほどの知的誘いだろうが、手ほどきにしたがって巨大な知の森にいったん踏み入れると、読書の喜びを実感し、精神的豊かさの糧を身に付ける機会になったはずだ。

では、昨今の学生の読書を巡る状況はどうだろうか。一般に、活字離れが進んでいることを憂慮する意見が多いが、小・中・高等学校では二〇〇〇年代に入り読書指導の強化の成果として読書量が増えているという調査結果がある（全国学校図書館協議会・毎日新聞社）。しかし、大学生については読書時間、書籍代ともに減少傾向にある（大学生協、学生生活実態調査）。二〇一一年の調査では、一日の読書時間は三二分（前年比二・六分の減少）、大学生の一ヶ月の書籍代は一八五〇円（前年比二四〇円の減少）で一九七〇年以降初めて二〇〇〇円を下回ったとのことである。景気後退に伴う生活費全体の減少もあるだろうが、一九七〇年代と比較しても低いということは、大学生の書籍離れが恒常化している証といえそうだ。他方、図書館職員によると、図書館の蔵書利用率データには近年、大きな変化はないとのことであり、大学生の読書離れについての結論は容易には下せない。

読書の時間がネットの情報検索に置換しただけだという見方もしばしば耳にするが、読書とネットサーフィンでは身に付くものが質的に異なり、ネット検索がそのまま読書の代替になるとは思わない。読書を通してしか体得できないものは、読解力のみならず作文力や豊かな感性、学びの耐力など教養の地力そのものであろう。ＰＩＳＡの調査で常に最高位のフィンランドでは、他国の子どもよりも読書量が圧倒的に多いという。

読書には関心や意欲もあるが、どんな本を読んだら良いかよく分からないという学生諸君が多いとも聞く。思えば、自分の読書歴も先輩や教師からの推薦に負うところが大きい。本書が彼らの背中を押す力になることを期待している。教壇に立つ方々にも、参考文献や読書課題のデータベースとして利用していただければ幸いである。

今回アンケート二十五周年にあたり、これらの回答を集計し、各分野の第一人者が短い解説を付した本書は、この四半世紀の教養像の移り変わりを俯瞰し、一方で変わらぬ古典を紹介するものである。昭和から平成へ、バブル期からポスト・バブル期そして現代へと移り変わったこの四半世紀に、東大教員が読書という知の営みとどう向き合ったのかという資料として読んでいただくこともできるだろう。

最後に、この小冊子を手にとってくれた皆様に、また新しい本との出会いを仲立ちすることを念願している。

本書について

東京大学出版会の宣伝誌『UP』編集部では、毎年『UP』四月号において、東京大学の〝教師と新入生の間をむすぶ〟ための試みとして、一九八八年よりアンケート特集「東大教師が新入生にすすめる本」を組んできました。本年、このアンケートが二五回目を迎えるにあたり、『UP』編集部では、過去一九八八年から二〇一一年までの二四年間のアンケートの集計結果を元にしたブックガイドとして、本書を刊行することとしました。

アンケートの設問は、おおよそ以下の4問でした。

①私の読書から――印象に残っている本（一九九四年以前は「新入生にすすめる本」という設問）
②これだけは読んでおこう――研究者の立場から（一九九四年以前は「衝撃を受けた本」「印象に残っている本」などの設問）
③私がすすめる東京大学出版会の本
④私の著書（一九九四年より加わった設問）

過去にアンケートで取り上げられた本をすべて集計してみたところ、設問①「私の読書から」と②「これだけは読んでおこう」に取り上げられた本が約二四〇〇冊、③「私がすすめる東京大学出版会の本」に取り上げられた本が約一〇〇〇冊となりました。ブックガイドの内容は、この集計結果をもとに、大きく以下の三章構成としました。

まず、①と②の設問に過去取り上げられた本の中で、何度も数多く（四回以上）登場した本について、ランキングリストを作りました（二六七頁参照）。一位の『カラマーゾフの兄弟』などは、過去に一一回取り上げられています。これら六六冊のランキングリストの中から、約五〇冊を選び、あらためて一冊ずつ、なぜ新入生にすすめるのか、新入生が読むべき本としての意義を先生方に執筆していただいたのが、「1 ベストブック1988－2011」です。執筆者は、原則として過去にUPアンケートにお答えいただいた先生方にお願いし、新しく書き下ろしていただきました。

次に、設問③については別途集計し、「2 東京大学出版会のベストブック1988－2011」としました。

最後の「3 総合データ1988－2011」は、アンケートに取り上げられた本（和書）を、人文科学、社会科学、自然科学などの分野別にわけ、年ごとにまとめたデータベースです。

東京大学の先生方がこれから学問の道を進む若人に向けて推薦してきた本の四半世紀の集大成として、また時代を超えたベストセレクションのブックガイドとして、ぜひ多くの読者の方々に読んでいただければと願っています。

最後になりましたが、新しくお原稿をお寄せいただいた多くの先生方、序文をいただいた長谷川寿一先生、本ブックガイドの読み方を改めてご指南いただいた渡辺浩先生、東大出版会ベストブックの一位に輝いたUPバイオロジーシリーズについてエッセイをご執筆くださった塚谷裕一先生、そしてこれまで二四年間アンケートにご協力いただいた多くの先生方に、厚くお礼申し上げます。

これからも、『UP』編集部では本アンケート企画を『UP』四月号誌上にて毎年行い、本を通じて教師と新入生の間を結ぶ試みを続けていく予定です。どうぞご愛読くださいますようお願いいたします。

二〇一二年三月

『UP』編集部

注

・本書には、現在（二〇一二年三月末）品切れ・絶版の書目も掲載しております。図書館などでご覧いただくか、発行元の出版社にお問い合わせください。

・本アンケートの関連図書として、文藝春秋編『東大教師が新入生にすすめる本』（二〇〇四）『東大教師が新入生にすすめる本2』（二〇〇九）（ともに文春新書）が刊行されています。それぞれ一九九四－二〇〇三年、二〇〇四－二〇〇八年のUPアンケートの内容が再構成されています。どの先生が、どの本を、どのように紹介されているかがわかりますので、ご参照ください。

［ブックガイド］　東大教師が新入生にすすめる本／目次

1

ベストブック　1988-2011

●ベストブックの本は、二〇一二年三月末現在、入手できるものを中心にとりあげました。複数の出版社より刊行されている場合や、文庫化されている場合は、代表的な入手しやすいものをあげ、（～ほか）と付して表記しました。また、現在、品切れ・絶版の書目も掲載しています。

『カラマーゾフの兄弟』　ドストエフスキー

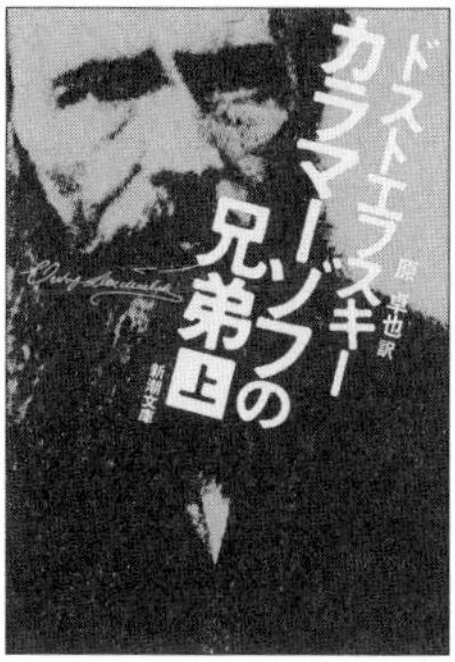

原卓也訳
（全3巻）
文庫判
1978年・新潮文庫
（ほか翻訳あり）

沼野充義　東京大学大学院人文社会系研究科教授／ロシア・ポーランド文学

『カラマーゾフの兄弟』は、重厚長大なロシア文学のうっそうたる森の中にひときわ高くそびえ立つ近寄りがたい大木、敬して遠ざけられる古典の代表格だった。ところが、最近、現代的な日本語による亀山郁夫氏の新訳（光文社古典新訳文庫）が異例のベストセラーになって、急に広く読まれるようになった。もっともこの小説のすごさについては、東大教師に限らず、様々な識者が熱く語ってきたことで、大江健三郎、村上春樹、金原ひとみといった作家たちも皆、この小説の圧倒的な面白さを絶賛している。いまや一九世紀ロシアの予言者は、9・11以後の世界の「現代作家」として新たな生を享けつつあるようだ。

すべてを呑み込むような「全体小説」である。ここには愛と憎しみ、淫蕩と純潔、金銭欲と殺人、悪と恥辱、無神論と信仰、人間の低劣さと高潔さが詰まっており、その作品世界ははるか後に生きる私たちさえも射程に入れている。この小説には、生と死の根源的な問題をぐっとわしづかみにし、一度読者を虜にしたら離さない力が備わっている。価値のよりどころがあいまいなまま、ふわふわとした生活を送る現代の若者がこれを読めば、頭をがつんと殴られたような衝撃を覚えるに違いない。

ここに登場する兄弟とは、奔放な情熱と善良さを兼ねそなえた長男ドミトリー、「神がなければすべては許される」と考える冷徹な無神論者イワン、敬虔で純粋な魂を持った三男アリョーシャ。彼らが描き出す人間の心のあり方は信じがたいほど多様である。作中でドミトリーが「人間〔の魂〕は広い。広すぎる。狭めてやりたいくらいだ」と慨嘆している通りだ。

若い皆さんには、本書を読んで、ぜひこの「広さ」に衝撃を受けてほしい。他人に決められたレールを踏み外さないように生きる日常の中で、矮小化されがちな自分の魂を見つめ直してほしい。『カラマーゾフの兄弟』を苦労して読み終えた後、世界はきっと少し違った風に見えるはずだ。

『資本論』カール・マルクス

岡崎次郎訳
（全９巻）
文庫判
1972〜75年・大月書店
（国民文庫）
（ほか翻訳あり）

小幡道昭
東京大学大学院経済学研究科教授／理論経済学

『資本論』第一巻の刊行は大政奉還の年、舞台はマルクスが二〇年近く亡命生活を過ごしてきた大英帝国、だから日本の資本主義化もロシア革命も想定外、眼前の発達した資本主義の全体像が主題だ。ただ全体を丸ごと捉えるというのは厄介で、外から眺められるものは部分、宇宙を外から眺められる人はいない。この宇宙全体を捉えようとすると「時間と空間の関係は？」なんていう抽象論から片づけねばならない。資本主義も実は同じ。人間の社会なら外から眺められそうだが、それはその時代が終わった後の話。『資本論』も「商品とは？」という抽象的な問いで始まる。私たちがそのなかで暮らしている社会の全体像は、見知っていながら説明できない「謎」を解き、内側から構成原理を探りだすほかない、と言いたいのだろう。でも、これは高校の物理をいきなり相対性理論から始めるようなもの、難しいにきまっている。だから巷の解説本はこの辺をサッと飛ばして先を急ぐ。すると意外や意外、ワーキングプア、金融恐慌、グローバリズム、なんだか眼前の現象があちこちで説明されている……ような気がする。幕末の本が現代に当てはまるなんてスゴイ、さすがマルクス、本質を見抜いていたんだ、と本の帯は謳《うた》う。

とはいえ、よく見ると現実はちょっと違う。「似てる」と「同じ」は違うんだ。それで「ホントはこうじゃない？」と一手打ち返してみたくなる。私が『資本論』を読み始めた四〇年前には社会主義国が健在で、こういう批判的な読み方を許さぬ雰囲気がまだあった。今はかえってよい時代かも、批判するほど味がでる本なのだ。そこで、今の資本主義を碁盤に見立てマルクスに対局願うと、これが滅法《めっぽう》強い。部分で勝ったと思ったときほど大局で惨敗、全体の本質を洞察する力が違う。こうして三〇年余り、大学院のゼミで毎年のように『資本論』を読み、マルクスの指南で指してくる院生諸君に惜敗し密かに涙してきた研究室もいつしか追われる歳《よわい》となった。何もこんなに長く付き合うことはないが、一度対戦してみると全体をつかむセンスがグンとアップすること必定だ。

『定本 解析概論』高木貞治

B5変型判
2010年・岩波書店

宮岡洋一
東京大学大学院数理科学研究科教授／代数幾何・複素多様体論

大学で学ぶ数学は高校までの数学とは大きく違っていて、当惑する学生が多い。決定的違いは、扱う数学的対象、たとえば「数」について、自覚的、あるいは神経質な取り扱いが求められることであろう。

ものの個数である自然数から始めて、整数、有理数を導入する流れはごく自然である。しかしながら、極限という無限操作によって定義される一般の実数は、ゼノンの逆理が哲学者たちを悩ませたごとく、決して自明な存在ではない。実際、解析学の発展と集合論の誕生に伴って奇怪な実例が続々と見いだされた一九世紀には、実数論をはじめとする数学が果たして矛盾のない体系なのか、疑いすらもたれるようになった。多くの数学者の努力によって、数学の危機は一応回避されたわけであるが、従来疑いなき実体とされてきた種々の数学概念は、以後慎重な吟味を要するものとなったのである。

『解析概論』は、数学の危機を経験した後の書物である。本書は「実数の連続性」から出発し、極限、微分、積分といった無限操作を、いわゆるε-δ論法により、一歩一歩慎重に基礎づけていく。こうした厳格なスタイルで一貫する大学初年生向け微積分教科書として、一九三八年初版の本書は、国際的に見ても時流を抜く金字塔であった。若い世代の読者の目には、本書の文体がいささか古めかしく、取っ付きにくい（著者没年である一九六〇年に改訂三版が出るまでは、旧民法と同じく漢字カタカナ交りの文章に、「こおしい」とか「ていろる」といった、ドイツ訛、ひらがな表記の外国人名が挟まっていたのである）と映るかもしれないが、慣れればそれも、なかなか味わい深い。またフーリエ級数の理論など、軟弱化した現今の講義ではあまり触れない題材が取りあげられているのも、本書の価値を高めている。豊富な実例を自分の手で計算しつつじっくり読み通す根気があれば、数学の厳格な論理とはどんなものなのか、あなたも体得できるはずである。

『方法序説』 ルネ・デカルト

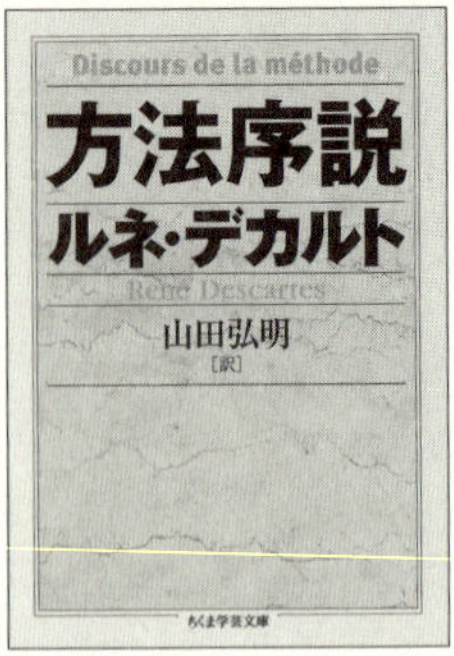

山田弘明訳
文庫判
2010年・ちくま学芸文庫
（ほか翻訳あり）

高山 守
東京大学大学院人文社会系研究科教授／ドイツ近代哲学

近現代哲学の祖デカルトの著書と言えば、しかつめらしい印象がどうしてもつきまとうが、ご婦人にも分かってもらえるようにという――いまでは口にできない――もくろみをもって書き記された本書は、とにかく分かりやすい。読みやすい。そして、むろん、おもしろいわけだが、なぜおもしろいかと言えば、それは、デカルトという人物が、何をどう考えて哲学あるいは学問をし始めたのかが、手に取るように分かるからである。それは、また、近現代哲学の幕開けが、デカルト自身の生き生きとしたナレーションをとおして体験できるということでもある。

この書物は、分量的にも、ごく小さなものだが、全体は、六つの部分に分かれている。その第一部は、有名な一文「良識はこの世で最も公平に配分されたものである」で始まる。ただし、大事なことは、その良識、あるいは、理性、精神を、「よく用いること」であり、その点で、「私の場合は大変幸運であった」、と言う。その幸運な「私」が思い至ったことは、「哲学」において、「本当らしく見える」ものは、「ほとんどみな虚偽だ」ということ、「その他の学問については、その原理を哲学から借りているので、これほど弱い基礎の上にはどんな堅固なものも建てられない」ということであった。

こうした回顧を受けて、いよいよ本書の核心部、第四部に至る。その冒頭のテーマが、かの「私は考える、ゆえに私はある」である。「物体から完全に区分された」「精神」としての「私」――こうした「私」の存在を主張することは、いまではなかなか難しい。けれども、デカルトのこの箇所を読むと、そのたびごとに、そういう「私」が存在するのかもしれない、という気にもなる。まちがいなく、今日まで失われることのない古典の力というものだろう。一度は、この力に触れておかねばなるまい。

『プロテスタンティズムの倫理と資本主義の精神』マックス・ヴェーバー

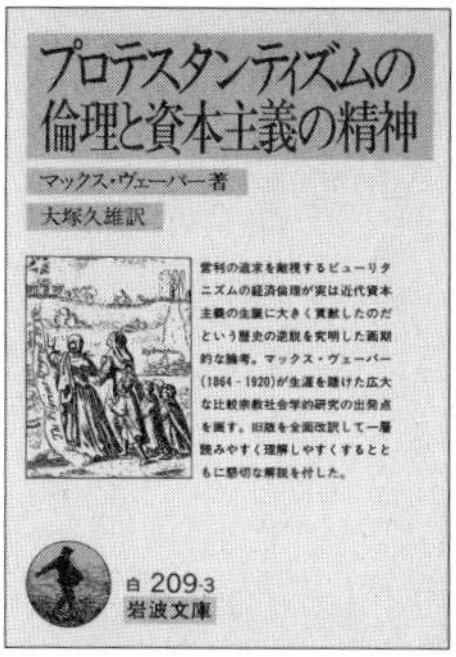

大塚久雄訳
文庫判
1989年（改訳版）
岩波文庫
（ほか翻訳あり）

本村凌二　東京大学大学院総合文化研究科教授／地中海文化研究・西洋古代学

もしルターやカルヴァンのような宗教改革の指導者たちが今の資本主義社会の文化を目にしたとすれば、このようなものを自分たちは作ろうとした覚えはない、と言うはずだ。これは百年前とはいえ、ヴェーバー自身が語った言葉である。

ともすれば、ヴェーバーは資本主義の起源をキリスト教の禁欲的プロテスタンティズムに帰そうとしたと語られがちである。だが、それほど素朴な観念論者であろうか。

一昔前の世代には、マルクスとヴェーバーを対比してとらえる風潮が根強かった。たしかに、経済現象という下部構造に注目しつつ資本主義社会の成立を論じたマルクスに比べれば、資本主義の精神なる上部構造に斬り込むヴェーバーは対極にあるように見える。だが、それでいいのだろうか。

高校生のころ本書を読んだのだが、私も若者にありがちな観念論の色メガネに染まっていたらしい。大学を卒業するころ二度目に読んだときには、多少は経済史をかじっていたせいか、ヴェーバーの議論はマルクスの理論を補完するものとして理解できた気がする。だから、本書を読む心構えとして、その前に資本や労働力などという経済現象の歴史書をひもとくのもいいだろう。

それにしても、ときとして歴史は皮肉な逆説をひきおこす。およそ世俗になじまないプロテスタンティズムの禁欲的エートス（倫理）が勤勉や節約の雰囲気を生み出し、やがて合理的な経済活動と世俗的な資産形成の精神へと連なったというのだ。

わが国では一九世紀半ばのペリー来航以降、欧米列強の帝国主義覇権闘争の荒波を斥け、植民地化をまぬがれ、近代国家と資本主義社会を生み出すことに成功した。この出来事も「武士道」などという私心を捨て去る忠孝精神の賜物ではなかったか、と本書を逆手に想像してみたくなる。

『定本　想像の共同体』
ベネディクト・アンダーソン

白石隆・白石さや訳
四六判
2007年・書籍工房早山
（1987年・リブロポート
1997年・NTT出版）

木畑洋一
成城大学法学部教授・東京大学名誉教授／国際関係論・国際関係史・イギリス帝国史

　現在の国際社会を構成している単位は、国民国家というまとまりである。そのなかで、人々は国民（ネイション）としての一体性を感じているが、そのような感情（ナショナリズム）が歴史的にいかにして生まれてきたかについては、さまざまな議論が行われてきた。論者たちの見解は、ナショナリズムを古くから存在してきたものと見る見方と、一八～一九世紀に生まれてきた近代的なものと見る見方、その両者を折衷する見方とに、大きく分けることができる。その内最も説得力があり、強い影響力をもつのは、近代的なものとしてナショナリズムを捉える見解である。本書は、そうした議論を代表する名著である。

　アンダーソンは、国民という共同体は人々の想像のなかで作りあげられていったと考え、自分たちの間に同じ国民としての共通性があるという考えがひろがった要因として、それまで共通性が希薄であった人々の間に出版を通して浸透した言語の重要性を強調する。「ナショナリズムを発明したのは出版語」であるというのが、彼の最も基本的な主張である。アンダーソンは、インドネシアなど東南アジアの専門家であり、本書でもインドネシアの事例など（日本にも言及されている）によってその主張が説得的に展開されている。

　この本は、一九八三年の出版以来世界のきわめて多くの国で翻訳されてきているが、最初に翻訳が行われたのは他ならぬ日本においてであった。原著は一度増補され（人口調査、地図、博物館のもつ意味が分析された）、さらに邦訳で「定本」と銘打った本となった。「定本」で新たに加えられた「旅と交通」という章では、この本が各国でどのように翻訳されてきたかが紹介されている。この翻訳の状況は、それぞれの国の国民がいかなる過程を経て生まれてきたかが強い政治性を帯びた問題であることを改めて示すとともに、この本の主張がもつ力の大きさをよく物語っている。現代世界の成り立ちを問う上で欠かせない本であるといえよう。

『オリエンタリズム』

エドワード・W・サイード

板垣雄三・杉田英明監修
今沢紀子訳
（全２巻）
HL判
1993年・平凡社ライブラリー

石井洋二郎
東京大学大学院総合文化研究科教授／地域文化研究

大学での学問は、あらゆる既成概念を根底から問い直し、批判的に相対化することから始まる。この本はまちがいなく、その貴重なきっかけを与えてくれる一冊となるだろう。

本書のエッセンスは冒頭に置かれた長文の「序説」に凝縮されているので、まずはこの部分をじっくり読んでみるといい。そこでは「オリエンタリズム」の定義が、三段階に分けて整理されている。

第一は伝統的な学問分野における東洋研究という意味で、これはしばしば「オリエント学」とか「地域研究」と言い換えられる。第二は「東洋《オリエント》」と「西洋《オクシデント》」の区別を前提とした思考様式という意味で、西洋の研究者や著作家たちが東洋の文化や風習に注ぐまなざしは、長いあいだこれによって規定されてきた。そして第三は西洋が東洋を「支配し再構成し威圧する」方式という意味で、著者の主張の中核は言うまでもなくここにある。

少し嚙み砕いていえば、サイードはこれまで漠然と「東洋趣味」といったニュアンスで了解されてきた「オリエンタリズム」という言葉を、まずは西洋人による東洋のとらえ方（表象）あるいは語り方（言説）として、そして次に西洋の東洋に対する支配の仕方として、再定義しているのである。この視点から見れば、「東洋《オリエント》」と「西洋《オクシデント》」といった地理的な区分はあくまでも人為的に構成された観念であり、それ自体が政治的・経済的な力関係の中で生み出されたイデオロギー的産物にすぎないことになる。

本書を読むと、「ヨーロッパ」であれ「アジア」であれ、私たちが無意識のうちに使っているさまざまな地域概念は、じつは無色透明で客観的なものではなく、常にある種の「色」がついているということに気付かされる。このことは、たぶん人文社会科学のどんな概念についても多かれ少なかれあてはまるだろう。物の見方・考え方を深いところで揺り動かす「リベラル・アーツ」の神髄が、ここにある。

『科学革命の構造』
トーマス・クーン

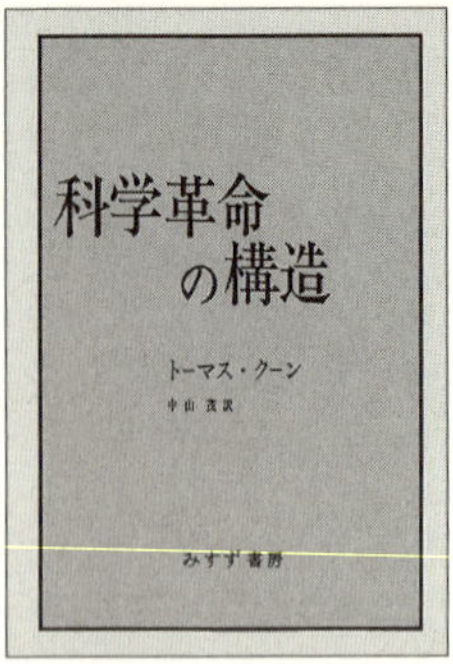

中山茂訳
B6判
1971年・みすず書房

橋本毅彦
東京大学大学院総合文化研究科教授／科学技術史

本書の出版は一九六二年、今年でちょうど出版五〇周年を迎える。著者クーンは一九二二年生まれのアメリカの科学史家・科学哲学者であり、本書を四〇歳の時に世に出した。

クーンの書の主要な論点は、科学の発展に「革命」の概念をもちこんだところであり、それを説明するために新機軸を打ち立てた科学業績を表す言葉として「パラダイム」という概念を導入した。そして革命が起こる「異常科学」以外の時期の科学研究を「通常科学」と呼び、その研究活動を「パズル解き」になぞらえた。

そのような科学活動の特徴づけを科学者自身は訝しく思い、多くの科学哲学者たちも反論を展開した。「パラダイム」概念の不明確さも批判された。その一方でクーンの議論をさらに継承し発展させる哲学者、影響を受け新たな研究を展開する科学史家も多く現れることになった。クーンの本は、それ自身がパラダイムとなって科学哲学や科学史などの「メタサイエンス」と呼ばれる研究分野に一つの革命をもたらした。少なくとも今までとは別の観点で科学を眺め、論争を呼び起こすような新概念を提示することによって、科学史・科学哲学・科学社会学の研究者たちに新たに取り組むべき大きな課題を与えてくれたことは確かである。

筆者は本書を哲学演習の授業で利用している。ただし本書には多くの科学史の事例が散りばめられていることもあり、授業の前半では大きな科学史の事例を勉強し、その上で本書を読むことにしている。準備をした上で本書を読み、本書の内容とその後の論争の解説書も読んだ上で、最後にクーンの批判や擁護など自分の考えを論述してもらうのである。

すべてに同意する必要はないだろう。それでも本書から科学に関して重要な知見を得ることができよう。私自身毎学期本書を読み返し、新たに気づくことが多々ある。含蓄ある科学論の古典である。可能であれば英文の原著で読んでみることも是非勧めたい。

『ファインマン物理学』
ファインマン、レイトン、サンズ

坪井忠二・富山小太郎・宮島龍興・戸田盛和・砂川重信訳
Ⅰ力学、Ⅱ光・熱・波動、Ⅲ電磁気学、Ⅳ電磁波と物性（増補版）Ⅴ量子力学
（全５巻）
B5判
1986年・岩波書店

太田浩一 東京大学名誉教授／物理学

　ニューヨーク、マンハッタンからＪＦＫ国際空港行地下鉄に乗り、空港を通り過ぎてジャマイカ湾を渡ると、終点ファーロッカウェイに着く。ロングアイランド鉄道でもまったく違う経路を通って同じ町に行くことができる。黒人居住区とユダヤ人居住区が隣りあっている町だ。ファインマンの生家はコーネイガ大通りの東端に現存する。コーネイガ大通りの西端にはファインマンが通学したファーロッカウェイ高校がある。ファインマンの講義録には特別講義が収められていて、その冒頭にこの高校での思い出が書いてある。

　ある日、物理の授業が終わった後で、ベイダー先生がファインマンを呼び、「君は退屈しているようだ。面白いことを教えてあげよう」と言って、最小作用の原理を説明してくれたのだ。ファインマンは生涯その魅力にとりつかれた。理論物理学の強力な道具になっている経路積分の着想の源泉はこの高校の経験にあったのだ。フェルマーの原理「光線は伝搬時間が最小になる経路を取る」にも一章をさいている。講義や教科書の使命は学生に技術や知識を教えることではなく、この一瞬のひらめき、霊感を与えることだ。

　この本は、ファインマンがカリフォルニア工科大学で、一九六一年から一九六三年まで、新入理科生のために行った物理学入門講義に基づいている。ファインマンのもったいぶらない語り口は親しみやすく、引き込まれてしまう。物理法則における対称性では、日光東照宮陽明門の逆柱が出てきたりする。だが、実際のところ、この本を理解するには汗と涙を必要とする。電磁輻射の章では、加速度運動する荷電粒子のつくる電磁場の優美な公式が証明なしに登場する。この公式は、電磁気学を教えている教師でも簡単には導けない。ほとんどの学生はここであえなく挫折することになる。だが、ファインマンは学生に挑戦しているのだ。新入生にとってこんな刺激的な本は他にない。

『罪と罰』 ドストエフスキー

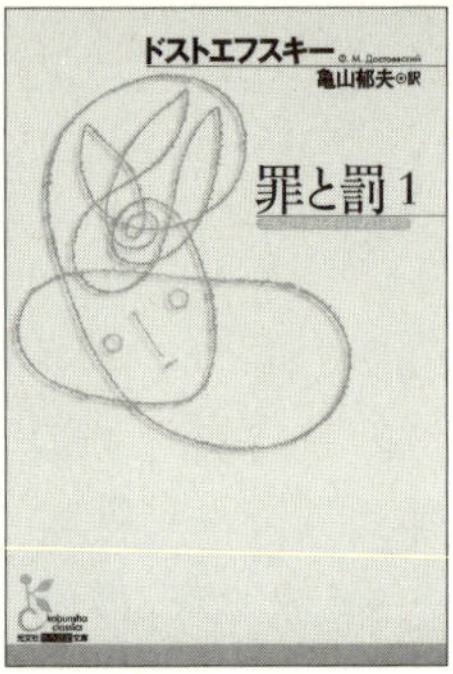

亀山郁夫訳
（全３巻）
文庫判
2008～2009年・光文社古典新訳文庫
（ほか翻訳あり）

沼野充義　東京大学大学院人文社会系研究科教授／ロシア・ポーランド文学

『罪と罰』のプロットは比較的単純だ。舞台は一九世紀半ばのペテルブルク。貧しい元学生ラスコーリニコフは、「選ばれた」天才にはくだらない他の人間を殺すことも許されるという考えにとりつかれ、金貸しの老婆を殺害してしまう。これは金のためというよりは、一種の思想的実験だった。しかし、彼は殺人の後で激しい苦悩に陥り、最後には自首してシベリアで懲役刑に服する。そして彼を愛する心清らかな元娼婦ソーニャに支えられながら、再生への道を歩み始める——といったところだろうか。

それにしても、殺人を犯す貧乏学生や、家族のために自分を犠牲にして娼婦となる娘といった人物像ほど、現代日本の恵まれた学生の皆さんから遠いものはないだろう。ところが、である。これが文学の奇跡的な力というものなのだが、読者は誰でもいったんこの作品の世界の中に引き込まれたら、最後まで抜け出すことができないのだ。明治時代にこの本を英訳で読んだ内田魯庵は、「広野で落雷に会ったような」衝撃を受けて、翻訳を決意したという。私も中学生のときこの小説を読み、心を震撼させられた。

しかし、こういう小説を読んでいったい何の役に立つのか、と疑問に思う若者もいるかもしれない。確かに文学の効用なんて、いちがいに言えるものではない。『罪と罰』を読んで、革命家になる人もいれば、信心深い聖職者になる人もいるだろう。私みたいにロシア文学の専門家になる人もいる（これはあまりお勧めできない例だが）。

いずれにせよ、この作品は激しい愛と信仰と思想のドラマであり、そのすべてを表現する精緻な言語芸術のシャワーを浴びることを通じて、私たちは希薄になりつつある生の実感に迫ることができる。そして、政治家や高級官僚や大企業の経営者の中に、そういう読書体験を経た人間が少しでも増えれば、この世の中も少しはよくなるのではないか。冗談ではない。大震災や原発事故以後の日本を見ていると、つくづくそう思う。

『歴史とは何か』 E・H・カー

加藤陽子　東京大学大学院人文社会系研究科教授／日本近代史

清水幾太郎訳
新書判
1962年・岩波新書

一九三〇年代の日本の外交史と軍事史を専門としてきた。戦争と革命の世紀と呼ばれる二〇世紀にあって、日本の三〇年代が放つ魅力には格別なものがある。何故そういえるのか。一言で述べるのは難しいが、当時の日本が、太平洋をはさんで向き合うアメリカと並んでアンチ・システムの国、すなわち自ら地域秩序などを独自に創成しようとする国だったから、というのは一つの答えだろう。

どこを斬っても血のでる近現代史を学ぶ場合、対象との間合い、距離の取り方が決定的に重要となる。私はこの勘所をカーから教わった。カーは、ヴェルサイユ体制が二〇年で崩壊した理由につき「愚かなために、あるいは邪悪なために、人びとは正しい原理を適用し得なかったというのではなく、原理そのものがまちがっていたか、適用できないものであったかだ」と『危機の二十年 1919-1939』（井上茂訳、岩波文庫 三四頁参照）で喝破している。

この、乾いた強靭な知性を持つ人物を、『歴史とは何か』中の誰でも知っているサビの部分「現在と過去との間の尽きることを知らぬ対話」（四〇頁）から来る、いささか退屈な正統派歴史学者のイメージから捉えようとすると、裏切られることになる。パリ講和会議にイギリス外務省の一員として参加、生涯に書き上げたソヴィエト・ロシア史一四巻、トリニティ・カレッジ歴史学教授、『ザ・タイムズ』寄稿者とくれば、カーの他に誰を正統派と呼べばよいのか。

だが、カーの弟子であったジョナサン・ハスラム教授の手になる伝記『誠実という悪徳』（角田史幸ほか訳、現代思潮新社）が語るように、カーの本質は「隠匿された叛逆者」たる点にあった。冷徹な仮面の下に、「深く、力強く、情緒的な、叛逆者への傾倒」が覆い隠されていた、と。若い魂は叛逆と親和的だろう。ならば、カーの「隠匿された叛逆者」たる一面を、『歴史とは何か』の中に探り当てつつ読むこと、これが、若い人にこそふさわしい本書の読み方だと考える。

『職業としての学問』マックス・ウェーバー

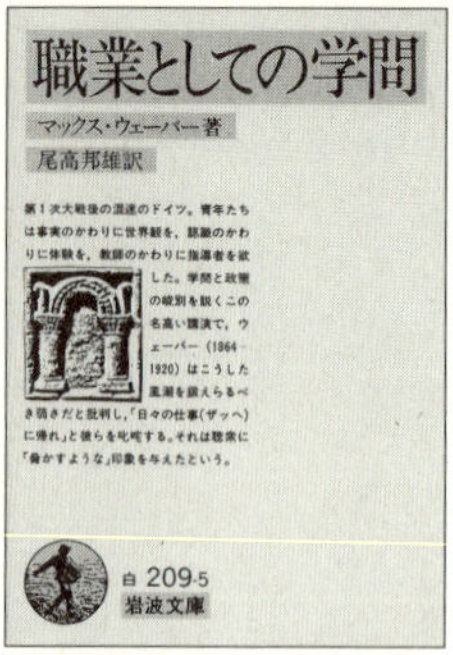

尾高邦雄訳
文庫判
1936年・岩波文庫
（ほか翻訳あり）

盛山和夫
関西学院大学社会学部教授／社会学

ウェーバーほど、社会科学の方法論を繰り返し熱心に説き続けた人はいない。どれだけ多くの人びとが、将来と世界への恐れと不安に満ちた二〇歳前後の暗中模索の時期に、その予言者のような熱情的な語りに魅了されて、先の見えない研究者への道を選んでしまったことだろうか。

『職業としての学問』は、そのウェーバー五四歳のときの最後の「説教」である。第一次大戦直後、ミュンヘンで学生向けに行った講演であるが、どういうわけか、講演を直に聴いた人の証言はあまり残っていない。対になっている『職業としての政治』（二七頁参照）と同様、はじめはいかにも「一応与えられたタイトルに沿った話もしておきましょう」という雰囲気で、学問についての職業社会学的な分析が淡々とやや退屈気味に述べられる。それでも、「大学に職を奉ずるものの生活はすべて僥倖の支配下にある」などという話は、今日の若手研究者にとってきわめて切実に伝わるものがあるだろう。

岩波文庫訳版では二一頁から、突然口調が変わって「学問を職業とする者の心構え」に話題が転じる。まず「専門化」という事実から「情熱」と「霊感」の大切さが述べられ、「天職」として「仕事（ザッヘ）に仕える」ことが強調される。このあたり、もし読者が研究者であれば「我が意を得たり」という感じで勇気づけられること間違いない。そして研究者は真理にのみ仕えるべきであって「予言者や扇動家」ではないと訓示される。しかし、これだけだと単に「真理探求に専念するきまじめな研究生活」が推奨されているだけに終わるが、ウェーバーは、それを「神々のあいだの永遠の争い」の時代の宿命に「男らしく堪えること」だと言い表して、学問に仕える生き方をデモーニッシュに称えるのである。こうした語りは、いつの世にも、資源も力も見通しもないのに知的好奇心だけはいっぱいの若者にとって、一種の啓示のように響くのではないだろうか。

『現代政治の思想と行動』丸山眞男

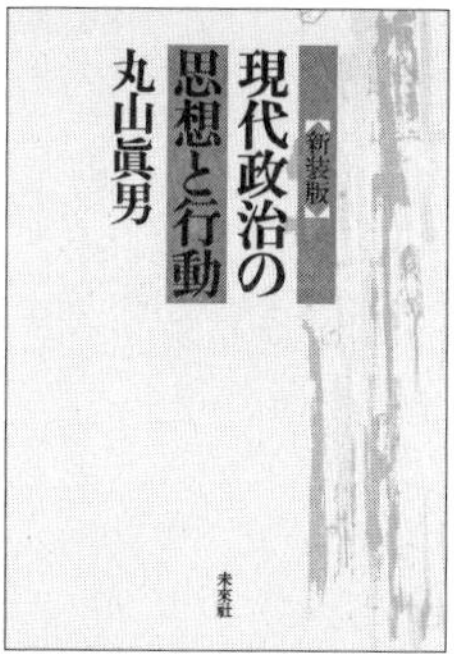

A5判
1956・57年（初版・上・下（全2巻）
（1964年増補版　2006年新装版）
未來社

内山　融　東京大学大学院総合文化研究科准教授／政治学

題名にもあるとおり、本書は、戦後日本政治学の第一人者たる丸山眞男による「現代政治」についての論集である。本書初版（上・下巻）が刊行されたのは一九五六・七年（増補版は一九六四年）である。五〇年以上前の「現代政治」論を読む意味が今どこにあるのか、と訝《いぶか》る読者も多いかもしれない。しかし、本書に示されている透徹した視座は、現在の政治状況を理解する上でも大いに有益なのである。

「軍国支配者の精神形態」という論考を取り上げよう。丸山によれば、戦前日本が太平洋戦争に突入していく過程では、指導者が二つの特徴的な行動様式を見せた。第一は「既成事実への屈服」である。満州事変など中国への侵略は関東軍の独走によって起こったが、政府はそれを押さえ込むことができずに追認した。第二は「権限への逃避」である。極東国際軍事裁判の法廷において、日本の戦犯たちは、自分は権限がなかったから軍の動きを止めることができなかったなどとして自己の無責任を主張した。このような精神形態のもと、日本の指導者たちは、軍の独走を追認することによって日本を戦争の泥沼に引きずり込んでいった。誰も責任をとらない「無責任の体系」ができあがっていたというのである。

このような特徴は、戦前日本だけに見られるものではない。丸山が喝破したのは日本における政治的統合や政治的主体性の欠如であるが、こうした現象は現在でもしばしば指摘される。原発事故対策や財政危機への対応などにおいて、各組織が自己の権限に拘泥する縦割り行政や、目先の選挙に腐心する政治家の無責任が事態を悪化させた面がないだろうか。

かくのごとく、半世紀以上の時を経た今でも、丸山の問題意識は鮮烈さを保っている。実は現在の政治学は、高度なテクニックを用いた「科学的」な分析が主流となっており、そうした立場からは丸山のような分析手法は批判されがちである。しかし丸山の洞察は、それを補ったとしてもなおあり余る意義を有している。

『ゲーデル、エッシャー、バッハ』
ダグラス・R・ホフスタッター

野崎昭弘、はやしはじめ、柳瀬尚紀訳
菊判
1985 年、2005 年（20 周年記念版）・白揚社

玉井哲雄
法政大学理工学部教授／ソフトウェア工学

哲学や文学ならいざしらず、情報科学の分野で新入生にすすめる本として、原著が三〇年以上前の一九七九年に出版されたもの挙げるのは、やや意外に感じられるかもしれない。しかし、これは情報科学というような分野の領域をはるかに越える稀有の書である。出版当時のホフスタッターはまだ三四歳で無名だったが、本書がピュリッツァー賞を一般ノンフィクション部門で受賞し、一躍スターとなった。

駒場の図書館では、これは数学一般の分類ラベルを貼られている。確かにゲーデルは数学者であり、また現代の計算機科学の基盤となる原理、概念を用意した人といえる。しかし、GEBと略称されるタイトルが示すように、美術のエッシャー、音楽のバッハが三つ巴で語られる。原著の副題は“An Eternal Golden Braid”「永遠の金の組みひも」で、ひもが三つ編みにされているイメージだが、その頭文字がEGBとなっている企みがあるので、訳書ではその語呂合わせまで含めた副題を付けるのを諦めたらしい。

三つ巴の中心を貫く概念は、「自己言及」「自己複製」「再帰」「奇妙なループ」である。バッハのカノンやフーガも、エッシャーのだまし絵も、ゲーデルの不完全性定理と同じ構造をもつものとして論じられる。全体は二〇章の本文と、章の間に間奏として挟まれるアキレスと亀の対話編という凝った構成である。対話編すべてにバッハの作品をもじった機智にあふれるタイトルが付けられている。

原著も翻訳も八〇〇ページ近い大著だが、無類に面白いので一気に読めるだろう。UP誌に紹介したときは「なるべくなら英語で読むとよい」と書いたが、正直に告白すると名訳として知られる日本語版をこれまで直接見たことがなかった。図書館でこれを借りてみて、その翻訳の妙にも感じ入ったところである。

『理科系の作文技術』 木下是雄

新書判
1981年・中公新書

下井 守
東京大学名誉教授／無機化学

読書感想文や、生活作文を小学校のころから苦手としてきた理科系の学生は多い。しかし、理科系であっても、今後は、実験レポートや研究論文、研究計画書など、本格的な文章を多数書かなくてはならない。実験レポートでは、目的、実験方法、結果、考察という順番で分けて書くことが要求されるが、実際に出てくる学生のレポートを読んでいると、結果と考察が入り乱れているものが多い。

　理科系の文章では、事実と意見を明確に区別すること、論理展開が明確であること、意見は事実に基づいたものであること、などが重要になってくる。小説に見られるようなレトリックは不要であるが、読み手を納得させるためには、文章の流れやパラグラフなどにも十分な注意が必要である。

　本書はまさに、そういう理科系の作文技術の指南書である。昭和五六（一九八一）年に初版が出て四〇年以上にもなるが、未だに中公新書として版を重ねていることはうれしい。

　学生のころ、中央公論社から刊行されていた『自然』という科学雑誌を愉しんでいた。科学雑誌というと若い方は雑誌『ニュートン』のようなカラフルでビジュアルな雑誌を思い浮かべるかもしれないが、『自然』は、カラーページはごくわずか、文章で科学的な内容を伝える記事で構成されていた。中でも人気があったのはロゲルギストという物理学者集団のエッセイであり、『物理の散歩道』として単行本にもまとめられていた。木下是雄先生はその集団のひとりであり、本書の内容が説得力をもつのもうなずける。

　ただし、本書には一つだけ昔から賛同できない点がある。6章で、はっきり言い切る姿勢が必要であると著者は主張する。もちろん、事実にあいまいな点を残さないように努力をしなくてはならないが、残念ながら、断言までできないことがさけられないこともある。「原発の安全神話」は、断言しなくてはならないことまで断言してしまったからではないか、というのは、げすの勘ぐりか。

『種の起原』ダーウィン

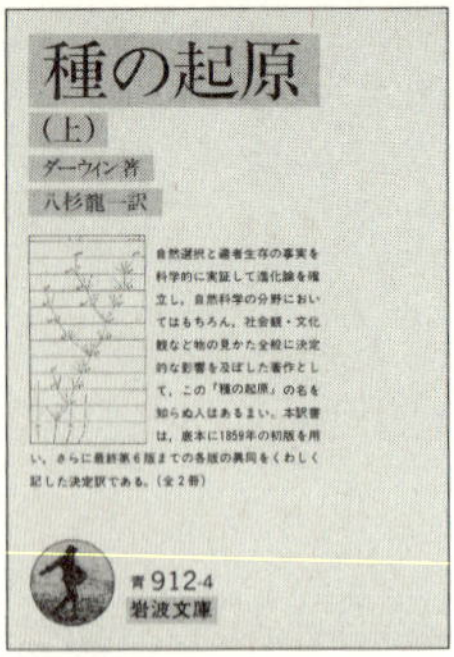

八杉龍一訳
（全２巻）
文庫判
1990年・岩波文庫
（ほか翻訳あり）

岩槻邦男　兵庫県立人と自然の博物館館長・東京大学名誉教授／植物学

なぜ前々世紀に刊行された図書を取り上げるのか。それこそが、大学へ入ってこれから学問と取り組もうとする人たちへの提言である。勧める本は、それ自体が面白いのが要点ではあるが、面白い中から何かが学べるという点も不可欠である。ただし、点を取るための勉強（強いて勉める）はいったんおきたい。

この本で述べられている生物学的現象の解釈には、今から見れば問題になっていることがないわけではない。百五十余年の科学の進歩は、事実にかかわる科学的理解を大きく発展させているからである。そのこともまた、古典を読むことの意味だろうが、個別の事実の解釈と違った科学的思考法、全体を見通す科学観は、ダーウィンという巨人の思考を通じて現代人にも鋭く迫ってくる。

種の起原を完璧に科学的に証明することは容易なことではない。しかし、生き物が三十数億年の生命の歴史を連綿と引き継ぎながら多様化してきたことは否みようのない事実である。一九世紀前半までにも、その事実に気付いていた人たちがなかったわけではない。なかなか論証できなかったその事実を、神の創造と信じていた人たちに向かっても、事実の集積から傍証を積み重ねて論証しようとしたのがこの著作であり、ビーグル号に乗って世界一周をし、各地の生き物の動態をつぶさに観察したことがこの著作にいたる大きな力になっていることを、詳細な叙述から読み取ることができる。

さらに、この書から学びとることとしては、ダーウィンは evolution を論証しようとしたのではないこと、この言葉が明治時代に進化と訳されてから、生物学の領域で進化学が展開するのと並行して、進化という言葉が独り歩きして必ずしも好ましい効果ばかりを果たしてこなかったことなどにも思いを致すことになるかもしれない。学術用語の一般用語への展開が、日本人の科学リテラシーを考える糸口となれば、それも面白い展開のひとつである。

『利己的な遺伝子』

リチャード・ドーキンス

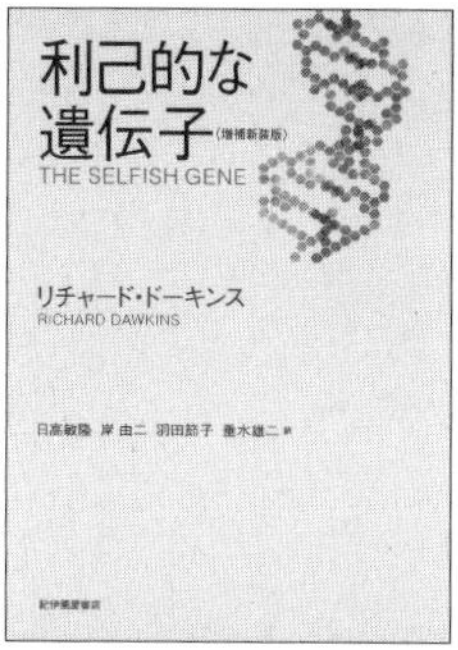

日高敏隆・岸由二・羽田節子・垂水雄二訳
四六判
2006年・紀伊國屋書店
（1980年初版、1991年増補改題、2006年増補新装版）

長谷川寿一　東京大学大学院総合文化研究科教授／動物行動学

本書は一九八〇年に、『生物＝生存機械論』という一風変わったタイトルで出版された。中身まで読めば、生物個体は遺伝子が自らのコピーを次世代に伝えるための乗り物であり「サバイバル・マシン」に過ぎないという本書の主旨が分かるのだが、邦題を眺めただけではいったい何の本だか理解できない。実際、一般読者にじわじわと受入れられ、やがて進化生物学の必読教養書としての地位が固まったのは、邦訳第二版（一九九一年）のタイトルとして、ようやく原題"The Selfish Gene"がそのまま当てられるようになってからのことである。日本で自然選択の単位は遺伝子であるとする遺伝子選択説が定着するまでには長い時間を要したのである。

本書で展開される遺伝子選択説に基づく動物行動の革新的理解は、ドーキンスのオリジナルではなく、一九六〇年代のハミルトンの血縁選択説とG・C・ウィリアムズの『適応と自然選択』をマイルストーンとし、その後、メイナード＝スミスのＥＳＳ理論やトリヴァーズの親の投資説・互恵的利他主義などによって肉付けされた一連の研究によって築かれたものである。ドーキンスの真骨頂は、これらの理論とその実証を一般読者に対して、数式を用いず、的を射た比喩を多用して、分かりやすくかつ魅力的に伝えた点にある。

「自己複製子」「不滅のコイル」「遺伝子機械」「遺伝子道」「雄と雌の争い」といった素晴らしい章の見出しは、古典的行動学を吹き飛ばし、遺伝学と行動学の融合の時代が到来したことを高らかに宣言した。ドーキンスは、天性の文才に恵まれ、英国学士院文学賞、さらにはシェイクスピア賞まで受賞しているが、その才能を徹底した科学合理主義と結合させたところに非凡さがある。

筆者は一九七九年、東アフリカでの野生チンパンジー調査に向かう旅路で原書をまさにかじりつくように読んだ。動物行動学を専攻したことが正しい選択であり、人間性を理解する上でも進化が不可避であると確信した瞬間であった。

『国家』 プラトン

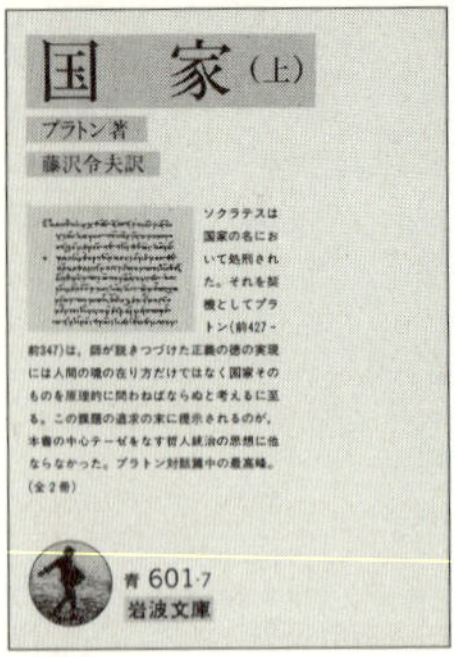

藤沢令夫訳
（全２巻）
文庫判
1979年・岩波文庫
（ほか翻訳あり）

山脇直司
東京大学大学院総合文化研究科教授／社会思想史

政治家や組織のリーダーのあり方を考える際に、絶えず参照されるべき古典である。

「正義は所詮、強者の利益に過ぎない」と斜に構えたトラシュマコスに対して、プラトンは、「理知的で公正なエリートによる住民の幸福のための統治論」を展開した。このエリートに要求されるのは、何よりも「真実を観ることを愛する」態度である。そうした智者が国を治めない限り、あるいは、現在の為政者がそういう智者にならない限り、住民の幸福は実現しないだろう、とプラトンは考えた。その際、彼は、世襲制を否定し、その出自を問わず、また男女を問わず、幼少時からの厳しい知的・身体的トレーニングに耐え、五〇歳になって選抜された智者が統治することを求めている。

この古典が特にアクチュアリティを持つのは、そうした智者が治める理想国とは対照的に、堕落した四つの政治体制を描いた後半部分だろう。

堕落した体制とは、まず、為政者が何よりも「名誉と勝利を愛する」軍人支配の体制であり、たとえば戦前の日本で、軍人が首相の地位に就き、太平洋戦争に突っ走っていったことが想起される。次に、支配者が何よりも「金銭を愛する」寡頭体制であり、戦後日本でもそうした政治家が統治を牛耳ったことが忘れられてはならない。そしてさらに、「大衆に迎合する」政治家（ポピュリスト）やアマチュア政治家が統治を司る衆愚政治が批判される。そうした政治が支配的な社会では、人々の間にも何が本当に重要なのかが判らなくなるような「魂の空洞」が支配的となり、人々は、無能な政治家に失望し、強力な政治家を待望するようになる。そして、その間隙をぬって現れるのが僭主独裁者だとプラトンは述べる。僭主独裁者は、最初は住民のための政治家を僭称して人々から支持を得るが、いったん権力を握ると圧制を施すと、プラトンはみなす。日本でも、無能政治家に飽き足らない人々が、担いで大衆迎合主義者や独裁者を出現させないことを祈るばかりである。

『聖書』

（翻訳多数あり）

矢口祐人　東京大学大学院総合文化研究科准教授／アメリカ研究

時代を超えた世界的なベストセラーと言われる聖書を通読したことのある大学生は、日本にはほとんどいないだろう。キリスト教徒の少ない日本社会では、聖書はあまり身近なものではない。しかし私は大学生には聖書を読むことを勧めたい。クリスチャンになるためではなく（なってもいいけれど）、教養のため、そして二一世紀の世界について考えるために読んでみよう。

聖書はひとりの作者が短期間に書き上げたものではない。何百年もの歳月のなかで、多くの人びとが記したものが、最終的に聖書というひとつの書にまとめられた。その意味で小説家や研究者が書く「本」とは根本的に異なるものである。創世神話、厳格な律法、美しい詩や興味深い寓話、イエス・キリストの伝記的事項などが混在している。繰り返しが多く、内容は必ずしも一貫せず、矛盾だらけである。科学的な知見が未発達な時代のものだから、現代の視点からすると荒唐無稽な話が多い。民主主義や男女同権などの概念もなかったから、女性やマイノリティに対し、どんでもなく差別的な記述もある。アラを探せばきりがない。学生がこのような文章を卒業論文として提出しても、絶対に通してもらえない（気をつけましょう）。

それでも聖書はおもしろいし、大切である。西洋の宗教観のみならず、文学、美学、哲学を理解するにはその知識が不可欠であり、政治や経済も聖書とキリスト教理解なしにはありえない。

聖書に記されていることは、長い歴史を経て、現代の西洋社会の価値観の根拠となってきた。そしてその西洋的な価値観は、往々にして今日の「グローバル・スタンダード」と呼ばれる規範の基となっている。とすれば、聖書は知らず知らずのうちに日本に住む私たちの世界観にも少なからぬ影響を与えているともいえる。二一世紀のグローバル化する社会を生きていくために、この何千年も前に書かれた本を読み、その背景にある価値観を多面的に理解する努力をしてみよう。

『ソクラテスの弁明』 プラトン

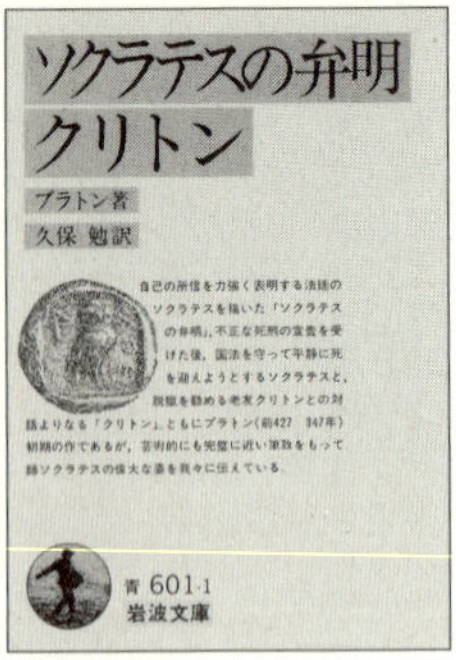

久保勉訳
文庫判
1927年・岩波文庫
（ほか翻訳あり）

長谷川まゆ帆
東京大学大学院総合文化研究科教授／地域文化研究

一六歳の頃に熟読した覚えがある。奇妙な本だった。著者は弟子のプラトンだが、アテナイの市民ソクラテスが自分の無実を弁じている。すでに七〇歳を超えているらしいが、それにしてはなんだか強気にみえる。彼は「自分ほどの賢者はいない」と言い、頼まれたわけでもないのに人間の智慧とは何かを他人に説いて生きてきたという。そのため多くの若者たちから慕われる一方、あちこちで妬みを買いついに訴えられてしまう。しかし法廷でも四面楚歌のなか堂々たるもので「名声を博したのはただ自分に智慧があるから」にすぎず、その智慧とは「一種の人間的智慧なのだ」と豪語する。

いったいソクラテスとは何者なのか。智慧とは何か？ 賢者とはいかなる者だと言いたいのか？ 当時これらの言葉のもつ意味はわかったようでわからず、議論そのものがなにやら詭弁のようにも思われた。文庫でわずか五十数頁の短文なのに随所で立ち止まらざるをえない。何度読んでも読めば読むほど謎は深まる。妻も子もある貧しき市井の人だが、偏屈でプライドの高い、どこにでもいそうな老人の強がり、たわごとと片づけるにはあまりにも非凡なのだ。

聴衆はアテナイの市民たち。彼らを前にソクラテスはこう語っている、死や危険を恐れて自分の言動を曲げるのはそれこそが「賢人ぶること」だと。なぜならいずれの人も冥府のことなど何も知らないのに、死を最大の悪のようにみなして恐れている。それは「自分の知らないことを知っていると思うのに等しい」からだ。そして自分は「死については何も知らないが、知っていると妄信もしていない」と喝破する。

今なら『弁明』は市民としての生き方を問うたプラトンによって織り上げられた哲学の宝庫とわかるが、高校生のわたしにはどこまでも謎めいた本であった。結局、このオリュンポスの神々を信奉する古《いにしえ》の賢者に教えられたのは、人間存在の限界という深遠なる真実であり、人間は生と死の境を知ることで智慧にめざめ賢者になるということ。その先に超え出んと夢見ることもそこまで来てようやく可能になるのである。

『邪宗門』高橋和巳

（全2巻）
文庫判
1993年・朝日文芸文庫
（ほかあり）

橋元良明 東京大学大学院情報学環教授／情報社会心理学

高橋和巳は一九三一年生まれ。中国文学の研究者として大学教壇に立ちながら、小説を執筆した。いっときはかの漢字学者白川静のひきで立命館大学の教壇に立ち、後、京都大学に転任。吉川幸次郎、梅原猛、三島由紀夫、埴谷雄高らとも交流を結んだ。一九六九年の大学紛争時には全共闘に理解を示しつつ、古色蒼然たる教授会に嫌気がさして辞任。二年後、三九歳の若さにあって癌で死亡した。

『邪宗門』は、新興宗教団体「ひのもと救霊会」の昭和初期から終戦後の壊滅までの歴史を描いた作品であり、大本教がモデルになっている。大本教は、革命思想を標榜するとして政府から弾圧を受けたが、「ひのもと救霊会」も政府から徹底的な弾圧を受け、教主・行徳仁二郎は投獄され、教団の神殿はダイナマイトで破壊される。そこを訪れるのが、信者であった母の遺言に従った千葉潔である。母は東北で餓死しており、彼は生きるため、母親から言われたままに、その死体を口にしていた。千葉は教団に入るが、救霊会は国家の弾圧で解散に追い込まれる。戦後、各地に散っていた信者が集まり、千葉がリーダーとなって教団の再建に取り組む。しかし、独立した自治国家を樹立する野望にとりつかれ、武装蜂起するも占領軍に完膚無きまでにたたきのめされる。最後、千葉ら幹部は食を断って自ら死ぬ道を選ぶ。

一大叙事詩であるとともに、小説の中では、宗教、革命、戦争、部落問題、ハンセン病といった重いテーマが登場人物の口を通して語られる。が、それも物語の進行を妨げるものではない。たとえて言えば、司馬遼太郎とドストエフスキーを足して二で割ったような小説であり、昭和文学の中でも白眉である。死とは何か、国家とは何か等々、読者はそれぞれに高橋の投げた問いに答えを見いだそうとするだろう。オウムを予言した、と言われたのも頷ける。

『邪宗門』は著者の三三〜三四歳にかけて書かれた。この年齢でこれだけの思想を蓄積し、昭和という時代の流れをしっかり見据えて物語を展開した力量にはただただ圧倒される。

『戦争と平和』トルストイ

藤沼貴訳
（全6巻）
文庫判
2006年・岩波文庫
（ほか翻訳あり）

沼野充義
東京大学大学院人文社会系研究科教授／ロシア・ポーランド文学

『戦争と平和』は、ナポレオン戦争の時代のロシアを描いた、一九世紀ヨーロッパ小説最大の古典の一つ。しかし異様な作品だと言えるだろう。ともかく長い。登場人物は全部で五五九人。しかも、全体が一つの核に収斂せず、「戦争」を扱った歴史的な部分と、「平和」な生活を描いた風俗小説的な部分が宇宙的なリズムで悠々と交代していく。そこにさらに、著者自身の歴史哲学論が大量に挿入される。

これは小説のお手本どころか、小説という散文芸術の約束ごとを踏みにじった、過激な作品なのだ。西欧やアメリカの作家の目には、この作品が異様な「化け物」のように映ったのも、当然のことだろう。トルストイの巨編を「ぶよぶよ、ぶくぶくのモンスター」と呼んだのは、ヘンリー・ジェイムズだった。

しかしトルストイは形式的な束縛を打ち破り、ミクロとマクロが呼応しあう小説宇宙を作り上げた。この作品は微視的な細部（たとえばリーザという女性の可愛い口元の髭！）を大事にするリアリズム小説でありながら、それが大きな宇宙的な流れに結びついていくといった、眩暈にも似た体験を読者に与えてくれる。戦場に倒れたアンドレイ公爵が見た青空は、おそらく世界文学でもっとも美しい青空である。

授業やバイトで忙しい学生の皆さんには、こんな長い作品を読んでいるヒマはないだろうか？　しかし、断言してもいいが、社会に出たらヒマはもっとなくなる。この小説のゆったりとした時間の流れにひたれることこそ、青春の特権ではないだろうか。読み通すには少々忍耐が必要だが、そのために費やした百数十時間は、かけがえのない宝物になるだろう。

受験勉強で丸暗記した知識は忘れたらおしまいだが、文学は情報を得るための手段ではない。『戦争と平和』を読むことは、むしろ人生そのものの一部になる何かだと考えよう。たとえ本の中身を忘れてしまっても、読み通したという輝かしい体験は君たちの血肉となって一生残るのだから。

『ドン・キホーテ』　セルバンテス

牛島信明訳
前篇 1～3、後篇 1～3
（全 6 巻）
文庫判
2001 年・岩波文庫
（ほか翻訳あり）

柴田元幸　東京大学大学院人文社会系研究科教授／現代文芸論

騎士道物語を読みすぎたせいで、現実も騎士道物語を通して見てしまう（そこらへんの金だらいは「マンブリーノの兜」と化し、近所の芋ねーちゃんは「ドゥルシネーア・デル・トボーソ姫」に変容する）ようになった元は気のいいおじさんの話、とまとめてしまうと、なんだかあんまり汎用性のない小説のように聞こえてしまいそうだが、考えてみれば人はみな、かなり文字どおりの意味において、何らかの物語を通して現実を見ている。そういう意味で、ドン・キホーテのふるまいは、誰にとっても他人事ではない。

この小説には前篇と後篇があるが、形式の上で圧倒的に面白いのは後篇で、そうやって本を読みすぎた男をめぐる本（つまり『ドン・キホーテ』前篇）がベストセラーになったものだから、後篇のなかでドン・キホーテは、行く先々で「あなたがあのドン・キホーテですかぁ」と言われたりする。その他いろんな形で、作者セルバンテスは、現実と虚構の関係をややこしくしてみせる。「メタフィクション」という名称が生まれる三五〇年くらい前に、史上最大級のメタフィクションを書いてしまったのである。「現実と虚構の混淆」というテーマは、小説において「社会と個人の対立」と同じくらい中心的なテーマとなってもおかしくないと思うのだが、そこまでは広がらなかったのは、しょっぱなにベストが書かれてしまったからでは、と邪推したくなる。

が、そういった形式上の面白さだけで、文庫で全六冊が読むに耐えるものになりはしない。まずは語り口の面白さというのがあって（出だしを引けば「それほど昔のことではない、その名は思い出せないが、ラ・マンチャ地方のある村に、槍掛けに槍をかけ、古びた盾を飾り、やせ馬と足の速い猟犬をそろえた型どおりの郷士が住んでいた」）、かつ、個々のエピソードの愉快さがなければ、持ちはしない。もっともナボコフなどは、なぁにが愉快か、全篇こんな残酷な話はないぞ、と断じているのだが……すぐれた作品は多様な読みを許すものです、とひとまず常套句で逃げておこう。

『自由からの逃走』エーリッヒ・フロム

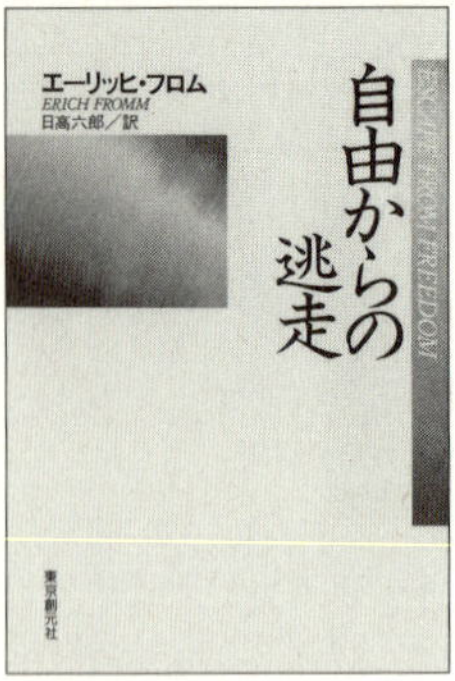

日高六郎訳
四六判
1951年・東京創元社

山脇直司
東京大学大学院総合文化研究科教授／社会思想史

プラトンが批判した大衆迎合主義者や独裁者を、現代人が待望し支持する心理的メカニズムを抉り出した現代社会論の古典である。その内容は、次のようにまとめられよう。

ドイツでヒットラーを生み出したのは、日常生活の不安から免れるために権威を求め、それに身を託そうとした国民たちである。その心理を歴史的に遡れば、理性と自由意志を否定し、専ら神への服従を説いたルターやカルヴァンの教義に行きつく。近代のヨーロッパは、確かにカトリック教会という権威から自由になったが、そのために不安に陥り、ルターやカルヴァンの教義が深く受け容れられる素地を作った。それと同じような心理で、経済的に不安定なワイマール共和国で不安におびえ、自らに人生の意味を感じられない多くの人々が、ヒットラーの権威主義的な迎合政治を待望し、成立させた。

しかし、そうした逃避の心理的メカニズムは、ドイツ固有のものではなく、現代社会において、権威から自由になったはずの個人が、不安や無意味感から免れるために、進んで催眠術に身を委ねたり自動人形となるような姿で、遍く見られる。それがまさしく「自由からの逃走」であり、それを免れる道は、愛情と仕事を通して、感情的・感覚的・知的に自己の潜在能力を実現し、人間の内的な自然と和解する道以外にはない。

このフロムの著書は一九四一年に刊行されたものであった。そして当時、同じサークルで研究していたホルクハイマーとアドルノは、一九四七年に『啓蒙の弁証法』を刊行し、フロムの社会心理学的洞察を、「道具的理性による人間の内なる自然支配」という哲学的・文明論的な観点から論考した。今日必要なのは、この二つの著作の微妙な差異を指摘することではなく、共通な関心事であった「人間一人一人の内なる自然と広義の理性をどのように和解させるか」というテーマを、教育や社会の現場で真剣に考え、熟議していくことであろう。

『職業としての政治』
マックス・ヴェーバー

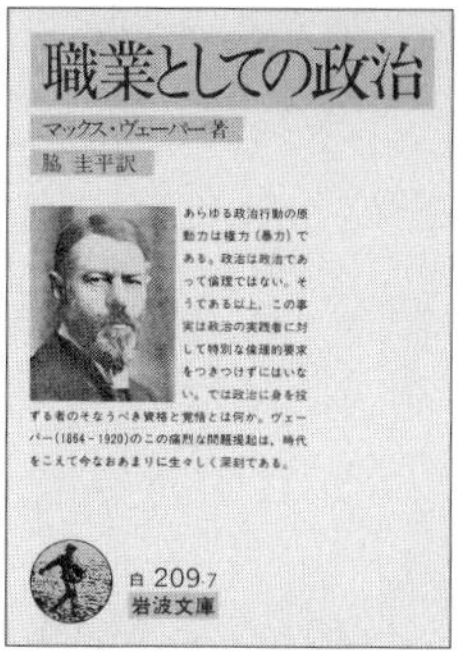

脇圭平訳
文庫判
1980年・岩波文庫
（ほか翻訳あり）

北岡伸一　政策研究大学院大学教授／日本政治外交史

マックス・ヴェーバー（一八六四―一九二〇）は、世界大戦の敗北からまもない一九一九年一月、ミュンヘンで二つの講演を行った。その一つをまとめたのが、本書である。

ドイツの発展とともに歩んできたヴェーバーにとって、敗戦は巨大な衝撃だった。そして、状況を一挙に転換しようとする革命の機運が高まっていることに、強い危機感を持っていた。

ヴェーバーは、政治の本質は権力であり、ロマンティックな一時的な感情や、アマチュアの一時的関与によってではなく、政治を職業とする人物による持続的な活動によってしか効果的に運営することはできないとして、そのような職業政治家がいかに発展してきたかを述べる。インド、中国まで含む議論は、歴史家ヴェーバーの面目躍如である。

そして、現代における職業政治家の条件について述べる。政治の倫理は結果責任であって、心情倫理ではないということ、政治家に必要な資質として、情熱、責任感、目測能力の三点を挙げているのは有名だ。

本書は、政治家になるためのハウトゥーものではなく、政治家としてやっていくためには何が必要かを厳しく示した本だ。ここでいう「職業」とは、ドイツ語でBeruf 英語では calling で、「神のお召」という意味である。職業よりは天職という訳語がふさわしいかもしれない。

ヴェーバー政治学の主著は『支配の社会学』だが、膨大で読みにくい。むしろ『政治論集』に収められた評論が、生き生きとして面白い。そしてヴェーバー政治学のエッセンスが凝縮されているのが、本書である。国家の本質は一定の領域における暴力の正当的独占だとか、支配の正当性とその三つの類型とか、重要な命題が散りばめられている。

なお、同じころ行われたもう一つの講演をもとにしたのが『職業としての学問』（一四頁参照）である。これも学者になるための本ではなく、学問の本質を論じた本で、大学生には必読だ。

『物理学とは何だろうか』

朝永振一郎

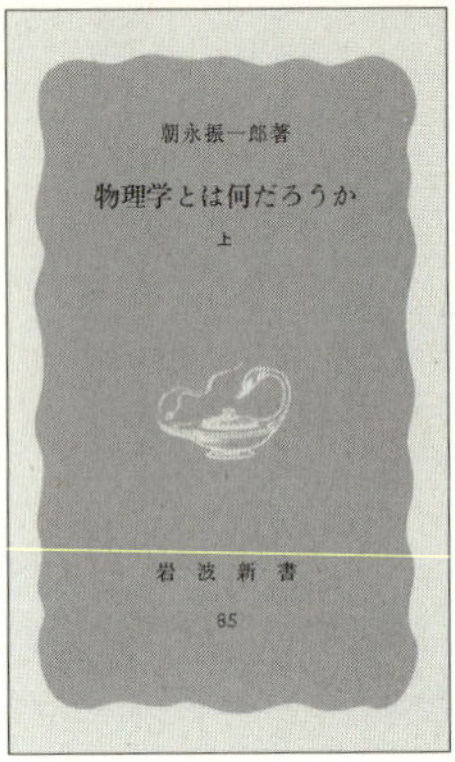

（全２巻）
新書判
1979年・岩波新書

加藤雄介
東京大学大学院総合文化研究科准教授／物性理論・統計物理

本書は、物理学の基本法則が見出されていった過程を歴史仕立てで書き記したものである。上巻には、主に、惑星の運動（ケプラー）、慣性の法則（ガリレイ）、運動の三法則（ニュートン）、熱力学第二法則（カルノー、クラウジウス、ケルビン）の発見の経緯について、下巻には原子論の成立（ボルツマン、マクスウェル）の経緯がいきいきと描かれている。

著者はノーベル賞を一九六五年に受賞した理論物理学者である。その一方で物理学における抽象的な概念や内容をわかりやすく語った著書が多数あり、本書の上巻では、著者特有のやわらかい文体で語られる物理法則発見のドラマを、読者は落ち着いた気分で味わうことができる。それとは対照的に下巻の第Ⅲ章に書かれたボルツマンとマクスウェルの思考過程をたどる筆致には読者を圧倒する迫力がある。著者の遺稿となったこの章の完成に向けての執念が、原子論の完成を見ずして世を去ったボルツマンとマクスウェルの悲哀と共に読み手に伝わってくるからであろう。

さて、みなさんが四月から受ける物理の講義では、高校までの授業と比べて、基本法則とそこからの帰結の論理的なつながりの説明に、より重点が置かれることになる。基本法則はこれ以上簡潔にできないコンパクトな形で提示され、その抽象性によって広い一般性と普遍性を有することが具体例を通して論理的に（多くの場合数式を用いて）示されていく。すなわち「完成品」として物理学を学ぶことになるので、その美しさに興味を感じる人もいれば、その取っ付きにくさに戸惑う人がいるかもしれない。物理に限らず抽象度の高い学問を学ぶ際に頭が働くようにする方法のひとつは、学問の今ある完成された姿に至るダイナミズムを追体験することである。本書を通じて、物理という学問文化を受け入れられる、また楽しむことができる心の素地を作っておき、教室での講義を待っていてほしい。

『存在と時間』 ハイデガー

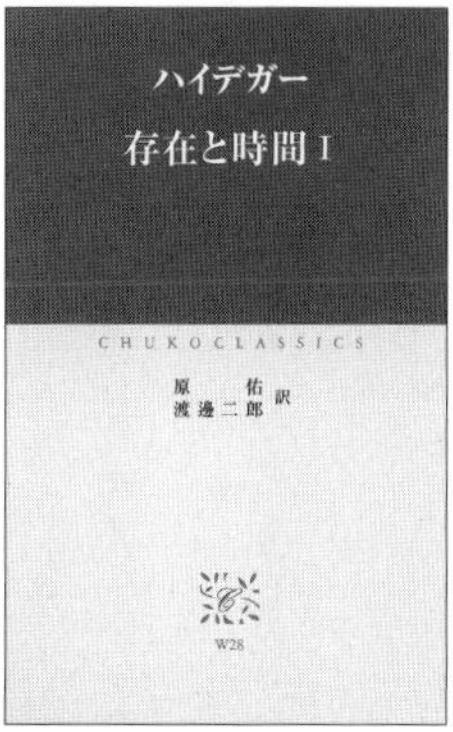

原佑・渡邊二郎訳
（全３巻）
新書判
2003年・中公クラシックス
（ほか翻訳あり）

中田基昭　岡崎女子短期大学特任教授・東京大学名誉教授／教育学

二〇世紀最大の哲学書ともいわれているマルティン・ハイデガー（一八八九―一九七六）の『存在と時間』（一九二七）は、哲学を学ぼうとする者にとって必読書であることは、誰もが異論を唱えないであろう。確かに、ハイデガー以外にも、後世に大きな影響を与えた思想家は、多い。しかし、一冊の書物に当の哲学者の思索の本質がこれほどまでに凝縮されており、しかも従来の哲学の思索と記述の仕方には類を見ないほど画期的な書物であることだけが、本書の傑出した価値を生み出しているわけではない。例えば、現象学的精神病理学においては、すでにビンスワンガーやボス、我が国においては荻野恒一といった、その第一世代だけではなく、最近では、ブランケンブルクや木村敏らが、本書で示されている現存在分析に依拠しながら、精神の病に苦しんでいる人間の在り方を深く解明している。彼らの仕事は、従来は理解不可能と思われていた人間に寄り添うことにより、深い次元でわれわれの在り方を支えていながらも、日常生活に埋没しているために見逃されている事態がいかなることかを見事に描いてくれている。

確かに、ハイデガーが生涯をかけて目指したことは、哲学の立場から存在への問いを深めることであり、その基礎段階として、本書では、主として人間的現存在の存在了解が解明されている。それゆえ、本書を現実の人間を深く理解するための理論的背景とすることに対しては、批判的な立場も多くみられる。しかし、こうした批判にもかかわらず、本書で描かれている人間の在り方は、現実の人間の内面に奥深く迫るための貴重な導きとなることは、疑う余地がない。紹介者自身も、現実の教育実践を捉えるうえで、本書から多くを学んできている。哲学を学問として学ぶためにではなく、広く一般に、また二一世紀においても、人間について理解を深めるためには、欠かすことのできない労作であろう。

『ツァラトゥストラ』 ニーチェ

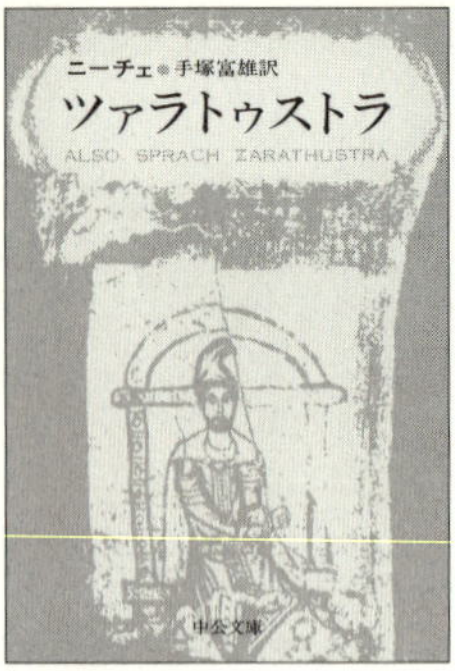

手塚富雄訳
文庫判
1973年・中公文庫
（竹山道夫訳『ツァラトゥストラかく語りき』新潮文庫／氷上英廣訳『ツァラトゥストラはこう言った』岩波文庫、ほか翻訳あり）

金森　修
東京大学大学院教育学研究科教授／哲学・科学思想史

　この本は、まだ自分が何ものなのかがよく分からず、フワフワ感の唯中にある若者にとって、一種の〈劇薬〉になるかもしれない。まず字面だけで過激さ満載の雰囲気が漂う。有名な「神は死んだ」という宣言、同情の批判や、平等への無関心。〈超人〉の到来の熱望。そして〈畜群〉から離れた孤独の称揚。それらいずれもが普通の市民社会を支える常識を逆撫でするようなものばかりだ。別にこの本だけからではないが、ニーチェ思想の断片が文脈から切り離されてナチズムに利用されたというのもうなずける。また哲学史的には本書の中心的テーゼの一つとされる〈永劫回帰〉も、必ずしも説得的なものとはいえず、逆にいうなら輪廻思想に馴染んだ仏教圏の中では、別格の斬新性をもつわけでもない。

　にもかかわらず、私はこの本を薦めたい。この本の書き方はとても韻文的で象徴や比喩、逆説的な言い回しで満ち溢れている。だから、実は中心的テーゼを簡単に云々できるほど、単一の意味に自然に収斂する結晶のようなテクストではない。むしろ引っかかりを覚える比喩や逆説を掘り下げていけば、そこにはすぐに霧や霞のような風景が広がり、一義的どころではない多層的なテクスト世界が姿を現す。だから、どの訳者のものを読むのかでも随分印象が違ってくる。もし可能なら複数の版を読んでみればいい。しかも、この本の本当の魅力は中心的テーゼよりもその細部にあるとあえて言っておく。韻文的筆致を可能ならしめる圧倒的に高らかな調子、そして時々顔を見せる蠱惑的な叙情性。第二部「夜の歌」の叙情性など、詩人ニーチェの面目躍如たるものがある。しかもニーチェはハイデッガーやフーコーなど、二〇世紀の思想家に深い影響を与えた人だ。若い頃に本書を読むことは、〈プラトニズムの逆転〉というような大柄なヨーロッパ思想の問題群に触れると共に、現代思想にも知らぬ内に接近するという稀有な体験をもたらしてくれるものなのだ。

『日本の思想』丸山真男

新書判
1961年・岩波新書

宇野重規　東京大学社会科学研究所教授／政治思想史・政治学史

かつて丸山真男の『日本の思想』というと、入試に出題されることで有名だった。高校生であっても、ちょっとませた生徒なら、この本を読みかじっていっぱしのことを語った時代があった（らしい）。いま読んでみると、ちょっと文章が古めかしいし、彼がどういう時代の文脈で、誰を相手にこういう論を展開しているのかわかりにくい。とはいえ、日本政治思想史の大家である著者の、いい意味での「ケレン味」がもっともよく出ているのが、この本ではなかろうか。論理の切れ味が鋭く、レトリックの限りをつくして、さまざまな事象や思想をすぱすぱと切り捌いていく著者の筆致は、あたかも舞台の上で見栄を切っている役者のようである。思想研究というとどうも重厚長大なイメージがあるかもしれないが、この本のなかでは丸山は実に軽やかである（本を実際に読まれた読者は「どこが軽やかなのだ！」と言うかもしれないが、これは軽やかなのである。断固として）。

しかし、今回読み直してみて、近代日本の知性のたどった軌跡を理解するのに、これほど適したテキストはないのではないか、とあらためて思った。言うまでもなく、近代日本は、政治、法律、経済、教育等あらゆる分野でヨーロッパ産の「制度」や「理論」を輸入した。輸入が悪いというわけではない。しかし、その「制度」や「理論」を「実感」と照らし合わせ、本当に自分のものにしない限り、いつまでも舶来品にとどまる。次々に流行品に手を出しては放り出し、場合によっては全部がいやになって、「実感」に閉じこもってしまうかもしれない。実際、近代日本の知性は本当にそういう道をたどったのだと丸山はいう。昭和一〇年前後における、政治・科学・文学の三者関係を論じた文章など、実にスリリングであるが、いまの日本を振り返っても考えさせられる。近代日本においてマルクス主義がはたした役割、小林秀雄の独特な知的存在感を知る上でも有益な一冊であろう。

『紅楼夢』　曹雪芹

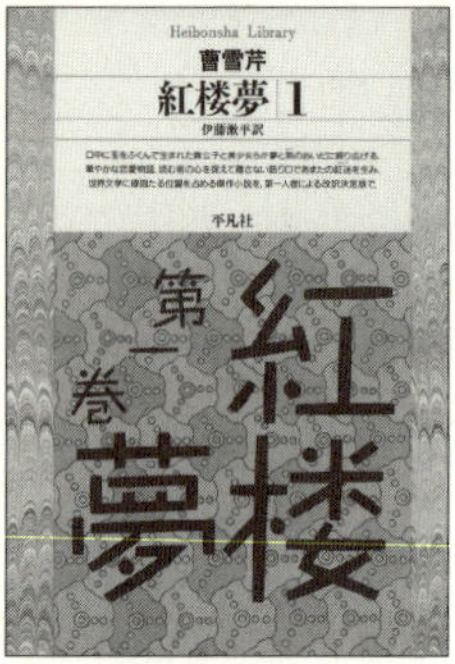

伊藤漱平訳
（全12巻）
HL判
1996年・平凡社ライブラリー
（ほか翻訳あり）

村田雄二郎
東京大学大学院総合文化研究科教授／中国哲学・近代中国史

　賈宝玉をとりまく個性的な才媛群の中でも、機転と度胸のよさでひときわ異彩を放つ鳳姐《フォンねえさん》――王熙鳳《おうきほう》。作者はその鳳姐を心憎い仕掛けで作品に登場させる。母を失い、ひとり賈家に引き取られることになった哀愁のヒロイン林黛玉との初対面の場面（第三回）。黛玉が賈家に嫁いだ実の祖母に挨拶していると、裏庭から傍若無人の大きな声。続いて取り巻きを従えて堂々入ってくる姿を見れば、あでやかな衣装に身を包んだ優美な出で立ちに、「うちでは聞こえたお転婆《はね》の破落《あまし》戸《もの》」（伊藤漱平訳）と、祖母の紹介にもならぬ笑い声。

　このくだり、耳から目へ、静から動へ場面が急展開する劇的な効果を挙げ、王熙鳳の存在感をいやがおうにも黛玉（＝読者）に印象づける。姉御肌の計略家で、一族縁者のほか侍女・女中を含めれば百をもって数える大家族の内《おく》を見事に仕切ってみせる。ついたあだ名は「鳳辣子《からし》」。辛辣・毒舌ながら、果断で難事を仕切る才覚を謂うから、現代風には女強人《ストロング・ウーマン》か。この「鳳辣子」が頭角をあらわすのは、金陵十二釵中の秦可卿《しんかけい》の死によってである。進んで内《おく》の大役を買って出たかの女は、ただちに家政の放漫経営の弊端を見てとり、軟硬兼施《アメとムチ》の辣腕で、てきぱきと葬式の舞台裏を仕切り、一挙に賈家の誰もが一目置く存在に上りつめる（第一四回）。

> 大臣夥しくして国《くに》事をば誤り　弱女《たおやめ》の細腕もて家《いえ》事を整える（第一三回）

　葬式で最も難しいのは、何にもまして所を得た振る舞いと言辞である。例えば、中国の親族呼称は複雑な体系をなし、同じ「おじ」「おば」でも、父方か母方か、内（同姓）か外（異姓）かで、幾重にも分節化される。実は、服喪の儀礼と親族呼称は表裏一体の関係にあり、家という小社会であるべき「分」と「所」を指示する記号でもあった。尊卑、内外、長幼などの原理で整然と区画された人倫秩序の保守点検《メインテナンス》にこそ、中国社会の長期安定の鍵はあったのではないか。

　さては、賈家の「鍵」を華麗に操った鳳姐の言行を見ずして、中国を語るなかれ。

『徒然草抜書』 小松英雄

文庫判
1990年・講談社学術文庫

苅部 直 東京大学大学院法学政治学研究科教授／日本政治思想史

人文・社会系の学問の基礎は、言葉を読むという営みにほかならない。たとえ一見、文学や語学と離れた、数理分析を主とするような分野であっても、研究結果を支えている論理の道筋をたどるには、あらかじめ言葉の鍛錬が必要だろう。それを読むための媒体が、本ではなくパソコンの画面であっても、同じことである。

その意味で、言葉によって書かれたテクストを読む訓練が、基本中の基本に違いないのだが、その大事さを実感できる機会はそう多くない。日本語によるテクストを読むときは、何となく意味がわかったものとして読み飛ばしてしまいがちである。外国語のものにふれる場合、言葉の意味とつながりをじっくり考えながら読むやり方は、習熟が進むほど、かえって忘れてしまう。

この本は、『徒然草』という、誰もが中学・高校の国語授業で触れているはずの古典を素材にして、テクストを確実に読むやり方を教えてくれる。しかも、今はやりのスローリーディングにとどまらず、日本語史研究の蓄積に基づいた、精細な読解。一読すれば、「つれ〲なるままに日くらし……」という冒頭の有名なくだりすら、まったく違って見えてくることに驚くだろう。

テクストにある言葉の意味を確認していく作業は、実に手間がかかり、根気のいるものである。しかしその労苦を重ねたからこそ、文章の奥にこもっているニュアンスが豊かに浮かびあがってくる。それにふれたときの喜びが、著者の慎重な筆致にはつねに漂っている。これを読んだあとに、『いろはうた』（講談社学術文庫）や『みそひと文字の叙情詩』（笠間書院）といった、ほかの著書に読みすすむのもいいだろう。日本語学と日本文学にとどまらない、学問一般に通じる精神の運動が息づいている。

『危機の二十年』E・H・カー

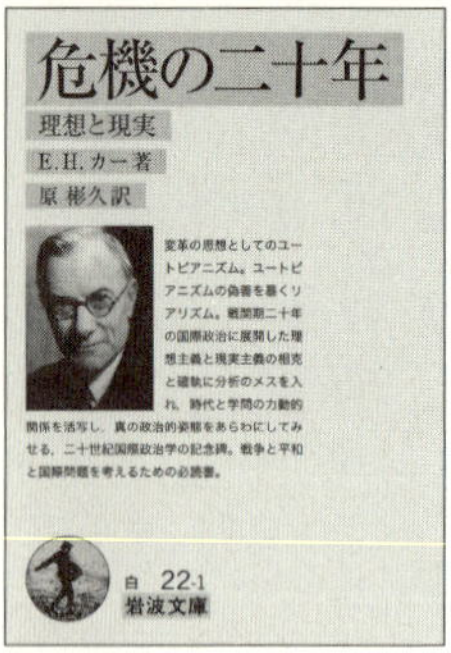

原彬久訳
文庫判
2011年・岩波文庫
(ほか翻訳あり)

川島 真 東京大学大学院総合文化研究科准教授／アジア政治外交史

本書が、繰り返し本学の教員に新入生にすすめる書籍として挙げられたという。それは、大きな歴史のうねりとも思える事象を、時間軸に即して説明しようという魅力に因るのだろう。あるいは、世界秩序が大きく変容するかもしれない現在、本書のもつ意義や価値がいっそうましているのかもしれない。

本書は、イギリスの外交官であったカーが大戦の生じた一九三九年に、当時、生じている事象を過去二十年に遡って説明しようとしたものである。なぜヴェルサイユ体制が破綻したのか、なぜ国際連盟は機能しなかったのか。このような問いを、「二十年」前、一九一九年に起源を設定して説明する。その一九一九年にはヴェルサイユ講和会議があった。そして、その会議で形成されたとされるヴェルサイユ体制が、結局、戦争の再発を防止できなかったのである。

本書の魅力は、単に現在から過去を振り返ることだけにあるのではない。むしろ過去から現在を照射するということに眼線が重要だろう。この点、古典として評価するに値する一書である。

だが、専門的な見地にたった場合、昨今、本書の議論の枠組みが批判的に検討されてきているのも確かである。たとえば、対立に向かう欧州を眼前にしていたカーは、リアリズムを重視し、国際連盟などに代表される協調や調和を目指すような方向性をユートピアニズムとして一蹴した感がある。実際、この二者だけで状況を説明できるほど事態は単純でないことも多く、カーの議論は批判的に検討されつつある。しかし、欧州危機に直面したカーがそのように考えたこと、そして過去二十年に対して、そのように整理、説明をつけようとしたという、その同時代的感覚を重視したい。

本書は二〇一一年に新版が公刊された。翻訳の問題点が克服され、また新たな解説も施されている。二一世紀の激動の中で、あらためて本書を手に取って、時間軸でものを考える訓練を積みたいものである。

『チーズとうじ虫』カルロ・ギンズブルグ

杉山光信訳
四六判
1984年、2003年（新装版）、2012年（「始まりの本」版刊行予定）・みすず書房
（イタリア語版原著は1976年刊、翻訳に用いられたフランス語版は1980年刊）

桑野　隆
早稲田大学教育総合科学学術院教授／ロシア文化・表象文化論

歴史というものが支配者たちの系譜や偉人伝だけでなく、名もなき民衆の経験や精神の記憶でもあることは、いまや自明の理とされているのかもしれない。もしそうだとするならば、まちがいなく本書はそうした共通理解の普及に逸早く貢献した書物の一つである。

とりあげられている時期は一六世紀後半、場所はイタリアのフリウリ地方。ここに住む好奇心旺盛な粉挽屋メノッキオは、「すべてカオスである、すなわち、土、空気、水、火、などこれらの全体はカオスである。この全体は次第に塊りになっていった。ちょうど牛乳のなかからチーズの塊りができ、そこからうじ虫があらわれてくるように、このうじ虫のように出現してくるものが天使たちなのだ」などと主張する。これに限らずメノッキオの自説の多くは、支配者側、とりわけ教会側からすれば異端以外の何ものでもなかった。そのため、一五年を挟んで二度裁判にかけられたあげく火刑に処せられてしまう。

当時はこうした身分の者が自ら記録を残すことはまれであり、ましてや他人が記録しておくこともない。ところがメノッキオという人物に関しては、その特異な異端ぶりもあってか裁判の詳細な記録が残っていた。むろんそれは教会側の審問という偏った古文書なのだが、ギンズブルグはそれを実に丹念に解読し、メノッキオの「声」を聞きとり、思想や感情、夢までも鮮やかに浮かびあがらせていく。

その過程で、まだ口承文化の伝統が失われていなかったこと、メノッキオが『聖書』、『デカメロン』その他の書物にも親しんでおり、それらに独自の解釈を与えていたこと等々が明らかにされていく。さらには宗教改革や印刷術の発達とも関係づけられる。

まさにギンズブルグが「ミクロヒストリー」の先駆ともされる所以がここにあるのだが、それと同時に本書の展開はまことにスリリングで推理小説めいていることも断っておきたい。読みはじめたら止まらなくなるおそれがある。

『細胞の分子生物学 第五版』

Bruce Albertsほか

Julian Lewis, Martin Raff, Peter Walter, Keith Roberts, Alexander Johnson
中村桂子・松原謙一監訳
A4変型判
2010年・ニュートンプレス
（原書、2008年）

松田良一　東京大学大学院総合文化研究科教授／生物学

本書は、最新の分子生物学や細胞生物学を分かり易く解説した米国の教科書。生命科学を専攻する大学生や大学院生向けの教科書として世界中で最も定評がある本だ。東大教養学部でも、理科系一年生の必修講義「生命科学」で最も有用な参考書として本書を勧めている。一九八三年、本書の初版が刊行された時、私はまずその分厚さに驚いた。進展著しい生命科学ではあるが、こんなに大部の教科書ではなかなか改訂できないだろうと思った。しかし、その後も四、五年毎に改定され、二〇〇八年で第五版。驚くのはそれだけでない。一九八七年末に"Cell"に発表された筋分化を制御するマスター遺伝子MyoDが、直後の第二版（一九八九年刊）に既に複数頁にわたり詳しく書かれていた。改訂される毎に最新情報を取り込む、その速さには圧倒される。

それにしても本書は分厚く重たい。第五版（原書）ではついに一六〇〇頁、三・六キログラムを超えた。本書を使いこなすには学力と筋力が必要。そのため二五章を分冊に分解して持ち歩く学生も多い。アメリカの高校生物の教科書は一〇〇〇頁を越える大部なものばかりなので、大学生は一六〇〇頁でも驚かない。むしろこのサイズが国際標準といってよい。もちろん、アメリカの大学の授業でも教科書を全て網羅してはいない。予習として読ませたり、興味があればさらに詳しく学習を進められる仕組みとして大部な教科書が機能している。平易明解な英語で書かれているため、英語版に挑戦するのも良い。英語力も身につくので一石二鳥だ。

しかし、学生たちには、教科書が分厚くなればなるほど、生命現象が既に詳細に理解しつくされ、自分の貢献する余地が残されていないという誤解も与え、この分野への参入の意思を削ぐことも危惧される。生命はまだまだ分かっていないことだらけだ。これからの学問を担っていく若き学徒らを激励するためにも教育現場で果たす教師の役割は極めて大きい。

『監獄の誕生』ミシェル・フーコー

田村俶訳
四六判
1977年・新潮社
（原書・1975年）

小林康夫
東京大学大学院総合文化研究科教授／表象文化論・現代哲学・フランス現代文学

大学ではまず整列を要求されることはない。だが、大学への閾を踏み超えたばかりの新入生のみなさんにいまこそ振り返ってもらいたいのだが、これまでの学校生活で自分の身体がどのくらい「整列する」ことを強いられたか。炎天下の校庭で単なる挨拶にすぎない校長の「お話し」を聴くために自分の身体がどのように扱われたのか、そしてそのことを教員も生徒も父兄も自明のことであるかのように受け取って、いかにまったく疑問を呈することがなかったのか、を。

こうして「振り返った」ときに、瞬間的に、たとえばなぜ日本では（海外で学校生活を送った人はこれがかなり特殊なことだということがわかるはずだから）学校という制度が、身体の拘束という点に関して、かくも軍隊的な形式の制度に浸潤されているのか、と愕然として疑問をもつことができた人は、あなたのその「批判」の眼差しを磨きあげるために、ぜひこの本を読んでほしい。

「社会」は身体を扱う。「社会」は、歴史的に規定されうるようなある一定の仕方で、それぞれの身体に働きかける。極限的に言うならば、あなたがこれから大学で学ぶ知というものも、最終的には、身体に作用し働きかけるものとしてある。法、技術、制度、スポーツ……すべての知が身体にかかわるのだ。だからこそ、いま知の閾の上にいるあなたが、こうした知や制度や慣習が歴史的に構成されたものであることに敏感になるのはとってもよいことだ。ひとつの装置が発明されることによって、社会を構成するその規則や規律ががらりと変わってしまうということがある。歴史は、そのような無数の不連続の断層によって形作られている。この本は監獄についての本なのではない。そうではなくて、「社会」そして「歴史」というわれわれの身体にとっての根源的な「監獄」がどのように機能するものであるのか、あくまでもその動詞的な作用（「見張ること」、「罰すること」）の具体的なミクロな分析を通して明らかにしてくれる本なのだ。歴史を「批判すること」への周到な準備がここには結晶化している。

『善の研究』西田幾多郎

文庫判
1979年、2012年（改版）・岩波文庫
（ほかあり）

斎藤兆史　東京大学大学院教育学研究科教授／英語教育

本書は、阿部次郎の『三太郎の日記』、倉田百三の『愛と認識との出発』と並ぶ旧制高校生の愛読書である。題名だけから判断すると、善く生きることの意味を説いている本かと思ってしまうが、そうではない。これはきわめて抽象的な理論哲学の書である。西田はまず議論の出発点として「純粋経験」なる概念を提示する。これは、自分が何かを行なう、認識する、考える、感じる、意図するというような場合、自分とその行為、認識、思考、知覚、意図の対象が一体となった「主客合一」、「知情意合一」の状態を指している。次に西田は、その状態こそが「真実在」であると説く。そして、客観的な世界が一つの理法によって動いているように、それと合一している個人の意識も、自己の完成形たる「善」も、その状態において大きな法則にしたがっているという。西田哲学の新しさは、西洋哲学の二元論を廃し、「純粋経験」という概念によって「思惟」、「意志」、「実在」、「善」、「神」などの問題をとらえ直した点にある。西田本人の参禅体験と仏教学者・鈴木大拙との交友関係がその思想形成に関わっているためか、議論の端々に禅の影響が見られる。

私はこの本を高校卒業直後に読んだ。私が在籍した高校では卒業生に文庫本を贈るのが習わしとなっていて、私は歴史の教師から勧められた本書を贈呈図書リストの中から選んだのである。旧制高校生と同じくらいの年齢で本書に接したわけだが、一読しただけでは内容を理解することができなかった。もっとも、そんなことを言い出せば、いまでも西田哲学を理解しているとは言い難い。それでもなぜ本書を新入生に勧めるか。まず第一に、一読しただけでは分からないような名著と格闘する体験が読解能力を伸長させると信じるから。第二に、日本独自の哲学に触れてほしいから。そして第三に、とくに簡単に情報が手に入る現代こそ、思索によって人生が豊かになることを知ってほしいからである。

『文明論之概略』福沢諭吉

松沢弘陽校注
文庫判
1995年・岩波文庫
（ほかあり）

北岡伸一　政策研究大学院大学教授／日本政治外交史

福沢諭吉（一八三五―一九〇一）は、現在の大分県、中津藩の下級武士の子として大阪に生まれ、緒方洪庵の適塾に学び、蘭学から英学に転じ、幕末に三度海外に行き、慶応義塾を設立して、明治期最大の啓蒙家となった。

しかし、福沢の真価は、よく知られているのだろうか。

福沢の最初のベストセラー、『西洋事情』は、西洋の事物の紹介のような書名だが、実は西洋の社会制度についての鋭い洞察に満ちた本である。また、『学問のすゝめ』は、実学（実証性を持った学問という意味で、実用的な学問ということではない）によって日本の独立を達成しようとする国家論、文明論でもある。その中に、日本の方が西洋よりも優れた点を熱烈に論じるところがある。福沢を西洋かぶれの軽薄才子とみる人は、いったい何を読んでいるのかと思う。

この福沢が正面から、文明とは何か、日本文明の特質は何か、日本の課題は何かを論じたのが『文明論之概略』（一八七五）である。福沢の最高傑作であり、日本思想史上最高傑作の一つである。

福沢はまず文明とは、人間の生活がより「安楽」になり、かつ人間の「品位」が向上することだと定義する。この観点から福沢は西洋文明を目標とするのだが、重要なのは、鉄道や蒸気船の建設よりも、社会制度における進歩であり、さらに、文明を支える自由闊達な気風だと述べる。福沢はまた、文明における徳と智を論じて、公徳と私徳、公智と私智を区別する。個人の立派な言動よりも、効果を広く及ぼすような徳を、また囲碁将棋のような私智よりも、効果が広く及ぶ蒸気船のような公智を目指すことを主張する。

この本の中でとくに有名なのは、西洋文明と日本文明を比較したところである。西洋文明の根源にある多元性と対比して、日本文明の一元性、日本社会にある権力の偏重を批判して、独立の精神の樹立を主張するのである。

ぜひ『福翁自伝』や『学問のすゝめ』とともに、偏見なく本書を読んでほしい。

『論理哲学論考』 ウィトゲンシュタイン

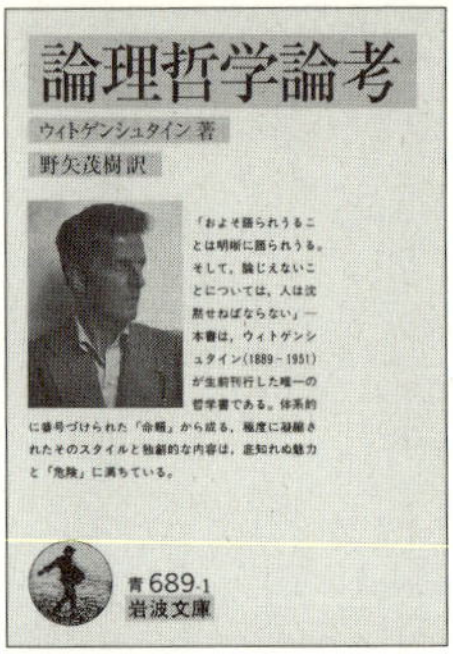

野矢茂樹訳
文庫判
2003年・岩波文庫
(ほか翻訳あり)

野矢茂樹 東京大学大学院総合文化研究科教授／哲学

三つの条件をあげてみたい。①分からないが分かりたくなる。②がんばれば分かる。③分かると新しいことが開けてくる。何の条件かというと、新入生にすすめる本の条件である。新入生にというよりは、なんだろう、自分はもうこれでいいのだとは思わずに、読書によって何か新しい自分が生まれてくる、そんな期待をもっている人たちに、と言ったほうがいい。自分が分かるものだけを読んでいるのでは、新しい情報は得られるだろうが、新しい見方や考え方は得られない。分からないものに出会うことが必要だ。しかも、分からないといってあきらめてしまうのではなく、なんとかしてそれを分かろうとする。『論理哲学論考』を手にとって、パラパラめくってみてほしい。ね、笑っちゃうぐらい分からない。でも、なんとなく、惹きつけられる。この、分からないけれど惹きつけられるということがだいじ。だけど、分からないままにありがたがるというのでは、かえってマイナスだ。分かりたいと思う。そしてどうにかこうにかしていると少しずつ分かってくる。あるときには「あ、こういうことだったのか」と展望が開けもする。それはまた、自分自身が新しく広がっていく体験でもある。『論理哲学論考』はなるほど難解だが、きわめて筋道だった体系的な思考が展開されている。少し誇張して言えば、背景的知識がゼロでも、そこに繰り広げられるウィトゲンシュタインの思考を純粋にたどっていけば、読めてくる。そうしてそこに、いままでの自分になかった見方と考え方が現われてくる。言語について、思考について、世界について、いままで自分が見ていたのとは違った景色が見えてくる。『論理哲学論考』は、分量的には半日もあれば読めるだろう薄い著作である。しかし、私に関して言うならば、最初に読んで「かっこいいなあ」と痺れたときから、あらかた理解できたと言えるところにくるまで、そうだなあ、三十年ぐらいかかったかな。

『アンナ・カレーニナ』　トルストイ

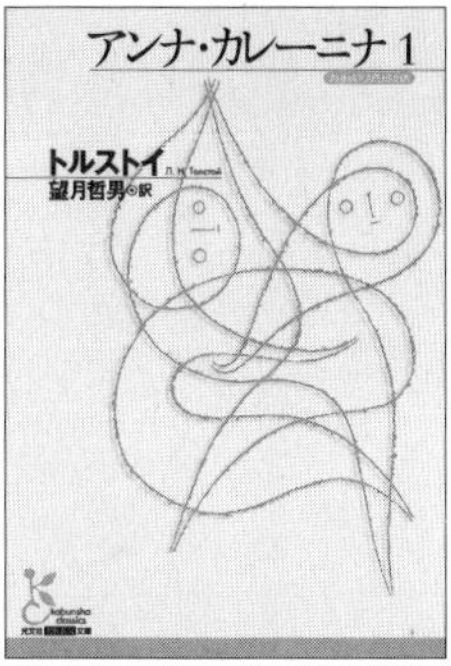

望月哲男訳
（全４巻）
文庫判
2008年・光文社古典新訳文庫
（ほか翻訳あり）

沼野充義
東京大学大学院人文社会系研究科教授／ロシア・ポーランド文学

「君たちにはまだ早すぎるよ、こんなに面白い小説を読むのは！」と言ってみたい。これはなにしろ、極めつきの不倫小説だからだ。結婚どころか、本格的な恋愛もまだこれからという諸君には、アンナの艶めかしさも、中年の高級官僚カレーニンの苦悩も、まだわかんないだろうな。

　という挑発にのって、なにくそ、読んでやる、と思ってくれたらしめたもの。

　若い美貌の人妻アンナが、二〇歳も年上の夫との結婚生活に飽き足らず、近衛騎兵との情熱的な不倫の愛に走ったあげく、鉄道自殺という悲惨な結末を迎える。筋書き自体は、いまさら紹介する必要もないくらい古典的なものだ。このどこがそんなに面白いのだろうか？

　アンナは、本来「不道徳な女」であるにも関わらず、あまりにも魅力的である。おそらくトルストイは、アンナが罰せられるべき存在であると理解しながらも、彼女の情熱のドラマに引き込まれていったのだろう。登場人物が著者の意志に反してまで独自の力を持ち、動き始める。これはもはや文学作品ではない。ほとんど人生そのものではないか。だからこそと言うべきか、それが読者の目にどう映るかも、読者の年齢によって大きく異なってくる。告白するが、私はこれを高校生のとき初めて読んで面白がったが、今から思えば、まるっきり理解できていなかった。その後、二度、三度と読み返すたびに、作品はまったく違った相貌を見せ、私を驚かせ続けている。

　だから若い皆さんも、ぜひ一度目を試みてほしい。諸君が人生経験を積み、成熟していくにしたがって、小説もまた生き物のように成長していくことだろう。

　好きな一口話がある。トルストイは晩年のある日、何気なくある本を手に取り、途中から読み始めたところ、あまりに面白くてやめられなくなった。「誰だい、こんなに面白い小説を書いたのは？」と不思議に思って表紙を見たら、『アンナ・カレーニナ』と書いてあったという。

『生きがいについて』神谷美恵子

四六判
2004年・みすず書房（神谷美恵子コレクション）

中釜洋子
東京大学大学院教育学研究科教授／臨床心理学・家族療法・アサーショントレーニング

生きがいというストレートなタイトルに、思わずたじろぐ読者がいるだろうか。あるいは現代風に、生きがい探しの指南書かと期待されるかも知れない。しかし本書は、どちらの発想からも遠く、〝生きがいという摑みどころのない問題を、いろいろな角度から眺めて少しでも事の真相に近づきたい〟という真摯な関心が生んだ珠玉の書である。人々の生の現実から、また広く先人の著作から、生きがいがあるとはどんな姿か、どのように奪い去られ、絶望と虚無の一時期を経て、その後に回復の途を辿るかを掬い上げ、一人ひとりの心に近づけるよう、ボトムアップで理論構築が試みられている。

著者は、恵まれた幼少時代を送ったが、大学卒業後に結核に罹り、数年間療養生活を送った。幸いご本人は完治したが、療養仲間は亡くなりなぜ自分だけ癒されたかという思いが負い目になり、心につきまとったという。サバイバーギルト（生き残った者の罪の意識）から、心を病んだ人、苦しみ悶える人の横に居るという天命を得たのは言うまでもない。生きる源泉への問いは若い頃に種蒔かれたのだろうが、ハンセン病療養施設の精神科医となって「らい園こそ人間の生きがい一般について示唆するところが多い環境」だという思いを深め、四〇代で本書の執筆活動に入った。

「生きがいは利他的な気分を生みやすい。うらみやねたみから遠く、寛容でありやすい」等、紹介したい言葉が随所に見つかる。物質的豊かさは解決にならず、退屈が訪れて、なお残る問題の根深さを痛感するからくりが納得される。いつからか、生まれ持った能力を絶対視する傾向、それによる人の違いを重視する風潮が私たちを取り巻くようになった。が、そんな姿勢から人と人の重なりは見出せず、繋がりは生まれにくい。9・11や3・11以降も、なぜあの地だったのか、あの人でなく自分だったらという発想をするのは簡単なことでないが、現代人が陥った深い孤独を抜ける道はこのあたりにあるのではないか。飽食の時代を生きる若者にこそ、読み継いで欲しい一冊である。

『失われた時を求めて』

プルースト

吉川一義訳
（全14巻、現在刊行中、既刊1〜3巻）
文庫判
2010年・岩波文庫
（高遠弘美訳　光文社古典新訳文庫　全14巻（既刊1〜2巻）
鈴木道彦訳　集英社文庫　全13巻
井上究一郎訳　ちくま文庫　全10巻）

工藤庸子
東京大学名誉教授／フランス文学

《青春とは人が何かを学びとったと思える唯一の時代なのだ》——そう、読書も出会いの経験なのだから、こんな超大作は無理、などと尻込みせず、贅沢に四種類もある文庫本を手にとってみよう。恋愛と嫉妬の心理学、人と人との関係の社会学、文学と音楽と絵画をめぐる芸術論、時間と記憶をめぐる哲学的思考……。

《本当の楽園とは、失われた楽園である》——だれにでもきっと覚えがあるはず。ベッドのなかでうとうとする人間は、時間と空間の束縛から解き放たれ、無意識のうちに記憶の糸をたぐるだろう。ふとした感覚から、たとえばハーブティーに浸けたマドレーヌの風味とか、そんな微細な滴から《想い出という巨大な建造物》が立ちあらわれることもある。記憶の甦りとは失われた楽園を見出すことなのだから、これは幸福な書物なのである。

《愛、それは心の琴線に触れるようになった空間と時間である》——少女への幼い恋慕、思春期の憧れ、息詰まるような同棲生活、執拗なジェラシー。そんな語り手の経験のほか、裕福な遊び人が高級娼婦に翻弄される話や、同性愛の誘惑や倒錯の場面など、さまざまの愛のかたちが語られるけれど、共通するのは苦しみの美学。愛によって人の感性が痛いほどに研ぎ澄まされるとき、自然は輝きを増すだろう。

《われわれの社会的人格なるものは、他人の思考の産物である》——作品は鋭利な社会心理学のユーモラスな範例集をなしている。貴族、医者、芸術家、平凡な市民や使用人、百年前の外国人なのに、なぜか身近で思い当たるのだ。それにしても《パーソナリティ》とは他者のまなざしが構築するものだという了解は、いわばポストモダン的に新しい。

《ただ一つの本物の旅、若返りの泉とは、新しい風景を探しにゆくことではなくて、別の眼をもつことであるだろう》——そう、だから、今すぐ旅立ってほしい。プルーストの眼を借りて、新しい世界を見るために。

『それから』夏目漱石

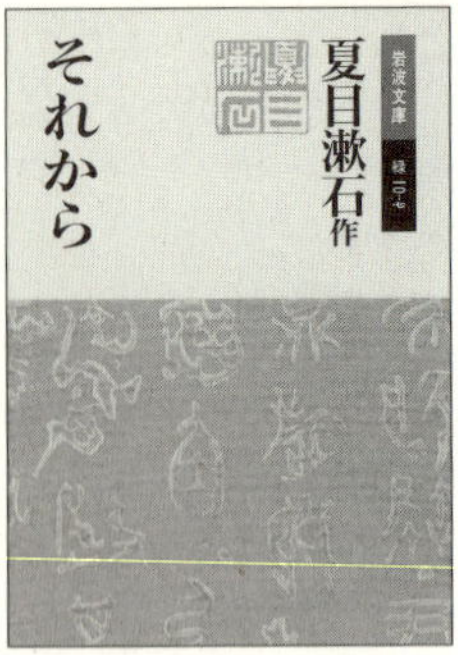

文庫判
1989年（改版）版・岩波文庫
（ほか多数あり）

塚谷裕一　東京大学大学院理学系研究科教授／植物学

　私が漱石の小説を推す理由は二つある。一つは文体だ。日本語の文章が言文一致体になってからこちら、さまざまな文体が試みられてきたが、私が理想的と思う文章の一つは、漱石のような、簡潔で水のようでリズムの軽快な文章だ。プロの小説家でも、推敲したくなるようなひどい文章を書く人がいる。漱石の文章は全く抵抗がない。ちなみにもう一つの理想型は、泉鏡花のような技巧の極致の文章だが、これはちょっと真似ができそうにない。だから文章を書く人は必ず漱石を読むべきだと思う。もちろん、これには理系も文系もない。特に科学者を目指す学生は、科学者ほど文章をたくさん書く職業もそうそうないと知っておいた方が良いだろう。新発見の論文しかり、研究費の申請書しかり。だから理系の研究室では、学生の作文を徹底訓練することが多い。日本に科学者出身の小説家が多いのには、ちゃんと理由がある。

　私が漱石を推すもう一つの理由は、登場人物の口から、本音が語られていることだ。漱石の作品群の中でも『それから』や『行人』の主人公は、財政的にも教育的にも恵まれた、いわゆる高等遊民と設定されているため、そうした本音を遠慮なく言っている。例えば『それから』（六）、代助の台詞。「話をしてみたまえたいていはばかだから。自分の事と、自分の今日の、只今の事よりほかに、何も考えてやしない。考えられないほど疲労しているんだからしかたがない。精神の困憊と、身体の衰弱とは不幸にして伴っている。のみならず、道徳の敗退もいっしょに来ている。日本じゅうどこを見渡したって、輝いてる断面は一寸四方も無いじゃないか」（表記は岩波文庫版による）

　この小説は当時、朝日新聞に連載されたものだが、今日、こんな本音を新聞紙面に載せることは果たして可能だろうか。

　新入生は新たな気持ちで、大学という、本音を語っても許される場を与えられたことを自覚してほしいと思う。本音を語ってもよい若さを持っていることも。その自覚を漱石の小説群は促してくれると思う。

『三四郎』夏目漱石

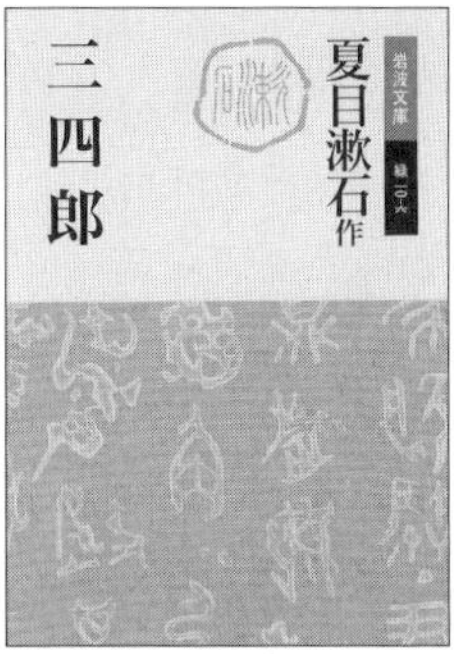

文庫判
1990年（改版）版・岩波文庫
（ほか多数あり）

塚谷裕一
東京大学大学院理学系研究科教授／植物学

私は漱石ファンではあるが、『三四郎』をそれほど推すものではない。今回、改めて読み返してみた結果、やはり、やや物足りなさが残る印象がぬぐえなかった。なぜだろう？

多分、『それから』（前頁参照）で述べた「本音」が少ないからだと思う。もちろん『三四郎』の冒頭（一）には、熊本の田舎から初めて上京する三四郎が、その道中、広田先生に「熊本より東京は広い。東京より日本は広い。日本より……」「頭の方が広いでしょう」「囚われちゃだめだ」と本音で諭される有名な場面がある。

「この言葉を聞いた時、三四郎は真実に熊本を出たような心持ちがした。同時に熊本にいた時の自分は非常に卑怯であったと悟った」（表記は岩波文庫版による）

あるいは（五）には、三四郎のこんな内省もある。

「三四郎は四人の乞食に対する批評を聞いて、自分が今日まで養成した徳義上の観念をいくぶんか傷つけられるような気がした。けれども自分が乞食の前を通るとき、一銭も投げてやる料簡が起こらなかったのみならず、実を言えば、むしろ不愉快な感じが募った事実を反省してみると、自分よりもこれら四人のほうがかえっておのれに誠であると思い付いた。また彼らはおのれに誠でありうるほどな広い天下の下に呼吸する都会人種であるという事を悟った」

ほかにも、「元日におめでとうと言われて、実際おめでたい気がしますか」と問われる場面、露悪家、偽善者についての注意を聞く場面（七）など、なんどか「本音」の部分はあるのだが、なにぶん主人公は田舎から出たての初な学生。その三四郎の大失恋が作品の主眼だけに、自分から本音に気付く場面はない。それどころか主人公の行動はもどかしく、危なっかしい。初の上京後、間もなくの頃に読んだら共感できるのかも知れないが、今の学生は当時よりませていると思うし、首都圏で育ったものには初めから物足りないだろう。やはりこれは高校生くらいのうちに読んでしまった方が良い作品だ。もし万一まだなら、急いで読もう。

『知の帝国主義』 P・A・コーエン

佐藤慎一訳
A5判
1988年・平凡社

酒井哲哉　東京大学大学院総合文化研究科教授／日本政治外交史

歴史を知るには歴史家を知ることが必要である。歴史は過去の事実の羅列ではない。無数の事実のうち、何が重要で何が重要でないかを選択しながら、一貫した意味の構成をはかる作業が歴史には不可欠である。そのような史実の選択は、歴史家の課題意識と深く関わっている。たいていの場合、歴史家は自らが生を享けた時代以前の事柄を扱っているのだが、だからこそ歴史家の同時代的な課題意識は過去の歴史叙述のなかに強く現れるのである。幾重にも塗り重ねられた歴史的意味の地層を読み解くためには、歴史が描かれる場の知的背景に眼を向けねばならない。

本書はアメリカの中国研究における中国像を検証した史学史である。著者は一九五〇年代半ばに学究生活に入り、処女作刊行後にヴェトナム戦争を迎えた。ヴェトナム戦争の衝撃を機にアメリカのアジア研究の諸前提の再検討を迫られた著者は、これまでの中国研究の主要な分析枠組を取り上げ、その射程をつぶさに検討した。本書は、西欧の衝撃と中国の反応、伝統と近代性、帝国主義といった枠組を俎上に乗せたうえで、これらに共通する西欧中心主義から距離を置いた「中国に即した」アプローチを提唱している。

本書を通して私が感心するのは、歴史家の主体性と歴史家が置かれた環境との相互関係に、著者が実に丹念な目配りをしている点である。本書は先行研究の学説を平板に並べたありきたりの史学史ではないが、さればとして、学説を単純にイデオロギー批判して満足するものでもない。理論の内部と外部の双方に留意しながら学知の態様を描き出そうとする、著者の凛とした知的態度にひかれる。

本書を手に取る新入生には、そこで提示された図式だけを受け取るような読み方をしてほしくない。副題の「オリエンタリズムと中国像」は間違いではないが、それだけの結論なら中国研究者でもない私が本書をわざわざ勧めたいとは思わないだろう。歴史という迂回路を経た到達感。そういう手の込んだ味わいを、どこかで感じてほしい。

『悲しき熱帯』
レヴィ＝ストロース

川田順造訳
（全２巻）
新書判
2001年・中公クラッシクス

山下晋司
東京大学大学院総合文化研究科教授／文化人類学

「私は旅や探検家が嫌いだ」という鮮烈な文章で始まる本書を初めて読んだのは、四五年前の一九六七年、大学受験を控えて浪人中の時だった。当時中央公論社から発売されていた「世界の名著」シリーズの『マリノフスキー・レヴィ＝ストロース』という巻に収められた川田順造による抄訳だった。一九三〇年代中盤のブラジルでの調査旅行およびその前後のさまざまな事柄についての自伝的な内容も交えた思索の旅の記録で、原著は一九五五年に出版されている。

一浪して入学した東大では文化人類学を専攻した。本書には「どのようにして人は民族学者になるか」という章があるが、私の場合この本を読んだことが文化人類学を志望する触媒になった。しかし、一九七六年から七八年にかけてインドネシア・スラウェシ島のトラジャの人々の間でフィールドワークを行い、「私の人類学」を作っていく過程で、私の関心は、レヴィ＝ストロースが関心を寄せた構造から歴史へ、「冷たい社会」（未開社会）から「熱い社会」（近代社会）へ向かっていった。この二十年ばかりは、彼が嫌った「旅」に関心を持ち、主にインドネシア・バリの観光人類学を専門としている。「楽しき熱帯」の研究だ！

もっとも、この本が私の脳裏から離れたことはない。先日もある論文に、多文化共生においては、グローバルな他者に対する人類学的な想像力――同じ「人間」として共感する力――を働かせることが重要だと書きながら、本書のナンビクアラ族に関する章の最後に「私はもうそこに、人間だけしか見出さなかった」と記したレヴィ＝ストロースのことを想った。

この知的巨人は二〇〇九年に百歳の生涯を終え、この本もそろそろ還暦を迎える。そして私は来年東大を定年退職しようとしている。喜ばしいのは、この本を読んで人類学に関心を持つようになる学生が未だ後を絶たないということだ。名著は著者も同時代の読者も越えて生き続けるのである。

『リヴァイアサン』 ホッブズ

水田洋訳
（全４巻）
文庫判
1954年、1992年（改訳版）・岩波文庫
（ほか翻訳あり）

長谷部恭男
東京大学大学院法学政治学研究科教授／憲法学

社会契約論は、国家成立前の自然状態を出発点とする。ホッブズの描く自然状態は、万人が万人と戦う（または戦う意図を隠そうとしない）戦争状態である。人は生来、能力が大体において等しく、そのため互いに欲するものを目指し、また他者に評価される栄誉を求めて争う。こうした自然状態では、勤労の果実が確実でないため、土地の耕作等の勤労をする余地もなく、交易・建築・学芸を含め、およそ人間らしい生活を支える営みはありえない。恐怖と暴力的な死の危険が限りなく続く。人の生は、孤独で貧しく、つらく残忍で短い。

自然状態では正も不正もない。人々の間に共通の権力がない以上、何が正しく何が不正かを判断する共通の物差し、つまり法もないからである。確実にそこにあるのは、各人がその生命を守るため、その力を極限までふるう自由である。各人はあらゆるもの、他人の身体にさえ権利を持つ。戦争状態が続く限り、各人はそうした自然権を行使すべきだが、平和で安全な暮らしを獲得する望みがあるなら、それに向けて努力すべきことは言うまでもない。平和と安全が得られるよう、他人も同じことをするという条件の下で、すべての人間は自分の自然権を放棄すべきである。

自然権の放棄を通じて平和と安全を得る手立てとなるのが契約である。しかし、契約を結ぶだけでは、他人がそれを守る保証はない。剣を伴わない契約は単なることばに過ぎない。皆が契約を守ることを保証する実力装置、共通の権力装置が必要である。そのため、人々のすべての権力と強さを一人の人間、あるいは一つの合議体に与えることが求められる。こうして人々の意思を統一する、一つの人格たる国家、つまりリヴァイアサンが生まれる。

宗教改革後の激烈な宗派間の対立の中で、ホッブズは、多様な信条を超越してこの世の平和を確保しうる統一権力を確立しようとした。我々が今もその下で暮らす近代国家のプロトタイプである。

『ホーキング、宇宙を語る』
スティーヴン・W・ホーキング

林一訳
文庫判
1995年・ハヤカワ文庫

吉井　譲　東京大学大学院理学系研究科教授／天文学

世界的ベストセラーとなった本書が出版されたのは一九八七年。車椅子の物理学者ホーキングが宇宙について書いた初めての一般書で、当時、日本でも翻訳が待たれていた一冊だ。

彼が語るのは、宇宙はビッグバン特異点から始まるという定理、ブラックホールは放射によりエネルギーを放出し最後に蒸発するという仮説、宇宙は虚時間の中で境界も特異点も持たないという無境界条件の提案。いずれも難解な理論を駆使して得られたセンセーショナルな結果だが、数式を一切使わずに基本概念を描きだす試みは当時非常に画期的だった。

全編を通じて彼の思考の道程をつぶさに辿ることができる。特異点定理は一般相対論の限界を示したもので、そこでは量子効果が無視できなくなるという考えに行きつき、それがやがて不確定性原理を考慮したブラックホール蒸発の着想につながっていく。そして、たとえ神でさえ選ぶ自由がないまま宇宙が始まり、人間原理に従って膨張する宇宙が選択されたという大胆な無境界宇宙創成シナリオへ導く。宇宙が存在する理由、それを見いだせれば人間の理性の究極的な勝利であるという言葉で本書は締めくくられる。

ここには時を超えても色あせない研究の原点の魅力がある。豊かな着想、そして理論構築、解釈と論争、更なる探求、その繰り返しの先にあるはずの完璧な統一理論。探求する旅の終末に一歩一歩近づいているという信念。途中で間違いに気づいたらいさぎよく認める勇気。それらひとつひとつの記述が、知的行為である研究の本質を捉えている。

最新知識を即席で得ようと思えば、昨今、適当な情報源はいくらでもある。しかし、本格的な宇宙研究を目指す若者には、ぜひ本書を一読することを勧める。虚構と真実が入り交じる最前線に明確な道標はなく、本質を見極め、前に向かわなければならない。若くして伝説となったホーキング、その人が神に挑む物語には、研究者としてまた人間として、混迷するこの時代にこそ学ぶべき多くの事柄が含まれている。

『二重らせん』ジェームス・D・ワトソン

江上不二夫／中村桂子訳
文庫判
1986年・講談社文庫

浅島　誠
日本学術振興会理事・東京大学名誉教授／発生生物学

二〇世紀の生命科学の最大の発見の一つに一九五三年に"Nature"に発表されたたった一ページのワトソンとクリックの二重らせん構造の論文がある。これは遺伝の基本物質であるDNAの構造を解明したものであり、長年、遺伝学、分子生化学などの分野が挑戦してきた謎を解いたものでもある。この発見はその後の生命科学に大きなインパクトを与えつづけている。若いワトソンとクリックがケンブリッジの大学の小さな部屋で、二年間を一緒に過ごし、議論しながらまとめあげた成果なのである。

この『二重らせん』の本はワトソン自身が書いているところに面白さがある。ワトソン自身がこの本の中でのべているように「科学がいかに行われるかについて、一般の人に知らせたい」という思いがあったので、彼の考えや見方、行動を中心にまとめられている。それがゆえに、リアリティに富み、非常に生き生きと書かれているので、読む人を魅了する。この本を読む時、いかにして大発見が生まれるか、科学の本質は何か、何が重要であるかを見抜く力、人との出会い、継続的な科学的な思考、文化と時代の背景、研究者の資質等、色々なことをみせてくれる。この大発見に対して、一九六二年にワトソンとクリックとウィルキンスの三人にノーベル賞が与えられている。この本の中にはスリルにも似たエピソードも沢山、書かれている。例えばその一つとして、競争相手のアメリカのライナス・ポーリングが同様のことを考えていると息子のピーターがワトソンらに話したことによって、ワトソンらが大いに刺激され、早く発表する方向に動いたなど、大事で重要な研究は、世界中に同時に考えられていることも科学の常であることを教えてくれる。ただ、ここに至るまでに研究者の底辺を支えた人がいかに多くいたかについては、この本の中ではあまりふれられていない。例えばE・シャルガフやR・フランクリン、等である。

科学を研究することの喜びと同時に、苦悩や失敗を乗り越えてゆく勇気の必要性も感じとれる。

『夢判断』フロイト

高橋義孝訳
（全２巻）
文庫判
1969年・新潮文庫
（原著 Sigmund FREUD, *Die Traumdeutung*：新訳は、『夢解釈』新宮一成訳、岩波書店刊『フロイト全集』第４巻・第５巻所収）
（ほか翻訳あり）

石田英敬
東京大学大学院情報学環学際情報学府・総合文化研究科教授／情報記号論

人間若い頃には夢に関心があるものである。それは、自分の将来の夢というときの願望のことであったり、空想や想像といったことであったり、より具体的な表現としてイメージ化された作品であったりもする。あるいは、端的に、日常睡眠中に自分が見る夢にも若者は大いに興味を持つものである。そして、人生の始まりにある者にとって、これはとても大切なことであるはずだ。

夢の解釈に関しては、古代以来幾多の書物が存在する。本書は、フロイトが一九〇〇年という日付を選んで世に送り出した精神分析の誕生の書である。同じ一九〇〇年には現象学の祖フッサールが『論理学研究』の第一巻を刊行し、ソシュールがジュネーヴで音声学や詩法を講義し、プルーストがベルクソンのコレージュ・ド・フランス開講講義に列席していた。世界が新しい世紀を迎えようとするとき、夢を手がかりに、人間心理や人間文化の成り立ちを読み解く新しい知の枠組みをフロイトは提示したのである。

二〇世紀以後の世界は、それ以前の時代とはまったく異なっている。産業と技術が、夢を加工し生産するようになった。夢は、家族や共同体を離れて、電話やレコードや映画、ラジオやテレビを通じて流通し、大衆の無意識を作り出すようになった。ハリウッドの映画やディズニーのアニメ、あるいは、私たちの日常を取り巻く広告や、スターやタレントたちの存在を考えてみるといい。そうしたすべては二〇世紀以後の世界における夢の存在を表している。

あるいは、夢の心理の奥底には、言いようのない不安や暗い衝動が潜んでいて、やがてそれが世界戦争や全体主義を生み出していった。

『夢判断』は、そうした全ての現代人の夢の原理を解き明かそうとした企てであって、ぼくたちの日常の眠りに訪れる夢を、この世界の存立をめぐる問いへと一直線に結びつけてくれている本なのだ。

2

東京大学出版会のベストブック　1988–2011

【1位】
「UPバイオロジー」（全97巻）
【2位】
『日本政治思想史研究』　丸山眞男
【3位】
『仮面の解釈学』　坂部恵
【4位】
『物と心』　大森荘蔵
『日本の政治』　京極純一
『解析入門Ⅰ』（基礎数学2）　杉浦光夫
【5位】
『「きめ方」の論理』　佐伯胖
『線型代数入門』（基礎数学1）　齋藤正彦
『物理学序論としての力学』（基礎物理学1）　藤原邦男
【6位】
『根拠よりの挑戦』　井上忠
『サーカスが来た！』　亀井俊介
『スルタンガリエフの夢』（新しい世界史2）　山内昌之
『中世の罪と罰』　網野善彦・石井進・笠松宏至・勝俣鎮男
『子どもの自分くずしと自分つくり』　竹内常一
『ヨーロッパの政治』　篠原一

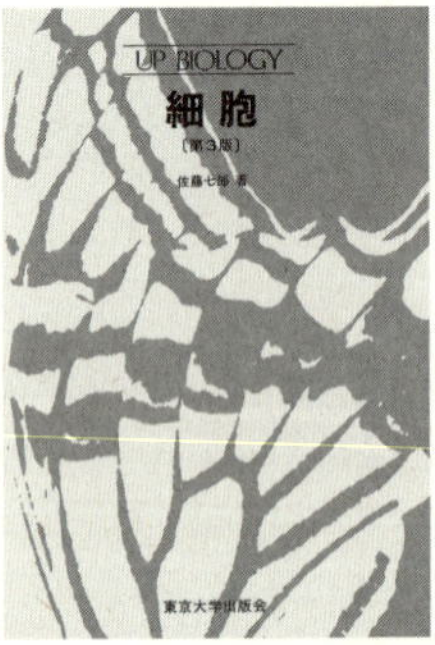

（1位）

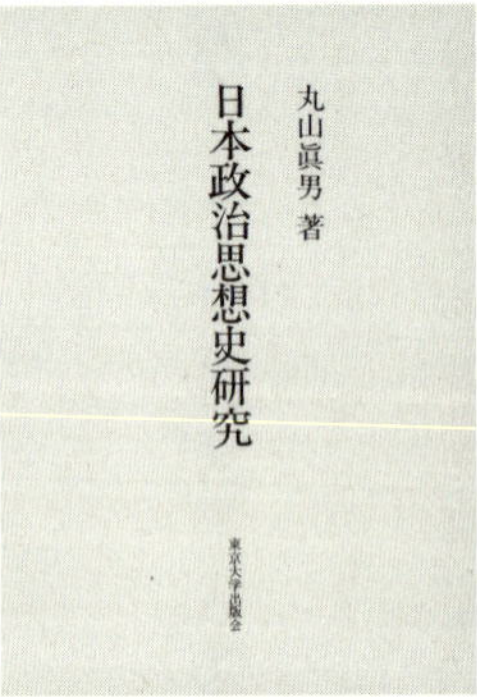

（2位）

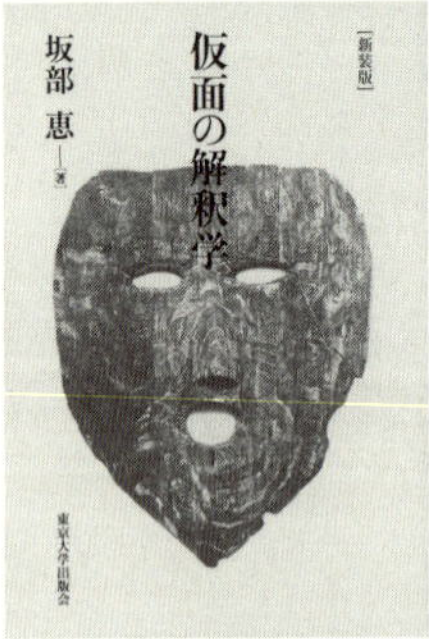

（3位）

【7位】

『はるかなる山河に』
　東京大学学生自治会戦歿学生手記編集委員会編

『ヨーロッパ文明批判序説』　工藤庸子

『The Universe of English』　東京大学教養学部英語教室編

『支配の代償』（新しい世界史5）　木畑洋一

「認知科学選書」（全24巻）

『試験の社会史』　天野郁夫

『近代中国政治外交史』　坂野正高

『損害賠償法の理論』　平井宜雄

『一般地質学』（全3巻）
　A・ホームズほか／上田誠也・貝塚爽平ほか訳

『生命の誕生と進化』　大野乾

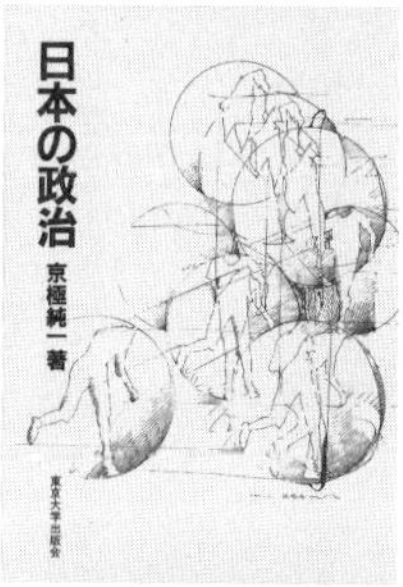

（4位）

（5位）

東京大学出版会のベストブック【1位】

「UPバイオロジー」シリーズ

塚谷裕一
東京大学大学院理学系研究科教授／植物学

残念なことにこのシリーズの新規刊行が止まって久しい。私たちの世代は、ちょうど高校生から大学一・二年の教養学部だった頃と、このシリーズがまだ続々と新刊を出していた最盛期とがちょうど重なる世代にあたる。そのため、生物学の世界で今活躍中の同世代に聞いてみると、このシリーズの影響を受けたという者が少なくない。新書版に近い形の版型で、二〇〇頁に満たない適度なボリューム。一冊一テーマで、生物学の特定の話題を、その基本から最新の知見に至るまで語るというこのシリーズは、生物の仕組みに興味のある者なら、ほぼどれを読んでも楽しめるものだった。

私にとってその中でも面白かったものは、大きく二つのタイプに分けられる。一つは『細胞』、『DNA修復』、『味覚』など、基本概念や個別テーマを要領よくまとめた入門・概説書のタイプである。これらは、そこで述べられている研究分野をざっと把握した気持ちにさせてくれ、またそういったものを何冊か読むと、自然と、生物学の世界の広がりと深さとを知ることができた。しかしなにより読んで得をした気分にさせたのは、そこで述べられている、それまで知らなかった事実の数々だった。『細胞』に述べられている不思議な入れ子構造の細胞たち。『DNA修復』に解説されていた、DNA修復がうまく進まないために病状を呈する色素性乾皮症の患者の話。『味覚』に解説されていた、酸味を甘みに転換するミラクルフルーツの成分・ミラクリンの話。これらを読む前には知らなかったことがらの、「そんなものがあるのか」という驚きは、読者をして得をした気にさせたのである。加えて、まだ謎として残って課題に触れた部分などは、「将来はこれを解いてみようか」という気持ちをかきたててくれた。

豆知識の好きな、雑学を自慢したがる年頃の、そして背伸びをしたがる高校生の頃、私の通っていた神奈川県立湘南高校の図書室は、この『UPバイオロジー』シリーズを、出版されるそばから購入していたので、私にとってはタイミング的にぴったりだった。大学に進んでからも新刊が出ると欠かさずチェックしていたのはいうまでもない。自分の専門分野以外のことになると、とたんに素人並みで何も知らない、というような視野の狭い研究者に私がならずに済んだのも、最大の理由はもともとの性格だと思うが、『UPバイオロジー』という助けがあったのも大きな要因だろう。実際、昔このシリーズの世話になったと語る人々はみな、自分の分野以外にも広く視野を持って研究をしている人ばかりだ。

もう一つ私の好きだったのは、『動く植物』、『酸素と生命』のような、著者の個人的なエピソードを前面に出した好著である。これは書き手の技量を必要とするスタイルなので、さすがの『UPバイオロジー』シリーズにも実例はそう多くないが、こうしたタイプのいくつかは、生物学者としての人生のそれぞれの姿を教えてくれ、また思いがけない発見の瞬間や、長年の謎を解くに至った時の喜びをも伝えてくれた。『酸素と生命』は、その中でも特筆すべき白眉だと思う。ちなみにその路線を前面に打ち出した本を出し続けているシリーズに、学会出版センターの自伝シリーズがある。

もちろん世の中には例外がつきものなので、『UPバイオロジー』の中にも、あまり出来のよくない巻がある。話が散漫だったり、盛り込まれた情報はたっぷりながらあまりに羅列的過ぎたり、あるいは書き手の熱意を疑うほどに本文が少なく、大半は巻末の表ばかり、といったものもある。

だがこれほどの広い分野をカバーし、しかも実際に多くの生物学者を育てたシリーズ本というのは、他になかったと思う。私たちの世代、またその少し上の世代の間で『UPバイオロジー』の話になると、必ずと言っていいほど、「あれはよかったなあ。無くなってしまったのが残念だ」という嘆きとなるのも、むべなるかなだ。今でも教養学部生クラスの入門書としては好著だと思うが、さすがに古びて最前線の内容からは遠ざかってしまった。かつてこのシリーズにお世話になった今の世代に、新たに書き起こしを依頼すれば、喜んで応じる著者も少なくないだろうと思う。事実、再刊を求める声はとても多いと聞くが、出版コストの問題が大きな壁で、実現に至らないらしい。学生が本を買わない・読まない時代となって久しいという状況も、無視できない要因だ。惜しいことである。せめて新入生たちには、まだ図書館や本屋で手に入るうちに、このシリーズの与えてくれた恩恵の片鱗に触れてもらいたいと思う。

3

総合データ　1988-2011

●総合データ1988—2011

本章は、一九八八—二〇一一年の『UP』四月号アンケート「東大教師が新入生にすすめる本」に掲載された本（和書）を、年ごとに以下の分野別に整理し、五十音順でまとめたものです。

・総記
・人文科学（哲学・思想・宗教、文学・評論・言語、美術・芸術、歴史、心理学・認知科学、教育、社会、人類学・民俗学）
・社会科学（社会科学一般、地域、政治、法律、経済・経営）
・自然科学（自然科学一般、情報科学・コンピュータ、数学、物理・化学、地学・地理・宇宙、工学、生物・農学、医学・薬学）

二〇一二年三月末現在、入手できるものを中心にデータを作成しました。複数の出版社より刊行されている場合や、文庫化されている場合は、代表的な入手しやすいものを一種のみあげ、「〜ほか」と付して表記しました。また、現在品切れ・絶版の書目も掲載しています。

1988年

一九八八年アンケート執筆者（敬称略）

青柳晃一
麻生　建
伊藤亜人
井上信幸
岩槻邦男
上田　敏
宇沢弘文
奥平康弘
小嶋　稔
加藤寛一郎

樺山紘一
上野川修一
金原　粲
茅　陽一
國井利泰
後藤　明（晃）
小林寛道
斎藤正彦
佐伯　胖
坂部　恵

佐藤正英
汐見稔幸
竹内信夫
戸田　清
長尾高明
馬場宏二
馬場康雄
平野健一郎
堀源一郎
松尾浩也

三角洋一
毛利秀雄
森田桐郎
山本　巍
山本　泰
山本良一
養老孟司
義江彰夫

■総記■

『異文化への理解』（東京大学公開講座46、東京大学出版会）
『エネルギー』（東京大学公開講座19、東京大学出版会）
『学問と人間形成の間』福田歓一（東京大学出版会）
『きけわだつみのこえ』日本戦没学生手記編集委員会編（東京大学出版会ほか）
『高度技術社会と人の生き方』（東京大学公開講座43、東京大学出版会）
『時間と人間』（東京大学教養講座3）村上陽一郎編（東京大学出版会）
『情報』（東京大学公開講座13、東京大学出版会）
『スポーツ』（東京大学公開講座44、東京大学出版会）
『食べ物』（東京大学公開講座41、東京大学出版会）
『知的生産の技術』梅棹忠夫（岩波新書）
『はるかなる山河に』東京大学学生自治会戦歿学生手記編集委員会編（東京大学出版会）
『和風と洋式』京極純一（東京大学出版会）

■人文科学■

哲学・思想・宗教

『イスラム』中村廣治郎（東京大学出版会）
『エミール』ルソー（今野一雄訳、岩波文庫ほか）
『オリエンタリズム』サイード／板垣雄三ほか監修、今沢紀子訳（平凡社ライブラリー）
『仮面の解釈学』坂部恵（東京大学出版会）
『韓国のキリスト教』柳東植（東京大学出版会）
『共同幻想論』吉本隆明（角川文庫ほか）
『現代の神話』ダンハム／泉誠一訳（岩波新書）
『公園通りのソクラテス』新時代工房（汐文社）
『告白』アウグスティヌス（服部英次郎訳、岩波文庫ほか）
『国家』プラトン（藤沢令夫訳、岩波文庫ほか）
『コーラン』（井筒俊彦訳、岩波文庫ほか）
『根拠よりの挑戦』井上忠（東京大学出版会）
『三教指帰』空海（福永光司訳、中央公論新社ほか）
『三位一体論』アウグスティヌス（中沢宣夫訳、東京大学出版会ほか）
『死にいたる病』キルケゴール（桝田啓三郎訳、ちくま学芸文庫ほか）
『自由社会の哲学とその論敵』ポパー／武田弘道訳（世界思想社）
『状況倫理の可能性』小原信（中央公論社）
『正法眼蔵』道元（水野弥穂子校注、岩波文庫ほか）
『正法眼蔵随聞記』懐奘（和辻哲郎校注、岩波文庫ほか）
『人生論ノート』三木清（新潮文庫ほか）
『聖書』（日本聖書協会ほか）
『定本 想像の共同体』アンダーソン／白

石隆ほか訳（書籍工房早山）
『ソクラテスの弁明』プラトン（久保勉訳、岩波文庫ほか）
『大唐西域記』玄奘（水谷真成訳、平凡社ほか）
『日本人の心』相良亨（東京大学出版会）
『日本の思想』丸山真男（岩波新書）
『人間的、あまりに人間的』ニーチェ（池尾健一ほか訳、ちくま学芸文庫ほか）
『人間不平等起源論』ルソー（本田喜代治ほか訳、岩波文庫ほか）
『ノヴム・オルガヌム』ベーコン／桂寿一訳（岩波文庫ほか）
『パンセ』パスカル（前田陽一ほか訳、中公文庫ほか）
『仏教の比較思想論的研究』玉城康四郎（東京大学出版会）
『方法序説』デカルト（谷川多佳子訳、岩波文庫ほか）
『摩訶止観』（関口真大校注、岩波文庫ほか）
『無常といふ事』小林秀雄（『小林秀雄全作品14』新潮社）
『物と心』大森荘蔵（東京大学出版会ほか）
『我と汝』ブーバー（植田重雄訳、『我と汝・対話』岩波文庫ほか）

文学・評論・言語

『新しき糧』ジイド（堀口大学訳、新潮文庫ほか）
『あにいもうと』室生犀星（講談社文芸文庫ほか）
『ヰタ・セクスアリス』森鷗外（新潮文庫ほか）
『異邦人』カミュ（窪田啓作訳、新潮文庫ほか）
『ヴィルヘルム・マイスターの遍歴時代』ゲーテ（山崎章甫訳、岩波文庫ほか）
『王朝女流文学の世界』秋山虔（東京大学出版会）
『オデュッセイア』ホメロス（松平千秋訳、岩波文庫ほか）
『火山列島の思想』益田勝実（ちくま学芸文庫）
『グスコーブドリの伝記』宮沢賢治（『宮沢賢治全集7』ちくま文庫ほか）
『暗い絵』野間宏（講談社文芸文庫ほか）
『源氏物語研究序説』阿部秋生（東京大学出版会）
『現代読書法』田中菊雄（講談社学術文庫ほか）
『紅楼夢』曹雪芹（松枝茂夫訳、岩波文庫ほか）
『個人的な体験』大江健三郎（新潮文庫ほか）
『古代研究』折口信夫（中央公論新社）
『古典語典』渡辺紳一郎（東峰出版）
『ことばと国家』田中克彦（岩波新書）
『ことばと文化』鈴木孝夫（岩波新書）
『ゴヤ』堀田善衞（集英社文庫ほか）
『西遊記』（中野美代子訳、岩波文庫ほか）
『時間』黒井千次（講談社文芸文庫）
『思考の紋章学』澁澤龍彦（河出文庫ほか）
『自叙伝』河上肇（岩波文庫ほか）
『脂肪の塊』モーパッサン（青柳瑞穂訳、新潮文庫ほか）

『地面の底がぬけたんです』藤本とし（思想の科学社）
『射程』井上靖（新潮文庫ほか）
『ジャン・クリストフ』ロラン（豊島与志雄訳、岩波文庫ほか）
『ジュールおじさん』モーパッサン（『モーパッサン短編集』山田登世子編訳、ちくま文庫ほか）
『神曲』ダンテ（山川丙三郎訳、岩波文庫ほか）
『人生論』トルストイ（原卓也訳、新潮文庫ほか）
『バートン版　千夜一夜物語』（大場正史訳、ちくま文庫）
『戦争と平和』トルストイ（藤沼貴訳、岩波文庫ほか）
『大言海』大槻文彦（冨山房）
『大菩薩峠』中里介山（ちくま文庫ほか）
『誰がために鐘は鳴る』ヘミングウェイ（大久保康雄訳、新潮文庫ほか）
『チャリング・クロス街84番地』ハンフ（江藤淳訳、中公文庫ほか）
『中世文学の世界』久保田淳（東京大学出版会）
『罪と罰』ドストエフスキー（工藤精一郎訳、新潮文庫ほか）
「夏目漱石全集」（全10巻、ちくま文庫ほか）
『人形の家』イプセン（矢崎源九郎訳、新潮文庫ほか）
『人間の絆』モーム（中野好夫訳、新潮文庫ほか）
『破船』吉村昭（新潮文庫ほか）
『播州平野』宮本百合子（新日本出版社ほか）
「講座　比較文学」（全8巻）芳賀徹ほか編（東京大学出版会）
『貧窮問答歌の論』高木市之助（岩波書店）
『風月無尽』前野直彬（東京大学出版会）
『復興期の精神』花田清輝（講談社文芸文庫ほか）
『平安朝文章史』渡辺実（ちくま学芸文庫ほか）
『魔の山』マン（高橋義孝訳、新潮文庫ほか）
『万葉集』（岩波文庫ほか）
『万葉集とその世紀』北山茂夫（新潮社）
「宮澤賢治全集」（全16巻＋別巻1、筑摩書房）
『迷路』野上弥生子（岩波文庫ほか）
『指輪物語』トールキン（瀬田貞二ほか訳、評論社文庫ほか）
『レイテ戦記』大岡昇平（中公文庫ほか）

美術・芸術

『岡倉天心』大岡信（朝日選書）
『日本近代美術史論』高階秀爾（ちくま学芸文庫ほか）
『フランス映画史』飯島正（白水社）
『ミケルアンジェロ』羽仁五郎（岩波新書）
『柳宗悦』阿満利磨（リブロポート）

歴史

『アラブが見た十字軍』マアルーフ（牟田口義郎ほか訳、ちくま学芸文庫ほか）
『イタリア・ルネサンスの文化』ブルクハ

ルト（柴田治三郎訳、中公文庫ほか）
『インド入門』辛島昇編（東京大学出版会）
『英国社会史』今井登志喜（東京大学出版会）
『史記』司馬遷（小竹文夫ほか訳、ちくま学芸文庫ほか）
『スルタンガリエフの夢』山内昌之（岩波現代文庫ほか）
『大地の子』（新しい世界史1）小谷汪之（東京大学出版会）
『中世的世界の形成』石母田正（東京大学出版会ほか）
『中世の秋』ホイジンガ（堀越孝一訳、中公文庫ほか）
『中世の罪と罰』網野善彦ほか（東京大学出版会）
『中世民衆の生活文化』横井清（講談社学術文庫ほか）
「講座日本歴史」（全13巻、東京大学出版会）
『封建社会』ブロック（新村猛ほか訳、みすず書房ほか）
『ホモ・ルーデンス』ホイジンガ（高橋英夫訳、中公文庫ほか）
『美濃部達吉の思想史的研究』家永三郎（岩波書店）
『ヨーロッパ文学とラテン中世』クルツィウス／南大路振一ほか訳（みすず書房）
『歴史と終末論』ブルトマン／中川秀恭訳（岩波現代叢書）
『歴史とは何か』カー／清水幾太郎訳（岩波新書）
『ルイ・ボナパルトのブリュメール18日』マルクス（植村邦彦訳、平凡社ライブラリーほか）
『ローマ帝国衰亡史』ギボン／中野好夫ほか訳（ちくま学芸文庫）
『ワイマール共和国物語』（全2巻）有澤廣巳（東京大学出版会）
『ワイマール共和国物語余話』有澤廣巳（東京大学出版会　私家版）

心理学・認知科学

『「きめ方」の論理』佐伯胖（東京大学出版会）
『視点』（コレクション認知科学3）宮崎清孝ほか（東京大学出版会）
『認知科学の方法』（コレクション認知科学1）佐伯胖（東京大学出版会）
『「学び」の構造』佐伯胖（東洋館出版社）

教育

『生きる姿勢について』ルーズベルト／佐藤佐智子ほか訳（大和書房）
『ことばが劈かれるとき』竹内敏晴（ちくま文庫ほか）
『子どものからだ』宮下充正（東京大学出版会）
『子どもの自分くずしと自分つくり』竹内常一（東京大学出版会）
『新天才論』進藤隆夫（読売新聞社）
『スポーツと健康』石河利寛（岩波新書）

社会

『現代若者の差別する可能性』福岡安則（明石書店）

『自殺論』デュルケーム／宮島喬訳（中公文庫）
『女性の解放』ミル／大内兵衛ほか訳（岩波文庫）
『大衆の反逆』オルテガ（神吉敬三訳、ちくま学芸文庫ほか）

人類学・民俗学

『異文化への適応』ターンブル／田中二郎ほか訳（CBS出版）
『悲しき熱帯』レヴィ＝ストロース／川田順造訳（中公クラシックスほか）
『神・墓・学者』ツェーラム／村田数之亮訳（中公文庫）
『金枝篇』フレイザー（吉川信訳、ちくま学芸文庫ほか）
『社会人類学』中根千枝（講談社学術文庫ほか）
『遠野物語』柳田国男（岩波文庫ほか）
『文化の翻訳』青木保（東京大学出版会）
『本の神話学』山口昌男（中公文庫）
「定本　柳田國男集」（全36巻、筑摩書房）
『忘れられた日本人』宮本常一（岩波文庫）

■社会科学■

社会科学一般

『社会科学入門』日高普（有斐閣新書）
『職業としての学問』ウェーバー（尾高邦雄訳、岩波文庫ほか）
『職業としての政治』ヴェーバー（脇圭平訳、岩波文庫ほか）
『読書と社会科学』内田義彦（岩波新書）
『プロテスタンティズムの倫理と資本主義の精神』ヴェーバー（大塚久雄訳、岩波文庫ほか）

地域

『新アジア学』板垣雄三ほか編（亜紀書房）

政治

『アメリカ政治外交史』斎藤眞（東京大学出版会）
『危機と革新の政治学』ファルネーティ／馬場康雄訳（東京大学出版会）
『空想より科学へ』エンゲルス（大内兵衛訳、岩波文庫ほか）
『三酔人経綸問答』中江兆民（岩波文庫）
『中国の近代化と知識人』シュウォルツ／平野健一郎訳（東京大学出版会）
『追放された予言者』ドイッチャー／山西英一訳（新潮社）
『日本政治思想史研究』丸山眞男（東京大学出版会）
『日本の政治』京極純一（東京大学出版会）
『武装せる予言者』ドイッチャー／田中西二郎ほか訳（新潮社）
『武力なき予言者』ドイッチャー／田中西二郎ほか訳（新潮社）
『ベスト&ブライテスト』ハルバースタム／浅野輔訳（二玄社）
『ベトナム戦争』ハルバスタム／泉鴻之ほか訳（みすず書房）
『暴力と平和』坂本義和（朝日選書）
『山県有朋』岡義武（岩波新書）
『ヨーロッパの政治』篠原一（東京大学出

版会）

法律

『憲法・裁判所・人権』ペリィ／芦部信喜訳（東京大学出版会）
『市民の自由』戒能通孝（日本評論社）
『日本の警察』広中俊雄（東京大学出版会）
『復讐と法律』穂積陳重（岩波文庫）
『法律進化論』穂積陳重（岩波書店）

経済・経営

『新しい社会主義像の探求』大内力（労働社会問題研究センター出版局）
『基幹産業と技術』千々岩健児編（東京大学出版会）
『金融政策の理論』館龍一郎（東京大学出版会）
『経済学』大内兵衛（岩波書店）
『経済学および課税の原理』リカードウ（羽鳥卓也ほか訳、岩波文庫ほか）
『経済学の生誕』内田義彦（未來社）
『経済原論講義』山口重克（東京大学出版会）
『現代を問う』宇沢弘文（東京大学出版会）
『国富論』スミス（水田洋ほか訳、岩波文庫ほか）
『資本論』マルクス（向坂逸郎訳、岩波文庫ほか）
『社会的選択と個人的評価』アロー／長名寛明訳（日本経済新聞社）
『自由貿易帝国主義』毛利健三（東京大学出版会）
『宗教と資本主義の興隆』トーニー／出口勇蔵ほか訳（岩波文庫）
『ソフト・エネルギー・パス』ロビンズ／室田泰弘ほか訳（時事通信社）
『第三世界の経済構造』湯浅赳男（新評論）
『日本経済のトポス』日高普（青土社）
『マルクス社会理論の研究』細谷昴（東京大学出版会）

■自然科学■

自然科学一般

『科学英文技法』兵藤申一（東京大学出版会）
『科学思想の歴史』ギリスピー／島尾永康訳（みすず書房）
『科学哲学の形成』ライヘンバッハ／市井三郎訳（みすず書房）
『変わりゆくパターン』バーネット／和気朗訳（東京図書）
『自然科学概論』武谷三男（勁草書房）
『自然こそわが師』佐々学（東京大学出版会）
『自然と遊戯』アイゲンほか／寺本英ほか訳（東京化学同人）
『生命とエネルギーの科学』レーニンジャー／藤本大三郎ほか訳（化学同人）
『流れの科学』木村竜治（東海大学出版会）
『日本人の脳』角田忠信（大修館書店）
『ノーベル賞の決闘』ウェイド／丸山工作

ほか訳（岩波書店）

『ビジョン』マー／乾敏郎ほか訳（産業図書）

『メチニコフの生涯』メチニコワ／宮下義信訳（岩波新書）

『理科系の作文技術』木下是雄（中公新書）

数学

『定本　解析概論』高木貞治（岩波書店）

『数理物理学の方法』ヒルベルトほか／斎藤利弥監訳（東京図書）

『零の発見』吉田洋一（岩波新書）

物理・化学

『ファインマン物理学』ファインマンほか／坪井忠二ほか訳（岩波書店）

『物理学とは何だろうか』朝永振一郎（岩波新書ほか）

『物理現象のフーリエ解析』（UP応用数学選書4）小出昭一郎（東京大学出版会）

『力学15講』江尻有郷（東京大学出版会）

地学・地理・宇宙

『一般地質学』（全3巻）ホームズほか／上田誠也ほか訳（東京大学出版会）

『宇宙創成はじめの3分間』ワインバーグ／小尾信彌訳（ちくま学芸文庫）

『地震の話』坪井忠二（岩波新書）

『大気科学講座』（全4巻）岸保勘三郎ほか編（東京大学出版会）

『天然原子炉』（UPサイエンス14）藤井勲（東京大学出版会）

『ハレー彗星をとらえた』日本天文学会編（東京大学出版会）

工学

『生物化学工学』合葉修一ほか（東京大学出版会）

『未来社会と材料工学』（材料テクノロジー1）久松敬弘ほか（東京大学出版会）

生物・農学

『遺伝子の分子生物学』ワトソンほか／中村桂子監訳（東京電機大学出版局）

『核酸及び核蛋白質』江上不二夫編（共立出版）

『筋肉のなぞ』丸山工作（岩波新書）

『偶然と必然』モノー／渡辺格ほか訳（みすず書房）

『種の起原』ダーウィン（八杉龍一訳、岩波文庫ほか）

『ダーウィン以来』グールド／浦本昌紀ほか訳（ハヤカワ文庫）

『動的生化学』ボールドウィン／江上不二夫訳（岩波書店）

『動物の系統と個体発生』（UPバイオロジー65）団まりな（東京大学出版会）

『ファーブル昆虫記』ファーブル（奥本大三郎訳、集英社ほか）

『猛獣はなぜ数が少ないか』コリンヴォー／樋口広芳ほか訳（早川書房）

医学・薬学

『医者とくすり』砂原茂一（東京大学出版会）

『精神分析入門』フロイト（高橋義孝ほか訳、新潮文庫ほか）
『ひき裂かれた自己』レイン／阪本健二ほか訳（みすず書房）
『分裂病と人類』中井久夫（東京大学出版会）
『目でみるリハビリテーション医学』上田敏（東京大学出版会）

1989年

一九八九年アンケート執筆者（敬称略）

秋山 宏　国府田隆夫　豊島 聰　古田元夫
石川 旦　神野志隆光　塚本 健　松原 望
石川 統　佐藤純一　恒川惠市　三浦宏文
井野博満　志村博康　中田基昭　村上 悟
岩村行雄　新川健三郎　永野三郎　村上陽一郎
岩本文明　盛山和夫　行方昭夫　吉川 洋
大塚柳太郎　髙山 守　西村 肇　吉田鎮男
勝俣鎮夫　竹内敬人　支倉崇晴　米倉 明
河内十郎　竹田 晃　馬場修一
神部 勉　田中明彦　廣瀬久和

■総記■

『異文化への理解』（東京大学公開講座46、東京大学出版会）

『健康と生活』（東京大学公開講座25、東京大学出版会）

『スポーツ』（東大公開講座44、東京大学出版会）

『世界と日本』（東京大学公開講座36、東京大学出版会）

『明治・大正の学者たち』（東京大学公開講座26、東京大学出版会）

■人文科学■

哲学・思想・宗教

『遊びと人間』カイヨワ（多田道太郎ほか訳、講談社学術文庫）

『生けるインドの神秘と行動』ロラン／宮本正清訳（『ロマン・ロラン全集』第42巻、みすず書房）

『折たく柴の記』新井白石（松村明校注、岩波文庫ほか）

『仮面の解釈学』坂部恵（東京大学出版会）

『韓国のキリスト教』柳東植（東京大学出版会）

『カントからヘーゲルへ』岩崎武雄（東京大学出版会）

『共生の作法』井上達夫（創文社）

『現代論理学入門』沢田允茂（岩波新書）

『三位一体論』アウグスティヌス／中沢宣夫訳（東京大学出版会ほか）

『躾の時期』野口晴哉（整体協会出版部）

『死にいたる病』キルケゴール（桝田啓三郎訳、ちくま学芸文庫ほか）

『寂聴　般若心経』瀬戸内寂聴（中公文庫）

『自由論』ミル（塩尻公明ほか訳、岩波文庫ほか）

『聖書』（日本聖書協会ほか）

『西洋思想の流れ』原佑ほか（東京大学出版会）

『創発の暗黙知』大塚明郎ほか（青玄社）

『ソクラテスの弁明』プラトン（久保勉訳、岩波文庫ほか）

『存在と時間』ハイデッガー（細谷貞雄訳、ちくま学芸文庫ほか）

『ドイツ・イデオロギー』マルクスほか（廣松渉ほか訳、岩波文庫ほか）

『道徳形而上学原論』カント（篠田英雄訳、岩波文庫ほか）

『ニヒリズム』渡辺二郎（東京大学出版会）

「講座日本思想」（全5巻）相良亨ほか編（東京大学出版会）

『日本イデオロギー論』戸坂潤（岩波文庫ほか）

『パイドロス』プラトン（藤沢令夫訳、岩波文庫ほか）

『パンセ』パスカル（前田陽一ほか訳、中公文庫ほか）

『悲劇の誕生』ニーチェ（塩屋竹男訳、ちくま学芸文庫ほか）

『開かれた社会とその敵』ポパー／内田詔夫ほか訳（未來社）

『風土』和辻哲郎（岩波文庫ほか）

『方法序説』デカルト（谷川多佳子訳、岩波文庫ほか）

『法華経のおしえ』成川文雅（共栄書房）
『無門関』（西村恵信訳注、岩波文庫ほか）
『歴史と階級意識』ルカーチ（城塚登ほか訳、白水社ほか）
『論語』（金谷治訳注、岩波文庫ほか）
『わが魂の遍歴』コーン／梶原寿訳（新教出版社）

文学・評論・言語

「芥川龍之介全集」（全24巻）（岩波書店ほか）
『嵐が丘』ブロンテ（小野寺健訳、光文社古典新訳文庫ほか）
『石狩平野』船山馨（新潮文庫ほか）
『イリアス』ホメロス（松平千秋訳、岩波文庫ほか）
『オデュッセイア』ホメロス（松平千秋訳、岩波文庫ほか）
『火山列島の思想』益田勝実（ちくま学芸文庫ほか）
『雁』森鷗外（新潮文庫ほか）
『クォ・ワディス』シェンキェーヴィチ（木村彰一訳、岩波文庫ほか）
『言語学の散歩』千野栄一（大修館書店）
『紅楼夢』曹雪芹（松枝茂夫訳、岩波文庫ほか）
『西遊記』（中野美代子訳、岩波文庫ほか）
『ジェイン・エア』ブロンテ（小尾芙佐訳、光文社古典新訳文庫ほか）
『詩と真実』ゲーテ（山崎章甫訳、岩波文庫ほか）
『詩の発生』西郷信綱（「西郷信綱著作集」第6巻、平凡社）
『人生の考察』カレル／渡部昇一訳（三笠書房）
『人類の星の時間』ツヴァイク／片山敏彦訳（みすず書房）
『戦争と人間』五味川純平（三一書房ほか）
『漱石文明論集』夏目漱石（岩波文庫ほか）
『たかがスポーツ』中条一雄（朝日文庫ほか）
『ダーティトリック』ピンチャー／工藤政司訳（文春文庫ほか）
『地球時代の新視点』大前研一（新潮文庫ほか）
『デイヴィッド・コパフィールド』ディケンズ（中野好夫訳、新潮文庫ほか）
『菜の花の沖』司馬遼太郎（文春文庫ほか）
『日本語の悲劇』朴炳植（学研M文庫ほか）
『日本は燃えているか』柳田邦男（講談社文庫ほか）
『人間の條件』五味川純平（岩波現代文庫ほか）
『破船』吉村昭（新潮文庫ほか）
『八十日間世界一周』ヴェルヌ（江口清訳、角川文庫ほか）
『美と集団の論理』中井正一（中央公論社）
『百魚歳時記』岩満重孝（中公文庫ほか）
『文学史の構想』風巻景次郎（「風巻景次郎全集」第2巻、桜楓社）
『文学にあらわれた日本人の納税意識』佐藤進（東京大学出版会）
『平生の心がけ』小泉信三（講談社学術文庫ほか）
『翻訳の常識』朱牟田夏雄（八潮出版社）
『魔の山』マン（高橋義孝訳、新潮文庫ほ

か）
『間宮林蔵』吉村昭（講談社文庫ほか）
『魅せられた旅人』木村彰一（恒文社）
『屋根の上のバイリンガル』沼野充義（白水uブックス）
『ヨセフとその兄弟』マン／望月市恵ほか訳（筑摩書房）
『ロシヤ文学案内』金子幸彦（岩波文庫ほか）
『ロシア文学史』川端香男里編（東京大学出版会）
「魯迅全集」（全20巻）（学習研究社ほか）
『わが友マキアヴェッリ』塩野七生（新潮文庫ほか）

歴史

「新しい世界史」（全12巻、東京大学出版会）
『甘さと権力』ミンツ／川北稔ほか訳（平凡社）
『アメリカ史概論』有賀貞（東京大学出版会）
『疫病と世界史』マクニール／佐々木昭夫訳（中公文庫ほか）
『エル・チチョンの怒り』（新しい世界史10）清水透（東京大学出版会）
『寒村自伝』荒畑寒村（岩波文庫ほか）
『現代アメリカの出現』本間長世編（東京大学出版会）
『交感する中世』網野善彦ほか（洋泉社MC新書）
『古代史への旅』黒岩重吾（講談社文庫ほか）
『古文書学入門』佐藤進一（法政大学出版局）
『コロンブスからカストロまで』ウィリアムズ／川北稔訳（岩波書店）
『サーカスが来た！』亀井俊介（東京大学出版会ほか）
『三国志』陳寿ほか（井波律子ほか訳、ちくま学芸文庫ほか）
『時間の歴史』アタリ／蔵持不三也訳（原書房）
『支配の代償』（新しい世界史5）木畑洋一（東京大学出版会）
『正倉院』東野治之（岩波新書）
『図説インカ帝国』増田義郎ほか（小学館）
『スラヴ民族と東欧ロシア』森安達也（山川出版社）
『スルタンガリエフの夢』山内昌之（岩波現代文庫ほか）
『戦史』トゥーキュディデース（久保正彰訳、岩波文庫ほか）
『チーズとうじ虫』ギンズブルグ／杉山光信訳（みすず書房）
『中国人の歴史意識』川勝義雄（平凡社ライブラリー）
『中世京都の町屋』野口徹（東京大学出版会）
『中世的世界の形成』石母田正（岩波文庫ほか）
『東京夢華録』孟元老／入矢義高ほか訳注（東洋文庫）
『日本王権論』網野善彦ほか（春秋社）
『日本原記』朴炳植（情報センター出版局）
『日本中世法史論』笠松宏至（東京大学出

版会）

『日本歴史の国際環境』西嶋定生（東京大学出版会）

『ベトナム戦争の記録』ベトナム戦争の記録編集委員会編（大月書店）

『民衆のアメリカ史』ジン／猿谷要ほか訳（明石書店）

『もう二つの日本文化』（UP考古学選書2）藤本強（東京大学出版会）

『闇をひらく光』シヴェルブシュ／小川さくえ訳（法政大学出版局）

『歴史学入門』弓削達（東京大学出版会）

『歴史の方法について』小谷汪之（東京大学出版会）

『ローマ帝国衰亡史』ギボン（中野好夫訳、ちくま学芸文庫ほか）

『ワイマール文化』ゲイ／亀嶋庸一訳（みすず書房）

心理学・認知科学

『「きめ方」の論理』佐伯胖（東京大学出版会）

『心について』ヘッブ／白井常ほか訳（紀伊國屋書店）

『人間ひとりひとり』ヴァン・デン・ベルク／早坂泰次郎ほか訳（現代社）

「認知科学選書シリーズ」（全24巻、東京大学出版会）

『認知科学の方法』（コレクション認知科学1）佐伯胖（東京大学出版会）

『認知革命』ガードナー／佐伯胖ほか監訳（産業図書）

『認識し行動する脳』伊藤正男ほか編（東京大学出版会）

教育

『教科書問題とは何か』社会科教科書執筆者懇談会編（未來社）

『教師の仕事』（教育の原理Ⅱ）稲垣忠彦ほか編（東京大学出版会）

『ことばが劈かれるとき』竹内敏晴（ちくま文庫ほか）

『スポーツの科学』浅見俊雄（東京大学出版会）

『真の授業者をめざして』武田常夫（国土社）

『大学　試練の時代』天野郁夫（東京大学出版会）

『学ぶと教える』吉田章宏（海鳴社）

社会

『イデオロギーとユートピア』マンハイム（高橋徹ほか訳、中公クラシックスほか）

『現代化と現代社会の理論』庄司興吉（東京大学出版会）

『公害原論』宇井純（亜紀書房）

『高齢化社会の設計』古川俊之（中公新書）

『スポーツと現代アメリカ』グートマン／清水哲男訳（TBSブリタニカ）

『つきあい方の科学』アクセルロッド／松田裕之訳（ミネルヴァ書房）

人類学・民俗学

『静かな大地』花崎皋平（岩波現代文庫ほか）

『食と文化の謎』ハリス／板橋作美訳（岩

波現代文庫ほか）
『ドンデーン村』福井捷朗（創文社）

■社会科学■

地域

『エビと日本人』村井吉敬（岩波新書）
『太平洋国家オーストラリア』川口浩ほか編（東京大学出版会）

政治

『アメリカ現代政治』阿部斉（東京大学出版会）
『公共選択』（現代政治学叢書9）小林良彰（東京大学出版会）
『国際政治』モーゲンソー／現代平和研究会訳（福村出版）
『国際関係論』衞藤瀋吉ほか（東京大学出版会）
『国際的相互依存』（現代政治学叢書18）山本吉宣（東京大学出版会）
『サミット』パットナムほか／山田進一訳（TBSブリタニカ）
『政治意識の分析』京極純一（東京大学出版会）
『西暦2000年の地球』アメリカ合衆国政府特別調査報告／逸見謙三ほか監訳（家の光協会）
『想起と和解』ヴァイツゼッカー／加藤常昭訳（教文館）
『相互依存時代の国際摩擦』山影進編（東京大学出版会）
『独裁と民主政治の社会的起源』ムーア／宮崎隆次ほか訳（岩波書店）
『南北問題』川田侃（東京大学出版会）
『日本人の選挙行動』綿貫譲治ほか（東京大学出版会）
『日本政治思想史研究』丸山眞男（東京大学出版会）
『ポリアーキー』ダール／高畠通敏ほか訳（三一書房）
『マルクス社会理論の研究』（現代社会学叢書7）細谷昂（東京大学出版会）
『ヨーロッパの政治』篠原一（東京大学出版会）
『ラテンアメリカ危機の構図』細野昭雄ほか（有斐閣）

法律

『法学史』碧海純一ほか編（東京大学出版会）

経済・経営

『アメリカ経済史』（全2巻）鈴木圭介編（東京大学出版会）
『欧米・対決社会でのビジネス』今北純一（社会思想社）
『経済学の考え方』宇沢弘文（岩波新書）
『ケインズとハイエク』間宮陽介（ちくま学芸文庫ほか）
『現代経済学研究』鬼塚雄丞ほか編（東京大学出版会）
『現代技術と労働の思想』筆宝康之ほか（有斐閣）
『個人的知識』ポラニー／長尾史郎訳（地方・小出版流通センター）

「自然の中の人間シリーズ」（農山漁村文化協会）
『資本論』マルクス（向坂逸郎訳、岩波文庫ほか）
『人口の原理』マルサス（大淵寛訳、中央大学出版部ほか）
『世界経済三国志』朝日ジャーナル編（朝日新聞社）
『損害賠償の経済分析』浜田宏一（東京大学出版会）
『日本の賃金・労働時間』山本潔（東京大学出版会）

■自然科学■

自然科学一般

『エントロピーと工業社会の選択』河宮信郎（海鳴社）
『科学英文技法』兵藤申一（東京大学出版会）
『科学研究のライフサイクル』山田圭一ほか編（東京大学出版会）
『科学史研究入門』中山茂ほか（東京大学出版会）
『科学と社会を結ぶ教育とは』ザイマン／竹内敬人ほか訳（産業図書）
『科学と仮説』ポアンカレ／河野伊三郎訳（岩波文庫）
『科学を一面トップにした男・木村繁』森暁雄ほか編（三田出版会）
『神は老獪にして…』パイス／金子務ほか訳（産業図書）
『ご冗談でしょう、ファインマンさん』ファインマン（大貫昌子訳、岩波現代文庫ほか）
『自然界における左と右』ガードナー／坪井忠二ほか訳（紀伊國屋書店）
『生と死の妙薬』カーソン／青樹簗一訳（新潮社）
『先端技術の根本問題』星野芳郎（勁草書房）
『地球環境報告』石弘之（岩波新書）
『抵抗の科学技術』梅林宏道（技術と人間）
『鉄のメルヘン』中沢護人（アグネ）
「寺田寅彦随筆集」（全5巻、岩波文庫ほか）
『発展途上国の環境問題』土井陸雄編（恒星社厚生閣）
『冒険する頭』西村肇（筑摩書房）
『ロウソクの科学』ファラデー（竹内敬人訳、岩波文庫ほか）

情報科学・コンピュータ

『心をもつ機械』バーンスタイン／米沢明憲ほか訳（岩波書店）
『サイバネティックスへの認識』ピアーズ／鎮目恭夫訳（白揚社）
『純粋人工知能批判』ドレイファスほか／椋田直子訳（アスキー）
『人工知能』ウィンストン／長尾真ほか訳（培風館）

数学

『統計的方法』スネデカーほか／畑村又好ほか訳（岩波書店）
『フラクタル幾何学』マンデルブロ（広中

平祐監訳、ちくま学芸文庫ほか）

物理・化学

『核兵器と人間』ダイソン／伏見康治訳（みすず書房）

『スピンはめぐる』朝永振一郎（みすず書房）

『電磁気学』（基礎物理学3）加藤正昭（東京大学出版会）

『ファインマン物理学』ファインマン／坪井忠二ほか訳（岩波書店）

『物理学とは何だろうか』朝永振一郎（岩波新書ほか）

『物理学史』広重徹（培風館）

『物理学序論としての力学』（基礎物理学1）藤原邦男（東京大学出版会）

『物理現象のフーリエ解析』（UP応用数学選書4）小出昭一郎（東京大学出版会）

『量子の不思議』原康夫（中公新書）

地学・地理・宇宙

『一般気象学』小倉義光（東京大学出版会）

『一般地質学』（全3巻）ホームズほか／上田誠也ほか訳（東京大学出版会）

『火山の話』中村一明（岩波新書）

『クレーターの科学』水谷仁（東京大学出版会）

『現代の太陽系科学』（全2巻）大林辰蔵ほか編（東京大学出版会）

『地震学百年』萩原尊禮（東京大学出版会）

『大陸と海洋の起源』ヴェーゲナー（都城秋穂ほか訳、岩波文庫ほか）

『日本の川』（日本の自然3）阪口豊ほか（岩波書店）

『水＝生命をはぐくむもの』プラット／梅田敏郎ほか訳（紀伊國屋書店）

工学

『工学における設計』猪瀬博編（東京大学出版会）

「材料テクノロジー」（東京大学出版会）

『都市の再生と下水道』中西準子（日本評論社）

「物理工学実験」（東京大学出版会）

生物・農学

『近代生物学集』（科学の名著4）佐藤七郎責任編集（朝日出版社）

『鯨とイルカの生態』ガスキン／大隅清治訳（東京大学出版会）

『現代農村計画論』冨田正彦（東京大学出版会）

『個体群と環境』（UPバイオロジー48）高橋史樹（東京大学出版会）

『細胞』（UPバイオロジー9）佐藤七郎（東京大学出版会）

『細胞進化論』佐藤七郎（東京大学出版会）

『細胞生物学』カープ／寺山宏ほか監訳（東京大学出版会）

『雑種植物の研究』メンデル（岩槻邦男ほか訳、岩波文庫ほか）

『種の起原』ダーウィン（八杉龍一訳、岩波文庫ほか）

『水利の社会構造』玉城哲ほか編（東京大学出版会）

『生物学から文化へ』リュフィエ／河辺俊

雄ほか訳（みすず書房）
『生物学の歴史』中村禎里（河出書房新社）
『生命科学ノート』松尾孝嶺ほか（東京大学出版会）
『生命とは何か』シュレーディンガー（岡小天ほか訳、岩波文庫ほか）
『生命の起原』バナール／山口清三郎ほか訳（岩波新書）
『生命の起源』シャピロ／長野敬ほか訳（朝日新聞社）
『生命の起源と生化学』オパーリン／江上不二夫編（岩波新書）
『生命の誕生と進化』大野乾（東京大学出版会）
『ソロモンの指環』ローレンツ（日高敏隆訳、ハヤカワ文庫ほか）
『ダーウィンを読む』八杉龍一（岩波書店）
『地球上の生命の起原』オパーリン／石本真訳（岩波書店）
『人間の本性について』ウィルソン（岸由二訳、ちくま学芸文庫ほか）
『裸のサル』モリス（日高敏隆訳、角川文庫ほか）
『農業水利と国土』志村博康（東京大学出版会）
『兵隊を持ったアブラムシ』青木重幸（どうぶつ社）
「UPバイオロジー」（全97巻、東京大学出版会）

医学・薬学

『イラストによる中枢神経系の理解』杉浦和朗（医歯薬出版社）
『おもしろい免疫学』ペトロフ／和気廸子訳（東京図書）
『解剖の時間』養老孟司ほか（哲学書房）
『からだの宇宙誌』セルツァー／高野実代訳（春秋社）
『記憶と脳』スクワイヤー／河内十郎訳（医学書院）
『細胞病理学』ウィルヒョウ／梶田昭訳（『科学の名著』第2期2、朝日出版社）
『脳と宇宙への冒険』エックルス／鈴木二郎訳（海鳴社）
『左の脳と右の脳』スプリンガーほか／福井圀彦ほか監訳（医学書院）
『ブレインコード』クック／久保田競ほか訳（紀伊國屋書店）
『融合する心と脳』スペリー／須田勇ほか訳（誠信書房）
『ラモニ・カハール』（神経学の源流2）萬年甫訳編（東京大学出版会）

1990年

一九九〇年アンケート執筆者（敬称略）

五十嵐武士
伊藤元重
内田　貴
大野公一
大森　彌
金子　晃
金子和正
川合　慧
川口昭彦

工藤　章
香山壽夫
坂井建雄
佐々木力
佐藤　学
塩川徹也
下條信輔
瀧田佳子
中澤英雄

永田　豊
並木頼寿
縄田和満
西川正雄
沼野充義
福永哲夫
藤田英典
藤原毅夫
船曳建夫

正田英介
丸山松幸
三谷　博
室伏　旭
八杉貞雄
山本吉宣
山脇直司
米倉伸之

■総記■

『異文化への理解』（東京大学公開講座46、東京大学出版会）

『心のはたらき』（シリーズ人間と文化4）養老孟司編（東京大学出版会）

『酒』（東京大学公開講座22、東京大学出版会）

『時間と人間』（東京大学教養講座3）村上陽一郎編（東京大学出版会）

『スポーツ』（東大公開講座44、東京大学出版会）

「東京大学百年史」（全10巻）東京大学百年史編集委員会（東京大学出版会）

『はるかなる山河に』東京大学学生自治会戦歿学生手記編集委員会編（東京大学出版会）

■人文科学■

哲学・思想・宗教

『アウグスティヌス講話』山田晶（講談社学術文庫ほか）

『暗黙知の次元』ポランニー（高橋勇夫訳、ちくま学芸文庫ほか）

『ウィーン愛憎』中島義道（中公新書）

『エセー』モンテーニュ（原二郎訳、岩波文庫ほか）

『折たく柴の記』新井白石（松村明校注、岩波文庫ほか）

『仮面の解釈学』坂部恵（東京大学出版会）

『ギリシア哲学者列伝』ラエルティオス（加来彰俊訳、岩波文庫ほか）

『キリスト教は信じうるか』八木誠一（講談社現代新書）

『近代の哲学的ディスクルス』ハーバマス／三島憲一ほか訳（岩波書店）

『啓蒙の弁証法』アドルノほか（徳永恂訳、岩波文庫ほか）

『告白』アウグスティヌス（服部英次郎訳、岩波文庫ほか）

『国家』プラトン（藤沢令夫訳、岩波文庫ほか）

『言葉と物』フーコー／渡辺一民ほか訳（新潮社）

『釈迦とその弟子』五井昌久（白光真宏会出版局）

『ツァラトゥストラ』ニーチェ（手塚富雄訳、中公文庫ほか）

『パンセ』パスカル（前田陽一ほか訳、中公文庫ほか）

『不安の概念』キルケゴール（氷上英廣訳、白水社ほか）

『文化の協応』（比較文化叢書2）中田光雄（東京大学出版会）

『物と心』大森荘蔵（東京大学出版会ほか）

『連帯と自由の哲学』ローティ／冨田恭彦訳（岩波書店）

文学・評論・言語

『秋のホテル』ブルックナー／小野寺健（晶文社）

「アメリカ古典文庫」（全23巻、研究社）

『アメリカ素描』司馬遼太郎（新潮文庫ほか）

『生きがいについて』神谷美恵子（みすず

書房）
『イリアス』ホメロス（松平千秋訳、岩波文庫ほか）
『黄金の海へ』津本陽（文春文庫ほか）
『科学的英会話独習法』吉野義人（研究社）
『形の生命』フォシヨン／杉本秀太郎訳（平凡社ライブラリー）
『カラマーゾフの兄弟』ドストエフスキー（原卓也訳、新潮文庫ほか）
『関東大震災』吉村昭（文春文庫ほか）
『昨日の世界』ツヴァイク／原田義人訳（みすず書房）
『孔子』井上靖（新潮文庫ほか）
『曠野の花』石光真清（中公文庫ほか）
『古典を楽しむ』キーン（朝日選書）
『言葉ありき』阿部昭（河出書房新社）
『ことばの栞』鈴木一郎（東京大学出版会）
『ことばを読む』井上ひさし（中公文庫ほか）
『ザ・ウイスキー・キャット』ニコル／松田銑訳（河出書房新社）
『市民の反抗』ソロー／飯田実訳（岩波文庫）
『上海時代』松本重治（中公新書）
『城下の人』石光真清（中公文庫ほか）
『シンドラーズ・リスト』キニーリー（幾野宏訳、新潮文庫ほか）
『審判』カフカ（池内紀訳、白水uブックスほか）
『ストレンジャー・ザン・ニューヨーク』四方田犬彦ほか（朝日新聞社）
『戦争と平和』トルストイ（工藤精一郎訳、新潮文庫ほか）
『存在の耐えられない軽さ』クンデラ（千野栄一訳、集英社文庫ほか）
『誰のために』石光真清（中公文庫ほか）
『長英逃亡』吉村昭（新潮文庫ほか）
「筒井康隆全集」（全24巻、新潮社）
『デイジー・ミラー』ジェイムズ（西川正身訳、新潮文庫ほか）
『唐詩選』（前野直彬注解、岩波文庫ほか）
『破獄』吉村昭（新潮文庫ほか）
『はだか』谷川俊太郎（筑摩書房）
『ハックルベリー・フィンの冒険』トウェイン（西田実訳、岩波文庫ほか）
『反骨』鎌田慧（講談社文庫）
「講座　比較文学」（全8巻）芳賀徹ほか編（東京大学出版会）
『火種』バーメーほか編／刈間文俊ほか訳（凱風社）
『ひとりの男』ファラーチ／望月紀子訳（講談社）
『冬の鷹』吉村昭（新潮文庫ほか）
『ブランコの少女』アダムズ／百々佑利子訳（評論社）
『フロベールの鸚鵡』バーンズ／斎藤昌三訳（白水uブックス）
『望郷の歌』石光真清（中公文庫ほか）
『星の時計のLiddell』内田善美（集英社）
『ポーランド文学の贈りもの』関口時正ほか訳（恒文社）
『明治という国家』司馬遼太郎（NHKブックス）
『名将の戦略』岡本好古（PHP研究所）
『森の生活　ウォールデン』ソロー（飯田実訳、岩波文庫ほか）

『幽霊たち』オースター（柴田元幸訳、新潮文庫ほか）
『吉田松陰』徳富蘇峰（岩波文庫ほか）
『螺旋階段の上の神』矢代静一（河出書房新社）
『レイテ戦記』大岡昇平（中公文庫ほか）
『歴史と視点』司馬遼太郎（新潮文庫ほか）
『ロシアについて』司馬遼太郎（文春文庫ほか）
『ロシア文学史』川端香男里編（東京大学出版会）
「魯迅全集」（全20巻、学習研究社）
『論文の書き方』澤田昭夫（講談社学術文庫ほか）

美術・芸術

『音楽の時間』吉田秀和（「吉田秀和全集」第19〜23巻、新潮社）
『能』戸井田道三（せりか書房）
『バッハの思い出』バッハ（山下肇訳、講談社学術文庫ほか）

歴史

『インド独立』長崎暢子（朝日新聞社）
『貴族の風景』水谷三公（平凡社）
『近世日本と東アジア』荒野泰典（東京大学出版会）
『現代アメリカ像の再構築』本間長世ほか編（東京大学出版会ほか）
『現代歴史学入門』西川正雄ほか（東京大学出版会）
『サーカスが来た！』亀井俊介（東京大学出版会ほか）
『上海1930年』尾崎秀樹（岩波新書）
『スルタンガリエフの夢』山内昌之（岩波現代文庫ほか）
『知の帝国主義』コーエン／佐藤慎一訳（平凡社）
『中国近現代史』小島晋治ほか（岩波新書）
『中世に生きる人々』パウア／三好洋子訳（東京大学出版会）
『帝国主義と民族』江口朴郎（東京大学出版会）
『天安門にたつ』ソールズベリー／三宅真理ほか訳（NHK出版）
『ドイツ現代史』村瀬興雄（東京大学出版会）
『東南アジア世界の形成』（世界の歴史ビジュアル版12）石井米雄ほか（講談社）
『東南アジア歴史散歩』永積昭（東京大学出版会）
『日本留学と革命運動』（比較文化叢書5）上垣外憲一（東京大学出版会）
『年代記』タキトゥス（国原吉之助訳、岩波文庫ほか）
『ノモンハン』クックス（岩崎俊夫ほか訳、朝日文庫ほか）
『万暦十五年』黄仁宇／稲畑耕一郎ほか訳（東方書店）
『フランス革命を考える』フュレ／大津真作訳（岩波書店）
『フランス二月革命の日々』トクヴィル（喜安朗訳、岩波文庫ほか）
『メリケンからアメリカへ』亀井俊介（東京大学出版会）

『ヨーロッパを考える』モラン／林勝一訳（法政大学出版局）
『ルイ・ボナパルトのブリュメール18日』マルクス（植村邦彦訳、平凡社ライブラリーほか）
『浪漫的亡命者たち』カー／酒井只男訳（筑摩書房）
『危機の二十年』カー／原彬久訳（岩波文庫）

心理学・認知科学

『からだ：認識の原点』（コレクション認知科学7）佐々木正人（東京大学出版会）
『ガンディーの真理』エリクソン／星野美智子訳（みすず書房）
『「きめ方」の論理』佐伯胖（東京大学出版会）
『コンプレックス』河合隼雄（岩波新書）
『自由からの逃走』フロム／日高六郎訳（東京創元社）
『認知科学の方法』（コレクション認知科学1）佐伯胖（東京大学出版会）
『わかり方の根源』佐伯胖（小学館）

教育

『運動の科学』トリッカーほか／戸田盛和ほか訳（みすず書房）
『学校が私たちを亡ぼす日』松井和（エイデル研究所）
『キャンパスの生態誌』潮木守一（中公新書）
『教育と社会変動』カラベルほか編／潮木守一ほか編訳（東京大学出版会）
『教室からの改革』佐藤学（国土社）
『教師のライフコース』稲垣忠彦ほか編（東京大学出版会）
『ことばが劈かれるとき』竹内敏晴（ちくま文庫ほか）
『子どものスポーツ』武藤芳照（東京大学出版会）
『子どものための学校』稲垣忠彦編（東京大学出版会）
『試験の社会史』天野郁夫（平凡社ライブラリーほか）
『身体運動のエネルギー』マルガリア／金子公宥訳（ベースボール・マガジン社）
『スポーツの科学』浅見俊雄（東京大学出版会）
『大学　試練の時代』天野郁夫（東京大学出版会）
『帝国大学の誕生』中山茂（中公新書）

社会

『アメリカン・マインドの終焉』ブルーム／菅野盾樹訳（みすず書房）
『神奈川の韓国・朝鮮人』神奈川県自治総合センター（公人社）
『スカートの下の劇場』上野千鶴子（河出文庫ほか）
『生活史の社会学』トーマスほか／桜井厚訳（御茶の水書房）
『豊かさとは何か』暉峻淑子（岩波新書）

人類学・民俗学

『覚醒のネットワーク』上田紀行（講談社＋α文庫）

「現代の社会人類学」（全3巻）伊藤亜人ほか編（東京大学出版会）
『高地ビルマの政治体系』リーチ／関本照夫訳（弘文堂）
『ヌアー族』エヴァンズ＝プリチャード／向井元子訳（平凡社ライブラリー）
『ヘヤー・インディアンとその世界』原ひろ子（平凡社）

■社会科学■

社会科学一般

『プロテスタンティズムの倫理と資本主義の精神』ヴェーバー（大塚久雄訳、岩波文庫ほか）

地域

『中国の文化心理構造』李沢厚／坂本ひろ子ほか訳（平凡社）
『トルコの村から』マカル／尾高晋己ほか訳（社会思想社）
『フィリピン・レポート』三好亜矢子（女子パウロ会）

政治

『アデナウアーと吉田茂』大嶽秀夫（中央公論社）
『アメリカ政治外交史』斎藤眞（東京大学出版会）
『聞き書　南原繁回想録』丸山眞男ほか編（東京大学出版会）
『近代中国政治外交史』坂野正高（東京大学出版会）
『現代政治の思想と行動』丸山眞男（未來社）
『サミット』パットナムほか／山田進一訳（ＴＢＳブリタニカ）
『正伝　佐藤栄作』山田栄三（新潮社）
『世界システム』（現代政治学叢書19）田中明彦（東京大学出版会）
『戦争と平和』（現代政治学叢書17）猪口邦子（東京大学出版会）
『相互依存時代の国際摩擦』山影進編（東京大学出版会）
『ソ連はどこへ』トロツキイ／藤井一行訳（窓社）
『大国の興亡』ケネディ／鈴木主税訳（草思社）
『第二次世界大戦前史研究』斉藤孝（東京大学出版会）
『トロツキー自伝』トロツキー／高田爾郎訳（筑摩書房）
『日本の政治』京極純一（東京大学出版会）
『日本の地方政府』大森彌ほか編（東京大学出版会）
『ヨーロッパの政治』篠原一（東京大学出版会）
『歴史としてのゴルバチョフ』レヴィン／荒田洋訳（平凡社）

法律

『自由と国家』樋口陽一（岩波新書）
『損害賠償法の理論』平井宜雄（東京大学出版会）
『ドイツ市民法史』村上淳一（東京大学出版会）

「同時代への発言」(全2巻) 奥平康弘 (東京大学出版会)
『法の概念』ハート/矢崎光圀監訳 (みすず書房)

経済・経営

『雇用、利子、および貨幣の一般理論』ケインズ (間宮陽介訳、岩波文庫ほか)
『資本論』マルクス (向坂逸郎訳、岩波文庫ほか)
『自由貿易帝国主義』毛利健三 (東京大学出版会)
『昭和経済史』中村隆英 (岩波現代文庫)
『通貨烈烈』船橋洋一 (朝日文庫)
『TSPによる経済データ解析入門』竹内啓監修 (東京大学出版会)
『日本企業の経済学』青木昌彦ほか著 (TBSブリタニカ)
『日本の産業政策』小宮隆太郎ほか編 (東京大学出版会)
『日本の企業』今井賢一ほか編 (東京大学出版会)
『日本の経営発展』ヒルシュマイヤー/由井常彦訳 (東洋経済新報社)
『富裕化と金融資本』馬場宏二 (ミネルヴァ書房)
『プロト工業化の時代』斎藤修 (日本評論社)
『離脱・発言・忠誠』ハーシュマン/矢野修一訳 (ミネルヴァ書房)
『ワイマル体制の経済構造』加藤榮一 (東京大学出版会)

■自然科学■

自然科学一般

『インテリジェント・アイ』グレゴリー/金子隆芳訳 (みすず書房)
『科学革命の構造』クーン/中山茂訳 (みすず書房)
『科学哲学の形成』ライヘンバッハ/市井三郎訳 (みすず書房)
『ガロアの生涯』インフェルト/市井三郎訳 (日本評論社)
『自然の終焉』マッキベン/鈴木主税訳 (河出書房新社)
『人類と機械の歴史』リリー/伊藤新一ほか訳 (岩波書店)
『知性の脳構造と進化』澤口俊之 (海鳴社)
『人間の測りまちがい』グールド (鈴木善次ほか訳、河出文庫ほか)
『ノーベル賞ゲーム』丸山工作編 (岩波書店)
『発酵』小泉武夫 (中公新書)
『ファジィ』中村雄二郎 (日刊工業新聞社)
『ふしぎの国のエンジニア』レイスウェイト/宮島竜興訳 (みすず書房)
『若きアインシュタイン』パイエンソン/板垣良一ほか訳 (共立出版)

情報科学・コンピュータ

『コンピュータ社会の課題』トラウブ編/森口繁一監訳 (共立出版)
『SASによるデータ解析入門』竹内啓監修 (東京大学出版会)
『パソコン入門』石田晴久 (岩波新書)

『問題解決とプログラミング』グロゴノほか／永田守男訳（近代科学社）

数学

『定本　解析概論』高木貞治（岩波書店）
『科学の中の統計学』赤池弘次編（講談社ブルーバックス）
『確率のはなし』大村平（日科技連出版社）
『幾何学と宇宙』（UP応用数学選書9）木原太郎（東京大学出版会）
『曲面の数学』長野正（培風館）
『近世数学史談』高木貞治（岩波文庫ほか）
「高等数学教程」（全12巻）スミルノフ／弥永昌吉ほか翻訳監修（共立出版）
『スポーツの数理科学』竹内啓ほか（共立出版）
『線型代数入門』（基礎数学1）齋藤正彦（東京大学出版会）
『怠け数学者の記』小平邦彦（岩波現代文庫ほか）
『フラクタル幾何学』マンデルブロ／広中平祐監訳（ちくま学芸文庫）
『フラクタルの美』パイトゲンほか／宇敷重広訳（シュプリンガー・フェアラーク東京）
『離散系の数学』野崎昭弘（近代科学社）

物理・化学

『新しい量子化学』（全2巻）ザボほか／大野公男ほか訳（東京大学出版会）
『分子の形と構造』クールソンほか／千原秀昭ほか訳（東京化学同人）
『分子の世界』分子化学研究振興会（化学同人）
『量子化学のすすめ』西本吉助（化学同人）
『量子力学と新技術』日本物理学会編（培風館）

地学・地理・宇宙

「一般地質学」（全3巻）ホームズほか／上田誠也ほか訳（東京大学出版会）
『インド天文学・数学集』（科学の名著1）矢野道雄責任編集（朝日出版社）
『海と人類の未来』寺本俊彦編（日本学術振興会）
「海洋学講座」（全15巻、東京大学出版会）
『海流の物理』永田豊（講談社ブルーバックス）
『火山とプレートテクトニクス』中村一明（東京大学出版会）
『写真と図でみる地形学』貝塚爽平ほか編（東京大学出版会）
『大地と人類の進化』フェーブル（飯塚浩二訳、岩波文庫ほか）
『大陸と海洋の起源』ウェーゲナー（都城秋穂ほか訳、岩波文庫ほか）
『地球環境・読本』別冊宝島編集部編（宝島SUGOI文庫）
『超新星1987Aに挑む』野本陽代／野本憲一監修（講談社ブルーバックス）
『日本列島をめぐる海』（日本の自然7）堀越増興ほか（岩波書店）
『ハワイの波は南極から』永田豊（丸善）
『ホーキング、宇宙を語る』ホーキング（林一訳、ハヤカワ文庫ほか）

工学

『空間としての建築』ゼーヴィ／栗田勇訳（鹿島出版会）
『自伝』ライト／樋口清訳（中央公論美術出版）
『集落への旅』原広司（岩波新書）

生物・農学

『愛のなりたち』ハーロウ／浜田寿美男訳（ミネルヴァ書房）
『遺伝子の分子生物学』ワトソンほか／中村桂子監訳（東京電機大学出版局）
『攻撃』ローレンツ／日高敏隆ほか訳（みすず書房）
『行動は進化するか』ロレンツ／日高敏隆ほか訳（講談社現代新書）
『昆虫の生活史と進化』正木進三（中公新書）
『細胞進化論』佐藤七郎（東京大学出版会）
『種の起原』ダーウィン（八杉龍一訳、岩波文庫ほか）
『生物学の歴史』八杉龍一（NHKブックス）
『生命形態の自然史』三木成夫（うぶすな書院）
『生命の起源』バナール／山口清三郎ほか訳（岩波新書）
『生命のシンフォニー』アンブロース／石川統訳（紀伊國屋書店）
『生命の誕生と進化』大野乾（東京大学出版会）
『胎児の世界』三木成夫（中公新書）
『パストゥール』（科学の名著10）長野敬責任編集（朝日出版社）
『花ごよみ花時計』滝本敦（中央公論社）
『ビーグル号航海記』ダーウィン（島地威雄訳、岩波文庫ほか）
『ヒトの生物科学』カーター／小野寺一清ほか訳（学会出版センター）
『ファーブル昆虫記』奥本大三郎訳（集英社）
『森を追われたサルたち』加藤晋平ほか（同成社）
「UPバイオロジー」（全97巻、東京大学出版会）
『リンゴはなぜ木の上になるか』カスパー／養老孟司ほか訳（岩波書店）

医学・薬学

『近代医学の史的基盤』川喜多愛郎（岩波書店）
『外科の夜明け』トールワルド／塩月正雄訳（講談社文庫）
『ラモニ・カハール』（神経学の源流2）萬年甫訳編（東京大学出版会）

1991年

一九九一年アンケート執筆者（敬称略）

石井　明　刈間文俊　高野陽太　平石直昭
石井洋二郎　木村靖二　郎　廣田　功
岩田　誠　木村武二　田辺　裕　藤原邦男
上田博人　久保田弘敏　長尾龍一　堀内昭義
浦野東洋一　ロバート・ゲラー　長島　忍　村上淳一
大貫良夫　嶋　昭紘　延広真治　森安達也
岡本和夫　島薗　進　濱田隆士　山内久明
門脇俊介　鈴木昭憲　林　利彦　吉田伸之
上村勝彦　高辻知義　半谷裕彦

■総記■

『機械と人間』(東京大学教養講座11)竹内啓編(東京大学出版会)

『きけわだつみのこえ』日本戦歿学生手記編集委員会編(東京大学出版会ほか)

『気の世界』(東大公開講座50、東京大学出版会)

『子ども』(東京大学公開講座30、東京大学出版会)

『はるかなる山河に』東京大学学生自治会戦歿学生手記編集委員会編(東京大学出版会)

■人文科学■

哲学・思想・宗教

『インド思想史』早島鏡正ほか(東京大学出版会)

『仮面の解釈学』坂部恵(東京大学出版会)

『近代の哲学的ディスクルス』ハーバマス/三島憲一ほか訳(岩波書店)

『啓蒙の弁証法』アドルノほか(徳永恂訳、岩波文庫ほか)

『言語にとって美とはなにか』吉本隆明(角川文庫ほか)

『自然と人間の哲学』内山節(岩波書店)

『社会主義の終焉と資本主義の破局』いいだもも(論創社)

『省察』デカルト(山田弘明訳、ちくま学芸文庫ほか)

『正法眼蔵随聞記』(和辻哲郎校訂、岩波文庫ほか)

『聖書』(日本聖書協会ほか)

『生命と過剰』丸山圭三郎(河出書房新社)

『定本　想像の共同体』アンダーソン/白石隆ほか訳(書籍工房早山)

『ゾロアスター教』ボイス(山本由美子訳、講談社学術文庫ほか)

『知識と行為』黒田亘(東京大学出版会)

『チベットの死者の書』(川崎信定訳、ちくま学芸文庫ほか)

『ツァラトゥストラ』ニーチェ(手塚富雄訳、中公文庫ほか)

『東京の博物館』東京都博物館協議会編(東京都博物館協議会)

『入唐求法巡礼行記』円仁(深谷憲一訳、中公文庫ほか)

『ニヒリズム』渡辺二郎(東京大学出版会)

『憑霊とシャーマン』佐々木宏幹(東京大学出版会)

『仏教土着』高取正男(NHKブックス)

『ブッダの真理のことば』(中村元訳、岩波文庫ほか)

『方法としての中国』溝口雄三(東京大学出版会)

『法華経』(坂本幸男ほか訳注、岩波文庫ほか)

『ポスト・モダンの条件』リオタール/小林康夫訳(水声社)

『物と心』大森荘蔵(東京大学出版会ほか)

文学・評論・言語

『悪魔の詩』ラシュディ/五十嵐一訳(プロモーションズ・ジャンニ)

『新しい人よ眼ざめよ』大江健三郎(講談

社文庫ほか）
『雨の木を聴く女たち』大江健三郎（新潮文庫ほか）
『イギリス名詩選』平井正穂編（岩波文庫）
『大江戸えねるぎー事情』石川英輔（講談社文庫ほか）
『大江戸神仙伝』石川英輔（講談社文庫ほか）
『大江戸仙境録』石川英輔（講談社文庫ほか）
『大江戸遊仙記』石川英輔（講談社文庫ほか）
『菅茶山』富士川英郎（福武書店）
『クォ・ワディス』シェンキェーヴィチ（木村彰一訳、岩波文庫ほか）
『個人主義の運命』作田啓一（岩波新書）
『個人的な体験』大江健三郎（新潮文庫ほか）
『古典の影』西郷信綱（平凡社ライブラリー）
「古典落語」（全5巻、第2期全5巻）飯島友治編（筑摩書房）

『最後の診断』ヘイリー（永井淳、新潮文庫ほか）
『菜色子雑筆』中村幸彦（「中村幸彦著述集」第15巻、中央公論社）
『サハリン島』チェーホフ（中村融訳、岩波文庫ほか）
『三国志』吉川英治（講談社）
『死者の奢り』大江健三郎（新潮文庫）
『失楽園』ミルトン（平井正穂訳、岩波文庫ほか）
『処女峰アンナプルナ』エルゾーグ／近藤等訳（山と渓谷社）
『ソーニャ・コヴァレフスカヤ　自伝と追想』コヴァレフスカヤほか（野上弥生子訳、岩波文庫ほか）
『大洪水』ル・クレジオ（望月芳郎訳、河出文庫ほか）
『田中正造の生涯』林竹二（講談社現代新書）
『太夫才蔵伝』鶴見俊輔（平凡社ライブラリー）
『摘録断腸亭日乗』永井荷風（岩波文庫）

『デルスウ・ウザーラ』アルセーニエフ／長谷川四郎訳（東洋文庫）
『ドン・キホーテ』セルバンテス（牛島信明訳、岩波文庫ほか）
『ハムレット』シェイクスピア（福田恆存訳、新潮文庫ほか）
『遙かなノートル・ダム』森有正（「森有正エッセー集成3」、ちくま学芸文庫ほか）
『反ドン・キホーテ論』牛島信明（弘文堂）
「講座　比較文学」（全8巻）芳賀徹ほか編（東京大学出版会）
『ヒロシマ・ノート』大江健三郎（岩波新書）
『風濤』井上靖（新潮文庫ほか）
『変身物語』オウィディウス（中村善也訳、岩波文庫ほか）
『本の都市リヨン』宮下志朗（晶文社）
『真昼のプリニウス』池澤夏樹（中公文庫ほか）
『万延元年のフットボール』大江健三郎（講談社文芸文庫ほか）
『宮澤賢治語彙辞典』原子朗（東京書籍）

『もっと遠く』開高健（文春文庫ほか）
『もっと広く』開高健（文春文庫ほか）
『わが落語鑑賞』安藤鶴夫（河出文庫ほか）

美術・芸術

『モーツァルト頌』吉田秀和ほか編（白水社）

歴史

『アメリカ人民の歴史』ヒューバーマン／小林良正ほか訳（岩波新書）
『エル・チチョンの怒り』（新しい世界史10）清水透（東京大学出版会）
『彼らは自由だと思っていた』マイヤー／田中浩ほか訳（未來社）
『近代市民社会の成立』（歴史学選書8）成瀬治（東京大学出版会）
『サマルカンド年代記』マアルーフ（牟田口義郎訳、ちくま学芸文庫ほか）
『史記』司馬遷（小竹文夫ほか訳、ちくま学芸文庫ほか）
『支配の代償』（新しい世界史5）木畑洋一（東京大学出版会）
『深層のヨーロッパ』（民族の世界史9）二宮宏之（山川出版社）
『スルタンガリエフの夢』山内昌之（岩波現代文庫ほか）
「世界の歴史」（全30巻、中公文庫）
『世界をゆるがした十日間』リード（原光雄訳、岩波文庫ほか）
「大航海時代叢書」（第Ⅰ期全11巻・別巻1、第Ⅱ期全25巻、岩波書店）
『田沼時代』辻善之助（岩波文庫ほか）
『チーズとうじ虫』ギンズブルグ／杉山光信訳（みすず書房）
『知の帝国主義』コーエン／佐藤慎一訳（平凡社）
『中世のことばと絵』五味文彦（ちくま文庫ほか）
『中世の罪と罰』網野善彦ほか（東京大学出版会）
『ドン・キホーテの世紀』清水憲男（岩波書店）
「日本都市史入門」（全3巻）高橋康夫ほか編（東京大学出版会）
「日本の歴史」（全27巻、中公文庫）
『日本封建農業史』古島敏雄（「古島敏雄著作集」第2巻、東京大学出版会）
「講座　日本歴史」（全13巻）歴史学研究会ほか編（東京大学出版会）
『日本論の視座』網野善彦（小学館）
『幕藩体制社会の成立と構造』安良城盛昭（有斐閣）
『パリのフランス革命』（歴史学選書9）柴田三千雄（東京大学出版会）
『物質文明・経済・資本主義』ブローデル／村上光彦訳（みすず書房）
『フランス・ルネサンスの人々』渡辺一夫（白水社）
『ベナンダンティ』ギンズブルグ／竹山博英訳（せりか書房）
『マグナ・カルタの世紀』（歴史学選書1）城戸毅（東京大学出版会）
『魔女と魔女裁判』バッシュビッツ／川端豊彦ほか訳（法政大学出版局）
『ラディカル・ヒストリー』山内昌之（中

公新書）

『略奪の海カリブ』増田義郎（岩波新書）

『ルバイヤート』ハイヤーム（小川亮作訳、岩波文庫ほか）

『歴史と歴史学』斉藤孝（東京大学出版会）

心理学・認知科学

『傾いた図形の謎』（認知科学選書11）高野陽太郎（東京大学出版会）

『感情の世界』島崎敏樹（岩波新書）

『認知の構図』ナイサー／古崎敬ほか訳（サイエンス社）

『服従の心理』ミルグラム（山形浩生訳、河出文庫ほか）

教育

『教育と教育政策』宗像誠也（岩波新書）

『試験の社会史』天野郁夫（平凡社ライブラリーほか）

『東西両京の大学』斬馬剣禅（講談社学術文庫ほか）

『日本の教育はどこへ』堀尾輝久（青木書店）

社会

『外国人労働者』手塚和彰（日本経済新聞社）

『心の習慣』ベラー／島薗進ほか訳（みすず書房）

『ことばを失った若者たち』桜井哲夫（講談社現代新書）

『つきあい方の科学』アクセルロッド／松田裕之訳（ミネルヴァ書房）

『報道写真家』桑原史成（岩波新書）

人類学・民俗学

『現代の社会人類学』（全3巻）伊藤亜人ほか編（東京大学出版会）

『食と文化の謎』ハリス（板橋作美訳、岩波現代文庫ほか）

『テソ民族誌』長島信弘（中公新書）

『ナマコの眼』鶴見良行（ちくま学芸文庫ほか）

『日本文化論の変容』青木保（中公文庫ほか）

『無文字社会の歴史』川田順造（岩波現代文庫ほか）

『忘れられた日本人』宮本常一（岩波文庫ほか）

■社会科学■

社会科学一般

『メヒコと日本人』石田雄（東京大学出版会）

地域

『ペルシアの農村』大野盛雄（東京大学出版会）

『ラテン・アメリカ』ヒルほか／村江四郎訳（東京大学出版会）

政治

『サンフランシスコ講和』渡辺昭夫ほか編（東京大学出版会）

『政治体制』（現代政治学叢書3）山口定

（東京大学出版会）
『政党と階級』河合秀和（東京大学出版会）
『中国社会の超安定システム』金観濤ほか／若林正丈ほか訳（研文出版）
『中国の近代化と知識人』シュウォルツ／平野健一郎訳（東京大学出版会）
『比較政治』（全3巻）升味準之輔（東京大学出版会）
『ヨーロッパの政治』篠原一（東京大学出版会）

法律

『科学としての法律学』川島武宜（弘文堂）
『教会・公法学・国家』和仁陽（東京大学出版会）
『契約の再生』内田貴（弘文堂）
『そして、死刑は執行された』合田士郎（恒友出版）
『日本資本主義の発達と私法』福島正夫（東京大学出版会）
『人間の尊厳と司法権』木佐茂男（日本評論社）
『法社会学と法解釈学』渡辺洋三（岩波書店）

経済・経営

『イギリス福祉国家の研究』毛利健三（東京大学出版会）
『価格の理論』スティグラー／南部鶴彦訳（有斐閣）
『近代欧州経済史序説』大塚久雄（『大塚久雄著作集』第2巻、岩波書店）
『金融恐慌は再来するか』キンドルバーガー／吉野俊彦ほか訳（日本経済新聞社）
『国富論』スミス（水田洋監訳、岩波文庫ほか）
『実証的経済学の方法と展開』フリードマン／佐藤隆三ほか訳（富士書房）
『昭和経済史』中村隆英（岩波現代文庫）
『脱近代の労働観』杉村芳美（ミネルヴァ書房）
『日本経済』中村隆英（東京大学出版会）
『日本の産業政策』小宮隆太郎ほか編（東京大学出版会）

■自然科学■

自然科学一般

『ウニと語る』団勝磨（学会出版センター）
『科学哲学の形成』ライヘンバッハ／市井三郎訳（みすず書房）
『キュリー夫人伝』キュリー／川口篤ほか訳（白水社）
『激動期の理化学研究所』加藤八千代（共立出版）
『研究人間』ノルティンク／大鹿譲ほか訳（共立出版）
『ご冗談でしょう、ファインマンさん』ファインマン（大貫昌子訳、岩波現代文庫ほか）
『困ります、ファインマンさん』ファインマン（大貫昌子訳、岩波現代文庫ほか）
『続 研究人間』ノルティンク／大鹿譲ほか訳（共立出版）
『沈黙の春』カーソン（青樹簗一訳、新潮文庫ほか）

『中谷宇吉郎随筆集』樋口敬二編（岩波文庫ほか）
『背信の科学者たち』ブロードほか／牧野賢治訳（講談社ブルーバックス）
『パストゥール』川喜田愛郎（岩波新書）
『ピエル・キュリー伝』キュリー夫人／渡辺慧訳（白水社）
『夢から発見へ』セリエ／田多井吉之介訳（丸善）

情報科学・コンピュータ

『アルゴリズム＋データ構造＝プログラム』ヴィルト／片山卓也訳（日本コンピュータ協会）
『プログラミングの方法』（岩波講座ソフトウェア科学2）川合慧（岩波書店）

数学

「岩波基礎数学選書」（全16巻）小平邦彦監修（岩波書店）
『解析入門1』（基礎数学2）杉浦光夫（東京大学出版会）
『行列と行列式』佐武一郎（裳華房）
「高等数学教程」（全12巻）スミルノフ／彌永昌吉ほか翻訳監修（共立出版）
「UP応用数学選書」（東京大学出版会）

物理・化学

『時間の歴史』渡辺慧（東京図書）
『市民の化学』ピメンテル／小尾欣一ほか訳（東京化学同人）
『数理物理学の方法』クーランほか／斎藤利弥監訳（東京図書）
『統計力学』阿部龍蔵（東京大学出版会）
『ファインマン物理学』ファインマンほか／坪井忠二訳（岩波書店）
『物理学はいかに創られたか』アインシュタインほか／石原純訳（岩波新書）
『量子物理化学』大野公一（東京大学出版会）

地学・地理・宇宙

『大地と人類の進化』フェーヴル（飯塚浩二訳、岩波文庫ほか）
『地図のかなたに』千田稔訳編（地人書房）
『地球人の環境』湊秀雄ほか（東京大学出版会）
『地球について』原田憲一（国際書院）
『地球物理概論』小嶋稔編（東京大学出版会）
『日本の火山地形』（UPアース・サイエンス11）守屋以智雄（東京大学出版会）
『ホーキング、宇宙を語る』ホーキング（林一訳、ハヤカワ文庫ほか）
『ホーキングの最新宇宙論』ホーキング／佐藤勝彦監訳（NHK出版）

工学

『現代の構造設計』トロハ／木村俊彦訳（彰国社）
『図学入門』磯田浩ほか（東京大学出版会）
『スペースプレーン』加藤寛一郎（東京大学出版会）
『都市の文化』マンフォード／生田勉訳（鹿島出版会）

生物・農学

『遺伝学概説』クロー／木村資生ほか訳（培風館）
『現象の追跡』田村三郎（学会出版センター）
『細胞の分子生物学』アルバーツほか／中村桂子ほか監訳（ニュートンプレス）
『植物的生命像』古谷雅樹（講談社ブルーバックス）
『生物学のすすめ』メイナード・スミス／木村武二訳（紀伊國屋書店）
『生命の誕生と進化』大野乾（東京大学出版会）
『ソロモンの指環』ローレンツ（日高敏隆訳、ハヤカワ文庫ほか）
『日本の野草』林弥栄編（山と溪谷社）
『脳の進化』エックルス／伊藤正男訳（東京大学出版会）
『博物詩』奥本大三郎（筑摩書房）
『反進化論』デントン／川島誠一郎訳（どうぶつ社）
『人は放射線になぜ弱いか』近藤宗平（講談社ブルーバックス）
『分子放射線生物学』近藤宗平（東京大学出版会）
『メタカに学ぶ生物学』江上信雄（中公新書）
『メダカの生物学』江上信雄ほか編（東京大学出版会）
「UPバイオロジー」（全97巻、東京大学出版会）

医学・薬学

『「甘え」の構造』土居健郎（弘文堂）
『言葉を失うということ』岩田誠（岩波書店）
『神経学とともにあゆんだ道』椿忠雄／椿寿子編
『分裂病と人類』中井久夫（東京大学出版会）
『ラモニ・カハール』（神経学の源流2）萬年甫訳編（東京大学出版会）

1992年

一九九二年アンケート執筆者（敬称略）

江藤文夫
岡部篤行
苅谷剛彦
川島誠一郎
神田秀樹
久保内端郎
桑野　隆
近藤和彦
塩川伸明

柴田元幸
甚野尚志
高橋宗五
高橋哲哉
高橋直樹
高橋陽一郎
武田晴人
竹野内真樹
竹村文彦

丹野義彦
筒井若水
戸倉英美
長崎暢子
中地義和
中村保夫
兵頭俊夫
平島健司
藤野和健

堀江一之
正高信男
武藤芳照
村井章介
村田純一
矢原徹一
山影　進
山口　勧

■総記■

『異文化への理解』（東京大学公開講座46、東京大学出版会）
『環境』（東京大学公開講座52、東京大学出版会）
『きけわだつみのこえ』日本戦歿学生手記編集委員会編（東京大学出版会ほか）
『スポーツ』（東京大学公開講座44、東京大学出版会）
『都市』（東京大学公開講座54、東京大学出版会）
『夢とビジョン』（東京大学教養講座13）木村尚三郎編（東京大学出版会）

■人文科学■

哲学・思想・宗教

『エッフェル塔』バルト（宗左近ほか訳、ちくま学芸文庫ほか）
『折たく柴の記』新井白石（松村明校注、岩波文庫ほか）
『仮面の解釈学』坂部恵（東京大学出版会）
『監獄の誕生』フーコー／田村俶訳（新潮社）
『ガンディーの真理1・2』エリクソン／星野美賀子（みすず書房）
『根拠よりの挑戦』井上忠（東京大学出版会）
『最後の30秒』山名正夫（朝日新聞社）
『シオニズム』ジャンセン／奈良本英佑訳（第三書館）
『精神としての身体』市川浩（講談社学術文庫ほか）
『世界の共同主観的存在構造』廣松渉（講談社学術文庫ほか）
『戦後ドイツ』三島憲一（岩波新書）
『全体主義の起原』アーレント／大久保和郎ほか訳（みすず書房）
『善の研究』西田幾多郎（岩波文庫ほか）
『荘子』（金谷治訳注、岩波文庫ほか）
『荘子』福永光司（朝日文庫ほか）
『荘子物語』諸橋轍次（講談社学術文庫ほか）
『ダライ・ラマ自伝』ダライ・ラマ（山際素男訳、文春文庫ほか）
『痴愚神礼讃』エラスムス（渡辺一夫ほか訳、中公クラシックスほか）
『哲学の知恵と幻想』ピアジェ／岸田秀ほか訳（みすず書房）
『デュルケームとウェーバー』折原浩（三一書房）
『動物誌』アリストテレース（島崎三郎訳、岩波文庫ほか）
『流れとよどみ』大森荘蔵（産業図書ほか）
『人間の条件』アレント（志水速雄訳、ちくま学芸文庫ほか）
『方法序説』デカルト（谷川多佳子訳、岩波文庫ほか）
『物と心』大森荘蔵（東京大学出版会ほか）
『モラリティと想像力の文化史』トゥアン／山本浩訳（筑摩書房）
『森鷗外』（近代日本の思想家4）生松敬三（東京大学出版会）
『ヨーロッパ諸学の危機と超越論的現象学』フッサール（細谷恒夫ほか訳、中公文庫ほ

か）

文学・評論・言語

『あゝ野麦峠』山本茂実（角川文庫ほか）
『赤糸で縫いとじられた物語』寺山修司（ハルキ文庫ほか）
『悪場所の発想』廣末保（ちくま学芸文庫ほか）
『甘粕大尉』角田房子（ちくま文庫ほか）
『荒魂』石川淳（講談社文芸文庫ほか）
『アンティゴネーの変貌』スタイナー／海老根宏ほか訳（みすず書房）
『アンナ・カレーニナ』トルストイ（木村浩訳、新潮文庫ほか）
『粋な時間にしひがし』木村尚三郎（文春文庫ほか）
『イギリスと日本の間で』中岡哲郎（岩波書店）
『インドでわしも考えた』椎名誠（集英社文庫ほか）
『失われた足跡』カルペンティエル（牛島信明訳、集英社文庫ほか）
『失われた時を求めて』プルースト（吉川一義訳、岩波文庫ほか）
『美しきもの見し人は』堀田善衛（朝日選書ほか）
『英語学とは何か』中島文雄（講談社学術文庫ほか）
『エラスムスの勝利と悲劇』ツヴァイク（内垣啓一ほか訳、みすず書房ほか）
『燕山夜話』鄧拓／毎日新聞社訳編（毎日新聞社）
『鬼平犯科帳シリーズ』池波正太郎（文春文庫ほか）
『外国語上達法』千野栄一（岩波新書）
『カラマーゾフの兄弟』ドストエフスキー（原卓也訳、新潮文庫ほか）
『ガルガンチュワ物語・パンタグリュエル物語』ラブレー（渡辺一夫訳、岩波文庫ほか）
『気流の鳴る音』真木悠介（ちくま学芸文庫ほか）
『金瓶梅』（小野忍ほか訳、岩波文庫ほか）
『苦海浄土』石牟礼道子（講談社文庫ほか）
『草の花』福永武彦（新潮社）
『曠野の花』石光真清（中公文庫ほか）
『紅楼夢』曹雪芹（伊藤漱平訳、平凡社ライブラリーほか）
『古代国語の音韻に就いて』橋本進吉（岩波文庫ほか）
『ことばの栞』鈴木一郎（東京大学出版会）
『この国のかたち』司馬遼太郎（文春文庫ほか）
『壊れたヨーロッパ』マラパルテ／古賀弘人訳（晶文社）
『紺野機業場』庄野潤三（講談社文芸文庫ほか）
『今夜、自由を』ラピエールほか（杉辺利英訳、ハヤカワ文庫ほか）
『西遊記』（中野美代子訳、岩波文庫ほか）
『十七歳』グリーン（井上一馬訳、文春文庫ほか）
『城下の人』石光真清（中公文庫ほか）
『白い航跡』吉村昭（講談社文庫ほか）
『史路遍歴』今野圀雄（新地書房）
『水滸伝』（吉川幸次郎ほか訳、岩波文庫ほ

か）
『随筆　女ひと』室生犀星（岩波文庫ほか）
『「する」と「なる」の言語学』池上嘉彦（大修館書店）
『誰のために』石光真清（中公文庫ほか）
『チボー家の人々』デュ・ガール／山内義雄訳（白水uブックス）
『徒然草抜書』小松英雄（講談社学術文庫ほか）
『ドストエーフスキー覚書』森有正（『森有正全集』第8巻、筑摩書房ほか）
『ともしびをかかげて』サトクリフ／猪熊葉子訳（岩波少年文庫）
『ドン・キホーテ』セルバンテス（牛島信明訳、岩波文庫ほか）
『人間のしるし』モルガン／石川湧訳（岩波書店）
『野良に叫ぶ』渋谷定輔（勁草書房）
『背教者ユリアヌス』辻邦生（中公文庫ほか）
『ハドリアヌス帝の回想』ユルスナール／多田智満子訳（白水社）
『薔薇の名前』エーコ／河島英昭訳（東京創元社）
『遙かなノートル・ダム』森有正（『森有正エッセー集成3』、ちくま学芸文庫ほか）
『春の雪』（『豊穣の海』第1巻）三島由紀夫（新潮文庫ほか）
「講座　比較文学」（全8巻）芳賀徹ほか編（東京大学出版会）
『氷川清話』勝海舟（勝部真長編、角川文庫ほか）
『鼻行類』シュテュンプケ／日高敏隆ほか訳（平凡社ライブラリー）
『羊の歌』加藤周一（岩波新書ほか）
『フィロロジーへの道』小野茂（研究社）
『風雲に乗る』城山三郎（角川文庫ほか）
『風月無尽』前野直彬（東京大学出版会）
『復興期の精神』花田清輝（講談社文芸文庫ほか）
『プラテーロとわたし』ヒメーネス（長南実訳、岩波文庫ほか）
『フランソワ・ラブレーの作品と中世・ルネッサンスの民衆文化』バフチーン（川端香男里訳、せりか書房ほか）
『文学部唯野教授』筒井康隆（岩波現代文庫ほか）
『文明の作法』京極純一（中公新書）
『ペスト』カミュ（宮崎嶺雄訳、新潮文庫ほか）
『望郷の歌』石光真清（中公文庫ほか）
『ボルヘス、オラル』ボルヘス／木村榮一訳（水声社）
『マイナス・ゼロ』広瀬正（集英社文庫ほか）
『耳ぶくろ』日本エッセイスト・クラブ編（文春文庫）
『ムーン・パレス』オースター（柴田元幸訳、新潮文庫ほか）
『メキシコの夢』ル・クレジオ／望月芳郎訳（新潮社）
『杳子』古井由吉（新潮文庫ほか）
『竜馬がゆく』司馬遼太郎（文春文庫ほか）
『私という現象』三浦雅士（講談社学術文庫ほか）
『ロシア』川端香男里（講談社学術文庫ほ

か）

美術・芸術

『ベートーヴェンを求めて』吉田秀和（白水社）

『ラテンアメリカ発　音楽通信』八木啓代（新日本出版社）

歴史

『アイルランド歴史紀行』高橋哲雄（ちくま学芸文庫ほか）

『アジア史概説』宮崎市定（中公文庫ほか）

「アジアのなかの日本史」（全6巻）荒野泰典ほか編（東京大学出版会）

『木戸幸一日記』木戸日記研究会編（東京大学出版会）

『境界の中世　象徴の中世』黒田日出男（東京大学出版会）

『近代世界システム』ウォーラーステイン／川北稔訳（岩波書店）

『個と共同性』（新しい世界史9）吉沢南（東京大学出版会）

『サーカスが来た！』亀井俊介（東京大学出版会ほか）

『三国志』陳寿ほか（井波律子ほか訳、ちくま学芸文庫ほか）

『史記列伝』司馬遷（野口定男訳、平凡社ライブラリーほか）

『巡礼の道』渡邉昌美（中公新書）

『スルタンガリエフの夢』山内昌之（岩波現代文庫ほか）

『西欧精神の探究』堀米庸三ほか編（NHKライブラリー）

『世界市場の形成』松井透（岩波書店）

『戦史』トゥーキュディデース（久保正彰訳、岩波文庫ほか）

『中世東寺と東寺領荘園』網野善彦（東京大学出版会ほか）

『チーズとうじ虫』ギンズブルグ／杉山光信訳（みすず書房）

『完本秩父事件』井上幸治（藤原書店）

『中世に生きる人々』パウア／三好洋子訳（東京大学出版会）

『中世の秋』ホイジンガ（堀越孝一訳、中公文庫ほか）

『中世の日常生活』ゲッツ／轡田収ほか訳（中央公論社）

『陶磁の道』三上次男（岩波新書）

『東條内閣総理大臣機密記録』伊藤隆ほか編（東京大学出版会）

『塔のヨーロッパ』佐原六郎（NHKブックス）

『東方見聞録』ポーロ（愛宕松男訳注、平凡社ライブラリーほか）

『日本歴史の国際環境』西嶋定生（東京大学出版会）

『年貢を納めていた人々』坂井州二（法政大学出版局）

『農民哀史』渋谷定輔（勁草書房）

『農民革命の世界』和田春樹（東京大学出版会）

『花園天皇宸記』（続群書類従完成会）

『バブーフの陰謀』柴田三千雄（岩波書店）

『春の祭典』エクスタインズ／金利光訳（みすず書房）

『封建社会』ブロック（堀米庸三監訳、岩

波書店ほか）
『室町の王権』今谷明（中公新書）
『谷中村滅亡史』荒畑寒村（岩波文庫ほか）
『ヨーロッパ中世の宇宙観』阿部謹也（講談社学術文庫ほか）
『琉球の時代』高良倉吉（ひるぎ社）
『緑芽十片』布目潮渢（岩波現代文庫ほか）
『歴史』ヘロドトス（松平千秋訳、岩波文庫ほか）
『歴史家たち』トムスンほか／近藤和彦ほか編訳（名古屋大学出版会）

心理学・認知科学

『「甘え」の構造』土居健郎（弘文堂）
『かくれた次元』ホール／日高敏隆ほか訳（みすず書房）
『「きめ方」の論理』佐伯胖（東京大学出版会）
『社会心理学入門』水原泰介（東京大学出版会）
『知るということ』渡辺慧（ちくま学芸文庫ほか）
『青年期』笠原嘉（中公新書）
『対人場面の心理』中村陽吉（東京大学出版会）
『認識と文化』（認知科学選書21）福井勝義（東京大学出版会）
『場所の心理学』カンター／宮田紀元ほか訳（彰国社）
『まなざしの誕生』下條信輔（新曜社）

教育

『学校・職業・選抜の社会学』苅谷剛彦（東京大学出版会）
『教育と社会変動』（全2巻）カラベルほか編／潮木守一ほか編訳（東京大学出版会）
『教育の原理』（全2巻）堀尾輝久ほか編（東京大学出版会）
『子供たちの復讐』本多勝一（朝日文庫ほか）
『子どものからだ』宮下充正（東京大学出版会）
『子どもの自分くずしと自分つくり』竹内常一（東京大学出版会）

社会

『試験の社会史』天野郁夫（平凡社ライブラリーほか）
『大学の頽廃の淵にて』折原浩（筑摩書房）
『はいすくーる落書』多賀たかこ（朝日文庫ほか）
『ブリキの勲章』能重真作（民衆社）
『イデオロギーとユートピア』マンハイム（高橋徹ほか訳、中公クラシックスほか）
『自動車絶望工場』鎌田慧（講談社文庫ほか）
『資本制と家事労働』上野千鶴子（海鳴社）
『情報と自己組織性の理論』吉田民人（東京大学出版会）
『大衆の反逆』オルテガ・イ・ガセット（神吉敬三訳、ちくま学芸文庫ほか）
『母親剥奪理論の功罪』ラター／北見芳雄ほか訳（誠信書房）
『婦人の生活と文化』宮本百合子（大月書店ほか）
『母性という神話』バダンテール（鈴木晶

訳、ちくま学芸文庫ほか)
『無邪気で危険なエリートたち』竹内啓(岩波書店)
「21世紀高齢社会への対応」(全3巻)福武直ほか編(東京大学出版会)

人類学・民俗学

『悲しき熱帯』レヴィ=ストロース/川田順造訳(中公クラシックスほか)
『曠野から』川田順造(中公文庫ほか)
『知的生産の技術』梅棹忠夫(岩波新書)

■社会科学■

社会科学一般

『構造』(現代日本社会5)東京大学社会科学研究所編(東京大学出版会)
『社会認識の歩み』内田義彦(岩波新書)
『歴史的前提』(現代日本社会4)東京大学社会科学研究所編(東京大学出版会)

地域

『エビと日本人』村井吉敬(岩波新書)
『地球の歩き方 インド』地球の歩き方編集室(ダイヤモンド・ビッグ社)

政治

『アジア主義』竹内好編(「現代日本思想大系」第9巻、筑摩書房)
『アメリカ外交50年』ケナン(近藤晋一ほか訳、岩波現代文庫ほか)
『概説 現代政治の理論』阿部斉(東京大学出版会)
『国連再生のシナリオ』ベルトラン/横田洋三監訳(国際書院)
『市民社会と社会主義』平田清明(岩波書店)
『戦後日本の市場と政治』樋渡展洋(東京大学出版会)
『ダウニング街日記』コルヴィル/都築忠七ほか訳(平凡社)
『独裁と民主政治の社会的起源』ムーア/宮崎隆次ほか訳(岩波書店)
『日本の政治』京極純一(東京大学出版会)
『ヨーロッパの政治』篠原一(東京大学出版会)

法律

『英米法辞典』田中英夫編集代表(東京大学出版会)
『神と国家』ケルゼン/長尾龍一訳(「ハンス・ケルゼン著作集」第6巻、慈学社出版)
『契約の再生』内田貴(弘文堂)
『ソビエト法史研究』藤田勇(東京大学出版会)
『中世の法と国制』ケルン/世良晃志郎訳(創文社)
『ドイツ現代法の基層』村上淳一(東京大学出版会)
『日本人の法意識』川島武宜(岩波新書)
『法学入門』末弘厳太郎(日本評論社)

経済・経営

『合理的な愚か者』セン／大庭健ほか訳（勁草書房）
『国際労働力移動』森田桐郎編（東京大学出版会）
『国富論』スミス（水田洋監訳、岩波文庫ほか）
『ソヴェト経済政策史』奥田央（東京大学出版会）
『大転換』ポランニー／野口建彦ほか訳（東洋経済新報社）
『なぜ世界の半分が飢えるのか』ジョージ／小南祐一郎ほか訳（朝日選書）
『福祉の経済学』セン／鈴村興太郎訳（岩波書店）
『ミスター・ホンダ』サンダース／田口統吾ほか訳（コンピュータ・エージ社）

■自然科学■

白然科学一般

『カオス』グリック（大貫昌子訳、新潮文庫ほか）
『科学革命の構造』クーン／中山茂訳（みすず書房）
『ゲーデル、エッシャー、バッハ』ホフスタッター／野崎昭弘ほか訳（白揚社）
『ご冗談でしょう、ファインマンさん』ファインマン（大貫昌子訳、岩波現代文庫ほか）
『自然を守るとはどういうことか』守山弘（農山漁村文化協会）
『沈黙の春』カーソン（青樹簗一訳、新潮文庫ほか）
『ノーベル賞の決闘』ウェイド／丸山工作ほか訳（岩波書店）

情報科学・コンピュータ

『カッコウはコンピュータに卵を産む』ストール／池央耿訳（草思社）

数学

『応用数学夜話』森口繁一（ちくま学芸文庫ほか）
『教養の数学・計算機』金子晃（東京大学出版会）
『数学7日間の旅』志賀浩二（紀伊國屋書店）
『数学における発見はいかになされるか1帰納と類比』ポリア／柴垣和三雄訳（丸善）
『無限からの光芒』志賀浩二（日本評論社）
「UP応用数学選書」（東京大学出版会）

物理・化学

『化学のすすめ』井本稔ほか編（筑摩書房）
『現代物理学をひらく』菅井準一（新日本出版社）
『高分子の物理学』ド・ジャン／高野宏ほか訳（吉岡書店）
『物理学序論としての力学』（基礎物理学

1）藤原邦男（東京大学出版会）

地学・地理・宇宙

『宇宙・地球・人間』クラウド／一国雅巳ほか訳（岩波書店）
『火山の話』中村一明（岩波新書）
『グローバルテクトニクス』杉村新（東京大学出版会）
『大地の動きをさぐる』杉村新（岩波書店）
『なぜ地球は人が住める星になったか?』ブロッカー／斎藤馨児訳（講談社ブルーバックス）
『日本の火山地形』（UPアース・サイエンス11）守屋以智雄（東京大学出版会）

工学

「材料テクノロジー」（東京大学出版会）
『都市のイメージ』リンチ／丹下健三ほか訳（岩波書店）

生物・農学

『「今西進化論」批判の旅』ホールステッド／中山照子訳（築地書館）
『クモの不思議』吉倉眞（岩波新書）
『細胞の分子生物学』アルバーツほか／中村桂子ほか監訳（ニュートンプレス）
『進化生物学』フツイマ／岸由二ほか訳（蒼樹書房）
『生態学からみた進化』（講座進化7）柴谷篤弘ほか編（東京大学出版会）
『生物のかたち』トムソン／柳田友道ほか訳（東京大学出版会）
『ソロモンの指環』ローレンツ（日高敏隆訳、ハヤカワ文庫ほか）
『二重らせん』ワトソン（江上不二夫ほか訳、講談社文庫ほか）
『分子からみた進化』（講座進化6）柴谷篤弘ほか編（東京大学出版会）
『ヤナギランの花咲く野辺で』ハインリッチ／渡辺政隆訳（どうぶつ社）
「UPバイオロジー」（全97巻、東京大学出版会）

医学・薬学

『壁のない病室』栗原雅直（中公文庫ほか）
『実験医学序説』ベルナール（三浦岱栄訳、岩波文庫ほか）
『古い医術について』ヒポクラテス（小川政恭訳、岩波文庫ほか）
『分裂病の少女の手記』セシュエー／村上仁ほか訳（みすず書房）
『目でみる脳』時実利彦（東京大学出版会）
『ものぐさ精神分析』岸田秀（中公文庫ほか）

1993年

一九九三年アンケート執筆者（敬称略）

青木誠之　岸本美緒　高村直助　保立道久
池田謙一　木畑洋一　竹村彰通　松田佳久
岩井克人　小寺　彰　塚田　捷　松田良一
岩田一政　坂原　茂　寺﨑弘昭　村田雄二郎
永ノ尾信悟　佐藤次高　友田修司　本村凌二
大澤吉博　佐藤　信　中井和夫　森沢正昭
大場秀章　嶋田正和　似田貝香門　山口和紀
大村敦志　杉本大一郎　能登路雅子　和仁　陽
神取道宏　高橋鷹志　長谷川寿一
茅野　修　高橋伸夫　藤原帰一

■総記■

『高齢化社会』（東京大学公開講座29、東京大学出版会）

『ことば　人間　宇宙』大野陽朗（北海道アジア・アフリカ・ラテンアメリカ連帯委員会）

『混沌』（東京大学公開講座53、東京大学出版会）

■人文科学■

哲学・思想・宗教

『イスラーム文化』井筒俊彦（岩波文庫ほか）

『ウィトゲンシュタインのパラドックス』クリプキ／黒崎宏訳（産業図書）

『仮面の解釈学』坂部恵（東京大学出版会）

『監獄の誕生』フーコー／田村俶訳（新潮社）

『共同幻想論』吉本隆明（角川文庫ほか）

『経験と思想』森有正（岩波書店ほか）

『現代中国論』竹内好（『竹内好全集』第4巻、筑摩書房ほか）

『幸福論』アラン（神谷幹夫訳、岩波文庫ほか）

『コモン・センス』ペイン（小松春雄訳、岩波文庫ほか）

『三十三年の夢』宮崎滔天（岩波文庫ほか）

『生と再生』エリアーデ／堀一郎訳（東京大学出版会）

『善の研究』西田幾多郎（岩波文庫ほか）

『定本　想像の共同体』アンダーソン／白石隆ほか訳（書籍工房早山）

『探究』柄谷行人（講談社学術文庫ほか）

『ツァラトゥストラ』ニーチェ（手塚富雄訳、中公文庫ほか）

『哲学探究』ウィトゲンシュタイン／藤本隆志訳（『ウィトゲンシュタイン全集』第8巻、大修館書店）

『何も隠されてはいない』マルカム／黒崎宏訳（産業図書）

『日常的思想の可能性』鶴見俊輔（筑摩書房）

『パイドロス』プラトン（藤沢令夫訳、岩波文庫ほか）

『悲劇の誕生』ニーチェ（塩屋竹男訳、ちくま学芸文庫ほか）

『法哲学講義』ヘーゲル（長谷川宏訳、作品社ほか）

『ポストモダン保守主義』広岡守穂（有信堂高文社）

文学・評論・言語

『アラビアン・ナイト』前嶋信次ほか訳（東洋文庫）

『アンティゴネーの変貌』スタイナー／海老根宏ほか訳（みすず書房）

『アンナ・カレーニナ』トルストイ（木村浩訳、新潮文庫ほか）

『怒りの葡萄』スタインベック（大久保康雄訳、新潮文庫ほか）

『イタリア紀行』ゲーテ（相良守峯訳、岩波文庫ほか）

『一戔五厘の旗』花森安治（暮しの手帖社）

『英語小論文の書き方』加藤恭子ほか（講

談社現代新書）
『オーウェル評論集』オーウェル（川端康雄編、平凡社ライブラリーほか）
『嘔吐』サルトル（鈴木道彦訳、人文書院ほか）
『蛙』アリストパネース（高津春繁訳、岩波文庫ほか）
『神さまに質問』栗原征史（ファラオ企画）
『伽耶子のために』李恢成（新潮文庫ほか）
『ガルガンチュアとパンタグリュエル』ラブレー（宮下志朗訳、ちくま文庫ほか）
『記号論への招待』池上嘉彦（岩波新書）
『吉里吉里人』井上ひさし（新潮文庫ほか）
『金閣寺』三島由紀夫（新潮文庫ほか）
『言語と知識』チョムスキー／田窪行則ほか訳（産業図書）
『紅楼夢』曹雪芹（伊藤漱平訳、平凡社ライブラリーほか）
『コスモス』セーガン（木村繁訳、朝日文庫ほか）
『古寺巡礼』和辻哲郎（岩波文庫ほか）
『言葉といふもの』吉田健一（筑摩書房ほか）
『ゴヤ』堀田善衛（集英社文庫ほか）
『今昔物語集』（角川文庫ほか）
『笹まくら』丸谷才一（新潮文庫ほか）
『細雪』谷崎潤一郎（中公文庫ほか）
『されどわれらが日々』柴田翔（文春文庫ほか）
『詩学叙説』ヴァレリー（河盛好蔵訳、小山書店ほか）
『詩経』目加田誠（講談社学術文庫ほか）
『詩集　美わしのベンガル』ダーシュ／臼田雅之訳（花神社）
『司馬遷』武田泰淳（講談社文芸文庫ほか）
『ジャン・クリストフ』ロラン（豊島与志雄訳、岩波文庫ほか）
『収容所群島』ソルジェニーツィン（木村浩訳、新潮文庫ほか）
『神曲』ダンテ（山川丙三郎訳、岩波文庫ほか）
『新明解国語辞典』山田忠雄ほか編（三省堂）
『スティル・ライフ』池澤夏樹（中公文庫ほか）
『世界の喜劇人』小林信彦（新潮文庫ほか）
『第四間氷期』安部公房（新潮文庫ほか）
『大理石の断崖の上で』ユンガー／相良守峯訳（岩波書店）
『だれがコロンブスを発見したか』バックウォルド／永井淳訳（文藝春秋）
『テレーズ・デスケイルゥ』モーリヤック（杉捷夫訳、新潮文庫ほか）
『遠き落日』渡辺淳一（集英社文庫ほか）
『日本奥地紀行』バード／高梨健吉訳（平凡社ライブラリー）
『日本その日その日』モース／石川欣一訳（東洋文庫）
『日本人の英語』ピーターセン（岩波新書）
『農民ユートピア国旅行記』チャヤーノフ／和田春樹ほか訳（晶文社）
『ノートル＝ダム・ド・パリ』ユゴー（辻昶ほか訳、潮出版社ほか）
『白鯨』メルヴィル（田中西二郎訳、新潮文庫ほか）
『涙をたらした神』吉野せい（文春文庫ほ

か）
『パパラギ』ツイアビほか（岡崎照男訳、ソフトバンク文庫ほか）
『薔薇の名前』エーコ／河島英昭訳（東京創元社）
『ヒューマン・ファクター』グリーン（加賀山卓朗訳、ハヤカワ文庫ほか）
『富士』武田泰淳（中公文庫ほか）
『文法理論の諸相』チョムスキー／安井稔訳（研究社出版）
『ペスト』デフォー（平井正穂訳、中公文庫ほか）
『ペスト』カミュ（宮崎嶺雄訳、新潮文庫ほか）
『祀りのあと』笠原淳（新潮社）
『木曜の男』チェスタトン（吉田健一訳、創元推理文庫ほか）
『文字逍遙』白川静（平凡社ライブラリー）
『指輪物語』トールキン（瀬田貞二ほか訳、評論社文庫ほか）
『読みのプロトコル』スコールズ／高井宏子ほか訳（岩波書店）
『歴史の暮方・共産主義的人間』林達夫（中央公論新社）
『レトリックと人生』レイコフほか／渡部昇一ほか訳（大修館書店）
『ロシアへの旅』ヴァン・デル・ポスト／佐藤佐智子訳（平凡社）
『わが友マキアヴェッリ』塩野七生（新潮文庫ほか）
『私たちの友だち』バイコフ（上脇進訳、番町書房ほか）

美術・芸術

『ニーティサーラ』カーマンダキ／上村勝彦訳（東洋文庫）

歴史

『アメリカ婦人宣教師』小檜山ルイ（東京大学出版会）
『ある歴史家の生い立ち』顧頡剛（平岡武夫訳、岩波文庫ほか）
『イスラムの国家と社会』嶋田襄平（岩波書店）
『一外交官の見た明治維新』サトウ（坂田精一訳、岩波文庫ほか）
『一揆』勝俣鎮夫（岩波新書）
『江戸時代とはなにか』尾藤正英（岩波現代文庫ほか）
『王の二つの身体』カントーロヴィチ（小林公訳、ちくま学芸文庫ほか）
「川崎庸之歴史著作選集」（全3巻、東京大学出版会）
『記紀神話と王権の祭り』水林彪（岩波書店）
『宮廷社会』エリアス／波田節夫ほか訳（法政大学出版局）
『近代人の誕生』ミュシャンブレッド／石井洋二郎訳（筑摩書房）
『交換のはたらき』ブローデル／山本淳一訳（みすず書房）
『古代への情熱』シュリーマン（関楠生訳、新潮文庫ほか）
『最後の宦官小徳張』張仲忱／岩井茂樹訳注（朝日選書）
『サーカスが来た！』亀井俊介（東京大学

出版会ほか）
『三国志』陳寿ほか（井波律子ほか訳、ちくま学芸文庫ほか）
『自国史を越えた歴史教育』西川正雄編著（三省堂）
『荘園の世界』稲垣泰彦編（東京大学出版会）
『初期中世社会史の研究』戸田芳実（東京大学出版会）
『スルタンガリエフの夢』山内昌之（岩波現代文庫ほか）
『西洋古代史料集』古山正人ほか編訳（東京大学出版会）
『戦国法成立史論』勝俣鎮夫（東京大学出版会）
『中国古代の社会と国家』増淵龍夫（岩波書店）
『中世に生きる人々』パウア／三好洋子訳（東京大学出版会）
『中世の罪と罰』網野善彦ほか（東京大学出版会）
『朝鮮・韓国は日本の教科書にどう書かれているか』君島和彦ほか（梨の木舎）
『帝国主義と民族』江口朴郎（東京大学出版会）
『東西文化交流の諸相』前嶋信次（東西文化交流の諸相刊行会）
『土地に刻まれた歴史』古島敏雄（岩波新書）
『日本古代史講義』笹山晴生（東京大学出版会）
『日本古代の国家と都城』狩野久（東京大学出版会）
『日本占領下のジャワ農村の変容』倉沢愛子（草思社）
『日本中世社会史論』稲垣泰彦（東京大学出版会）
『日本中世法史論』笠松宏至（東京大学出版会）
『日本の古代国家』石母田正（岩波書店）
『フランス農村史の基本性格』ブロック／河野健二ほか訳（創文社）
『マムルーク』佐藤次高（東京大学出版会）
『モンタイユー』ラデュリ／井上幸治ほか訳（刀水書房）
『雍正帝』宮崎市定（中公文庫ほか）
『李陵』護雅夫（中公文庫ほか）
『歴史とは何か』カー／清水幾太郎訳（岩波新書）
『歴史としての社会主義』和田春樹（岩波新書）
『歴史の現在と地域学』板垣雄三（岩波書店）
『煉獄の誕生』ル・ゴッフ／渡辺香根夫ほか訳（法政大学出版局）
『倭国』岡田英弘（中公新書）

心理学・認知科学

『アクティブ・マインド』佐伯胖ほか編（東京大学出版会）
『影響力の武器』チャルディーニ／社会行動研究会訳（誠信書房）
『学習1』（現代基礎心理学5）佐々木正伸編（東京大学出版会）
『傾いた図形の謎』（認知科学選書11）高野陽太郎（東京大学出版会）

『環境心理学序説』マーサー／永田良昭訳（新曜社）

『「きめ方」の論理』佐伯胖（東京大学出版会）

『こころと社会』池田謙一ほか（東京大学出版会）

『社会的ジレンマのしくみ』山岸俊男（サイエンス社）

『心理学の認識』ミラー／戸田壱子ほか訳（白揚社）

『治療文化論』中井久夫（岩波現代文庫ほか）

『チンパンジーから見た世界』（コレクション認知科学12）松沢哲郎（東京大学出版会）

『認識と文化』（認知科学選書21）福井勝義（東京大学出版会）

「認知科学選書」（全24巻、東京大学出版会）

『認知科学の方法』（コレクション認知科学1）佐伯胖（東京大学出版会）

『服従の心理』ミルグラム（山形浩生訳、河出文庫ほか）

『分裂病の精神病理11』吉松和哉編（東京大学出版会）

教育

『現代教育の思想と構造』堀尾輝久（岩波書店）

『子どもの自分くずしと自分つくり』竹内常一（東京大学出版会）

『〈子供〉の誕生』アリエス／杉山光信ほか訳（みすず書房）

『コンピュータと教育』佐伯胖（岩波新書）

『すぐれた授業とはなにか』佐伯胖ほか（東京大学出版会）

『どうしてそうなの』（『こどものせいかつ』上）西村肇ほか（一橋出版）

『ほんとうはどうなの』（『こどものせいかつ』下）西村肇ほか（一橋出版）

社会

『アメリカン・マインドの終焉』ブルーム／菅野盾樹訳（みすず書房）

『心の習慣』ベラーほか／島薗進ほか訳（みすず書房）

『自己組織性の情報科学』吉田民人（新曜社）

『大衆社会』（講座社会学7）福武直ほか編（東京大学出版会）

『デュルケム理論と現代』宮島喬（東京大学出版会）

人類学・民俗学

『構造人類学』レヴィ＝ストロース／荒川幾男ほか訳（みすず書房）

『庶民の発見』宮本常一（講談社学術文庫ほか）

『神話の力』キャンベルほか（飛田茂雄訳、ハヤカワ文庫ほか）

『地名の研究』柳田國男（角川文庫ほか）

『民俗学の旅』宮本常一（講談社学術文庫ほか）

『忘れられた日本人』宮本常一（岩波文庫ほか）

■社会科学■

社会科学一般

「現代日本社会」(全7巻) 東京大学社会科学研究所編 (東京大学出版会)
『読書と社会科学』 内田義彦 (岩波新書)
『プロテスタンティズムの倫理と資本主義の精神』 ヴェーバー (大塚久雄訳、岩波文庫ほか)

政治

『アメリカ革命史研究』 斉藤眞 (東京大学出版会)
『近世日本社会と宋学』 渡辺浩 (東京大学出版会)
『国際的相互依存』(現代政治学叢書18) 山本吉宣 (東京大学出版会)
『政治』 岡義達 (岩波新書)
『ソヴェト社会政策史研究』 塩川伸明 (東京大学出版会)
『中国の近代化と知識人』 シュウォルツ/平野健一郎訳 (東京大学出版会)
『日本政治思想史研究』 丸山眞男 (東京大学出版会)
『日本の政治』 京極純一 (東京大学出版会)
『ベスト&ブライテスト』 ハルバースタム/浅野輔訳 (二玄社)
『リヴァイアサン』 ホッブズ (水田洋訳、岩波文庫ほか)
『リーダーが決断する時』 ジャニス/首藤信彦訳 (日本実業出版社)

法律

『外国法の調べ方』 田中英夫ほか (東京大学出版会)
『国際法』 山本草二 (有斐閣)
『裁判をめぐる法と政治』 田中成明 (有斐閣)
『戦争と法』 筒井若水 (東京大学出版会)
『中国家族法の原理』 滋賀秀三 (創文社)
『比較憲法』 樋口陽一 (青林書院)
『法学史』 碧海純一ほか編 (東京大学出版会)

経済・経営

『オーガニゼーションズ』 マーチほか/土屋守章訳 (ダイヤモンド社)
『オペレーションズ・リサーチ入門』 チャーチマンほか/宮沢光一ほか訳 (紀伊國屋書店)
『経営統計入門』 高橋伸夫 (東京大学出版会)
『経済学とは何だろうか』 佐和隆光 (岩波新書)
『経済の法則を求めて』 柴田敬 (日本経済評論社)
『ケインズ伝』 ハロッド/塩野谷九十九訳 (東洋経済新報社)
『ゲームと情報の経済分析』 ラスムセン/細江守紀ほか訳 (九州大学出版会)
『現代日本の金融分析』 堀内昭義ほか編 (東京大学出版会)
『産業政策の経済分析』 伊藤元重ほか (東京大学出版会)
『資本主義・社会主義・民主主義』 シュム

ペーター／中山伊知郎ほか訳（東洋経済新報社）
『資本論』マルクス（向坂逸郎訳、岩波文庫ほか）
『ジョン・メイナード・ケインズ』スキデルスキー／宮崎義一監訳（東洋経済新報社）
『人物評伝』ケインズ／熊谷尚夫ほか訳（岩波書店ほか）
『ソヴェト経済政策史』奥田央（東京大学出版会）
『大恐慌期の日本資本主義』橋本寿朗（東京大学出版会）
『大接戦』サロー（土屋尚彦訳、講談社学術文庫ほか）
『中国経済の社会態制』村松祐次（東洋経済新報社）
『日本戦略宣言』船橋洋一編（講談社）
『日本の産業政策』小宮隆太郎ほか編（東京大学出版会）
『富裕化と金融資本』馬場宏二（ミネルヴァ書房）

■自然科学■

自然科学一般

『科学哲学』伊藤公一（放送大学教育振興会）
『科学理論の現象学』ギルバートほか／柴田幸雄ほか訳（紀伊國屋書店）
『近代学問理念の誕生』佐々木力（岩波書店）
『『サイレント・スプリング』再訪』マルコほか編／波多野博行監訳（化学同人）
『自然学の提唱』今西錦司（講談社学術文庫ほか）
『自然学の展開』今西錦司（講談社学術文庫ほか）
『世界の科学者100人』竹内均監修（教育社）
『旅人』湯川秀樹（角川文庫ほか）
「寺田寅彦随筆集」（全5巻、岩波文庫ほか）
『日本人の創造性』飯沼和正（講談社ブルーバックス）
『日本の自然史博物館』糸魚川淳二（東京大学出版会）
『夢と真実』丸山工作（学会出版センター）
『理科系の作文技術』木下是雄（中公新書）

情報科学・コンピュータ

『人工知能と人間』長尾真（岩波新書）
『プログラミング言語AWK』エイホほか／足立高徳訳（新紀元社）

数学

『定本　解析概論』高木貞治（岩波書店）
『基本算法』クヌース／広瀬健ほか訳（サイエンス社）
『現代数学概説』彌永昌吉ほか（岩波書店）
『公理論的集合論』西村敏男ほか（共立出版）
『スポーツの数理科学』竹内啓ほか（共立出版）
『線形代数とその応用』ストラング／山口昌哉監訳（産業図書）
『代数学講義』高木貞治（共立出版）

「UP応用数学選書」（東京大学出版会）

物理・化学

『新しい量子化学』（全2巻）ザボほか／大野公男ほか訳（東京大学出版会）
『一般力学』山内恭彦（岩波書店）
『スピンはめぐる』朝永振一郎（みすず書房）
『存在から発展へ』プリゴジン／小出昭一郎ほか訳（みすず書房）
『高橋秀俊の物理学講義』高橋秀俊ほか（ちくま学芸文庫ほか）
『日常の物理学』近角聡信（東京書籍）
『無機化学』吉岡甲子郎（東京大学出版会）
『量子化学』（近代工業化学2）福井謙一（朝倉書店）
『量子物理化学』大野公一（東京大学出版会）

地学・地理・宇宙

『気象力学通論』小倉義光（東京大学出版会）
『グローバル気象学』（気象の教室1）廣田勇（東京大学出版会）
『地球の物理』島津康男（裳華房）

工学

『建築美論の歩み』井上充夫（鹿島出版会）
『住まいと文化』ラポポート／山本正三ほか訳（大明堂）
『奈良の寺々』太田博太郎（岩波ジュニア新書）
『日本の家屋と生活』タウト／篠田英雄訳（春秋社）

生物・農学

『遺伝子の分子生物学』ワトソンほか／中村桂子監訳（東京電機大学出版局）
『魚類の発生生理』山本時男（養賢堂）
『鯨とイルカのフィールドガイド』笠松不二男ほか（東京大学出版会）
『行動生態学』クレブスほか／山岸哲ほか訳（蒼樹書房）
『細胞内共生』（UPバイオロジー57）石川統（東京大学出版会）
『細胞の社会』岡田節人（講談社ブルーバックス）
『サボテンと捕虫網』アルコック／鈴木信彦ほか訳（平河出版社）
『社会生態学入門』伊藤嘉昭（東京大学出版会）
『受精』オースティン／金谷晴夫訳（丸善）
『植物の起源と進化』コーナー／大場秀章ほか訳（八坂書房）
「講座進化」（全7巻）柴谷篤弘ほか編（東京大学出版会）
『進化とはなにか』今西錦司（講談社学術文庫ほか）
『生物学の歴史』テイラー／矢部一郎ほか訳（みすず書房）
『生物進化を考える』木村資生（岩波新書）
『二重らせん』ワトソン（江上不二夫ほか訳、講談社文庫ほか）
『日本絶滅危惧植物』岩槻邦男（海鳴社）
『フラミンゴの微笑』グールド（新妻昭夫訳、ハヤカワ文庫ほか）

『森の隣人』グドール／河合雅雄訳（朝日選書）

「ＵＰバイオロジー」（全97巻、東京大学出版会）

『利己的な遺伝子』ドーキンス／日高敏隆ほか訳（紀伊國屋書店）

『ロザリンド・フランクリンとＤＮＡ』セイヤー／深町眞理子訳（草思社）

1994年

一九九四年アンケート執筆者（敬称略）

浅島　誠　大西直毅　松岡心平
跡見順子　菊地文雄　松原隆一郎
石田英敬　工藤庸子　満渕邦彦
石田勇治　國重純二　三浦　篤
石光泰夫　近藤哲夫　横山　正
岩佐鉄男　柴　宜弘
戎崎俊一　下井　守
エリス俊子　増田一夫

■総記■

「「超」整理法」野口悠紀雄（中公新書）

『時間』（東京大学公開講座31、東京大学出版会）

■人文科学■

哲学・思想・宗教

『ある思想史家の回想』バーリンほか／河合秀和訳（みすず書房）

『意味の論理学』ドゥルーズ（小泉義之訳、河出文庫ほか）

『オリエンタリズム』サイード／板垣雄三ほか監修、今沢紀子訳（平凡社ライブラリー）

『仮面の解釈学』坂部恵（東京大学出版会）

『空間の詩学』バシュラール（岩村行雄訳、ちくま学芸文庫ほか）

『コミュニケーションの共同世界』杉浦克己（東京大学出版会）

『根拠よりの挑戦』井上忠（東京大学出版会）

『差異と反復』ドゥルーズ（財津理訳、河出文庫ほか）

『定本　想像の共同体』アンダーソン／白石隆ほか訳（書籍工房早山）

『存在と時間』ハイデガー（原佑ほか訳、中公クラシックスほか）

『性の歴史』フーコー／渡辺守章ほか訳（新潮社）

『チベットのモーツァルト』中沢新一（講談社学術文庫ほか）

『ニーチェと哲学』ドゥルーズ（江川隆男訳、河出文庫ほか）

『果てしなき探求』ポパー（森博訳、岩波現代文庫ほか）

『風土』和辻哲郎（岩波文庫ほか）

『碧巌録』（入矢義高ほか訳注、岩波文庫ほか）

『方法序説』デカルト（谷川多佳子訳、岩波文庫ほか）

『〈まち〉のイデア』リクワート／前川道郎ほか訳（みすず書房）

『ユートピアと文明』ラプージュ／中村弓子ほか訳（紀伊國屋書店）

『ユートピアの思想史』ベルネリ／手塚宏一ほか訳（太平出版社）

文学・評論・言語

『愛について』ド゠ルージュモン／鈴木健郎ほか訳（平凡社ライブラリー）

『青木正兒全集』（全10巻、春秋社）

『アブサロム、アブサロム！』フォークナー（高橋正雄訳、講談社文芸文庫ほか）

『天沢退二郎詩集』天沢退二郎（思潮社現代詩文庫）

『石川淳全集』（全19巻、筑摩書房）

『一般言語学講義』ソシュール（小林英夫訳、岩波書店ほか）

『入沢康夫詩集』入沢康夫（思潮社現代詩文庫）

『失われた時を求めて』プルースト（鈴木道彦訳、集英社文庫ほか）

『折口信夫全集』（全37巻・別巻3巻、中央公論新社）

『隠された十字架』梅原猛（新潮文庫ほか）
『ガニュメデスの誘拐』フェルナンデス／岩崎力訳（ブロンズ新社）
『カラマーゾフの兄弟』ドストエフスキー（原卓也訳、新潮文庫ほか）
『群衆の中の芸術家』阿部良雄（ちくま学芸文庫ほか）
『現代の青春』高橋和巳（旺文社文庫ほか）
『国家語をこえて』田中克彦（ちくま学芸文庫ほか）
「シェイクスピア全集」（松岡和子訳、ちくま文庫ほか）
『辞世のことば』中西進（中公新書ほか）
『邪宗門』高橋和巳（朝日文芸文庫ほか）
『聖徳太子』梅原猛（集英社文庫ほか）
「世界少年少女文学全集」（全68巻、創元社）
『ソウルからの手紙』沢正彦（草風館）
『チマ・チョゴリの日本人』金纓（岩波書店）
『中世文学の世界』久保田淳（東京大学出版会）
『超現実と抒情』大岡信（晶文社）
『東京の原像』加太こうじ（講談社現代新書）
「ドストエーフスキイ全集」（米川正夫訳、河出書房新社ほか）
『ドリナの橋』アンドリッチ／松谷健二訳（恒文社）
『日本近代文学の起源』柄谷行人（岩波現代文庫ほか）
『日本語の作文技術』本多勝一（講談社ほか）
『日本人の英語』ピーターセン（岩波新書）
『日本詩歌の伝統』川本皓嗣（岩波書店）
『橋』カルツォヴィッチュ／増谷英樹ほか訳（平凡社）
『フィネガンズ・ウェイク』ジョイス（柳瀬尚紀訳、河出文庫ほか）
『不滅』クンデラ（菅野昭正訳、集英社文庫ほか）
『本はどう読むか』清水幾太郎（講談社現代新書）
『水底の歌』梅原猛（新潮文庫ほか）
『宮澤賢治詩集』宮澤賢治（思潮社現代詩文庫）
『与謝蕪村の小さな世界』芳賀徹（中公文庫ほか）
「吉川幸次郎全集」（全27巻、筑摩書房）
『わが人生の断片』清水幾太郎（文春文庫ほか）
『The Universe of English』東京大学教養学部英語教室編（東京大学出版会）

美術・芸術

『音楽と言語』ゲオルギアーデス（木村敏訳、講談社学術文庫ほか）
『絵画の領分』芳賀徹（朝日選書）
『世界の調律』シェーファー／鳥越けい子ほか訳（平凡社ライブラリー）
『線の音楽』近藤譲（朝日出版社）
『能』土屋恵一郎（岩波現代文庫ほか）
『能』戸井田道三（せりか書房ほか）
『美の思索家たち』高階秀爾（青土社）

歴史

『アメリカの歴史』モリソン（西川正身翻訳監修、集英社文庫ほか）
『王の二つの身体』カントーロヴィチ（小林公訳、ちくま学芸文庫ほか）
『革命とユートピア』バチコ／森田伸子訳（新曜社）
『危機の二十年』カー（原彬久訳、岩波文庫ほか）
『史的システムとしての資本主義』ウォーラーステイン／川北稔訳（岩波書店）
『支配の代償』（新しい世界史5）木畑洋一（東京大学出版会）
『図集　日本都市史』高橋康夫ほか編（東京大学出版会）
『中世民衆の生活文化』横井清（講談社学術文庫ほか）
『東欧の民族と文化』南塚信吾編（彩流社）
『ナチス・ドイツ』ポイカート／木村靖二ほか訳（三元社）
『南北戦争と国家』長田豊臣（東京大学出版会）
『ニコライ・ラッセル』和田春樹（中央公論社）
『日本軍政下のアジア』小林英夫（岩波新書）
『日本人はどこから来たか』樋口隆康（講談社現代新書）
『ビラの中の革命』（新しい世界史3）増谷英樹（東京大学出版会）
『向う岸からの世界史』良知力（ちくま学芸文庫ほか）
『蒙古襲来』網野善彦（小学館文庫ほか）

心理学・認知科学

「認知科学選書」（全24巻、東京大学出版会）

社会

『グーテンベルクの銀河系』マクルーハン（森常治訳、みすず書房ほか）
『社会理論の新領域』厚東洋輔ほか編（東京大学出版会）
『地球に生きる倫理』ハーディン／松井巻之助訳（佑学社）
『「縮み」志向の日本人』李御寧（講談社学術文庫ほか）
『ディスタンクシオン』ブルデュー／石井洋二郎訳（藤原書店）
『内発的発展論』鶴見和子ほか編（東京大学出版会）
『ひとつのヨーロッパ　いくつものヨーロッパ』宮島喬（東京大学出版会）

人類学・民俗学

『悲しき熱帯』レヴィ＝ストロース（川田順造訳、中公クラシックスほか）
『鳥になった少年』フェルド／山口修ほか訳（平凡社）
『身ぶりと言葉』ルロワ＝グーラン（荒木亨訳、ちくま学芸文庫ほか）
『歴史・祝祭・神話』山口昌男（中公文庫ほか）

■社会科学■

地域

「オセアニア」(全3巻) 石川榮吉監修(東京大学出版会)

『東欧を知る事典』伊東孝之ほか監修(平凡社)

政治

『アジアにおける国民統合』平野健一郎ほか(東京大学出版会)

『国際関係学』百瀬宏(東京大学出版会)

『国際政治経済の構図』猪口孝(有斐閣)

『国際的相互依存』(現代政治学叢書18)山本吉宣(東京大学出版会)

『戦争と平和』(現代政治学叢書17)猪口邦子(東京大学出版会)

『総合安保と未来の選択』衛藤瀋吉ほか(講談社)

『対米経済交渉』藪中三十二(サイマル出版会)

『日米経済摩擦の政治学』フクシマ/渡辺敏訳(朝日新聞社)

『日本政治思想史研究』丸山眞男(東京大学出版会)

経済

『産業社会の病理』村上泰亮(中央公論新社)

『戦略的思考とは何か』ディキシットほか/菅野隆ほか訳(TBSブリタニカ)

『ソシオ・エコノミックス』西部邁(イプシロン出版企画)

『若き日の信条』ケインズ/宮崎義一訳(中公クラシックスほか)

■自然科学■

自然科学一般

『カオス』合原一幸(講談社)

『カオス』グリック(大貫昌子訳、新潮文庫ほか)

『神は老獪にして…』パイス/金子務ほか訳(産業図書)

『自然界における左と右』ガードナー/坪井忠二ほか訳(紀伊國屋書店)

『デカルトなんかいらない?』パステルナーク/松浦俊輔訳(産業図書)

『マザーネイチャーズ・トーク』立花隆ほか(新潮文庫ほか)

『理科系の作文技術』木下是雄(中公新書)

情報科学・コンピュータ

『JIS FORTRAN入門』(全2巻)森口繁一(東京大学出版会)

数学

『定本 解析概論』高木貞治(岩波書店)

『解析入門1』(基礎数学2)杉浦光夫(東京大学出版会)

『解析入門2』(基礎数学3)杉浦光夫(東京大学出版会)

『教養の数学・計算機』金子晃(東京大学出版会)

『曲面の数学』長野正(培風館)

『線型代数入門』（基礎数学1） 齋藤正彦（東京大学出版会）

物理・化学

『化学結合論』ポーリング／小泉正夫訳（共立出版）
『エントロピーと秩序』アトキンス／米沢富美子ほか訳（日経サイエンス社）
『現代物理学』（基礎物理学5） 小出昭一郎（東京大学出版会）
『材料力学』チモシェンコ／鵜戸口英善ほか訳（東京図書）
『散逸構造』ニコリスほか／小畠陽之助ほか訳（岩波書店）
『市民の化学』ピメンテル／小尾欣一ほか訳（東京化学同人）
『電磁気学』（基礎物理学3） 加藤正昭（東京大学出版会）
『熱学』（基礎物理学2） 小出昭一郎（東京大学出版会）
『波動』（基礎物理学4） 岩本文明（東京大学出版会）
『場の古典論』ランダウほか／恒藤敏彦ほか訳（東京図書）
『物理学序論としての力学』（基礎物理学1） 藤原邦男（東京大学出版会）
『力学・場の理論』ランダウほか（水戸巌ほか訳、ちくま学芸文庫ほか）
『量子物理化学』大野公一（東京大学出版会）
『量了力学』ディラック／朝永振一郎ほか訳（岩波書店）
『量了力学の冒険』トランスナショナルカレッジオブレックス編（言語交流研究所ヒッポファミリークラブ）

地理・地学・宇宙

「地球大紀行」（DVD全6巻） NHKエンタープライズ
『天文資料集』大脇直明ほか（東京大学出版会）

工学

『都市と建築』ラスムッセン／横山正訳（東京大学出版会）
『奈良の寺々』太田博太郎（岩波ジュニア新書）

生物・農学

『動く遺伝子』ケラー／石館三枝子ほか訳（晶文社）
『栽培植物と農耕の起源』中尾佐助（岩波新書）
『細胞社会とその形成』江口吾朗ほか編（東京大学出版会）
『細胞のコミュニケーション』木下清一郎（裳華房）
『細胞の分子生物学』アルバーツほか／中村桂子ほか監訳（ニュートンプレス）
『自己創出する生命』中村桂子（ちくま学芸文庫ほか）
『生物学序説』藤井隆（岩波書店）
『ゾウの時間　ネズミの時間』本川達雄（中公新書）
『二重らせん』ワトソン（江上不二夫ほか訳、講談社文庫ほか）

『発生生理学への道』マンゴルド／佐藤忠雄訳（法政大学出版局）
『発生・分化の遺伝子的背景』江口吾朗ほか編（東京大学出版会）
「岩波講座　分子生物科学」（全12巻）岡田節人ほか編（岩波書店）
『ヘラクレイトスの火』シャルガフ／村上陽一郎訳（岩波書店）
「UPバイオロジー」（全97巻、東京大学出版会）
『利己的な遺伝子』ドーキンス／日高敏隆ほか訳（紀伊國屋書店）
『ロザリンド・フランクリンとDNA』セイヤー／深町眞理子訳（草思社）

医学・薬学

『外科医と「盲腸」』大鐘稔彦（岩波新書）
『人の体は再生できるか』林利彦（マグロウヒル出版）
『フロイトの技法論』ラカン／小出浩之ほか訳（岩波書店）
『夢判断』フロイト（高橋義孝訳、新潮文庫ほか）

1995年

一九九五年アンケート執筆者（敬称略）

石井龍一　佐藤良明　長谷部恭男
内野　儀　柴崎亮介　廣松　毅
大沢真理　杉田英明　松島　斉
加藤淳子　鈴木啓二　村田純一
上村慎治　瀬地山角　横山伊徳
佐々木正人　平　朝彦　和達三樹
佐藤健二　高山　博

■総記■

『アイデアのつくり方』ヤング／今井茂雄訳（阪急コミュニケーションズ）
『明治新聞雑誌文庫所蔵新聞目録』東京大学法学部明治新聞雑誌文庫編（東京大学出版会）
『プロムナード東京大学史』寺﨑昌男（東京大学出版会ほか）

■人文科学■

哲学・思想・宗教

『キリスト教と同性愛』ボズウェル／大越愛子ほか訳（国文社）
『現象学』木田元（岩波新書）
『現象学とは何か』新田義弘（講談社学術文庫ほか）
『コウモリであるとはどのようなことか』ネーゲル／永井均訳（勁草書房）
『孤独な散歩者の夢想』ルソー（青柳瑞穂訳、新潮文庫ほか）
『人性論』ヒューム（土岐邦夫ほか訳、中公クラシックスほか）
『身体論』湯浅泰雄（講談社学術文庫ほか）
『神話作用』バルト／篠沢秀夫訳（現代思潮新社）
『複製技術時代の芸術』ベンヤミン（佐々木基一編集解説、晶文社ほか）
『ヨーロッパ諸学の危機と超越論的現象学』フッサール（細谷恒夫ほか訳、中公文庫ほか）

文学・評論・言語

『インカ帝国の滅亡』マルモンテル／湟野ゆり子訳（岩波文庫）
『インディアスの破壊についての簡潔な報告』ラス・カサス／染田秀藤訳（岩波文庫）
『失われた時を求めて』プルースト（井上究一郎訳、ちくま文庫ほか）
『美しき日の思い出』ホーフマンスタール（「ホーフマンスタール選集2」平川祐弘訳、河出書房新社ほか）
『女がうつる』富島美子（勁草書房）
『苦海浄土』石牟礼道子（講談社文庫ほか）
『崩れ』幸田文（講談社文庫ほか）
『熊』フォークナー（加島祥造訳、岩波文庫ほか）
「シェイクスピア全集」（全37巻）小田島雄志訳（白水uブックス）
『邪宗門』高橋和巳（朝日文芸文庫ほか）
『ジャン・クリストフ』ロラン（豊島与志雄訳、岩波文庫ほか）
『戦争と平和』トルストイ（工藤精一郎訳、新潮文庫ほか）
『谷川俊太郎詩集』谷川俊太郎（ハルキ文庫ほか）
『罪と罰』ドストエフスキー（江川卓訳、岩波文庫ほか）
「ハイナー・ミュラー・テクスト集」（全3巻）岩淵達治ほか訳（未來社）
『はてしない物語』エンデ／上田真而子ほか訳（岩波少年文庫）
『美人論』井上章一（朝日文芸文庫ほか）
『悲の器』高橋和巳（河出文庫ほか）

『平賀源内』芳賀徹（朝日選書）
『文章心得帖』鶴見俊輔（潮出版社）
「ベスト・オブ・ベケット」（全3巻）ベケット／安堂信也ほか訳（白水社）
「ボードレール全集」（全6巻）阿部良雄訳（筑摩書房）
『娘に語る祖国』つかこうへい（光文社文庫）
『メタフィクションの謀略』巽孝之（ちくまライブラリー）
『ヨーロッパ文学とラテン中世』クルツィウス／南大路振一ほか訳（みすず書房）
『ラバーソウルの弾みかた』佐藤良明（平凡社ライブラリー）
『The Expanding Universe of English』東京大学教養学部英語教室編（東京大学出版会）
『The Universe of English』東京大学教養学部英語教室編（東京大学出版会）

美術・芸術

『演劇概論』河竹登志夫（東京大学出版会）
『演劇とその形而上学』アルトー／安堂信也訳（白水社）
『小津安二郎の家』前田英樹（書肆山田）
『奇蹟の器』千葉成夫（五柳書院）
『虚構の身体』渡邊守章（中央公論社）
『芸術としての身体』レヴィン／尼ケ崎彬編（勁草書房）
『実験演劇論』グロトフスキ／大島勉訳（テアトロ）
『死の演劇』カントール／松本小四郎ほか訳（PARCO出版）
『なにもない空間』ブルック／高橋康也ほか訳（晶文社）

歴史

『赤狩り時代の米国大学』黒川修司（中公新書）
『奇妙な敗北』ブロック（平野千果子訳、岩波書店ほか）
『近代市民社会の成立』（歴史学選書8）成瀬治（東京大学出版会）
『サーカスが来た！』亀井俊介（東京大学出版会ほか）
『重臣たちの昭和史』勝田龍夫（文春文庫ほか）
『昭和史』中村隆英（東洋経済新報社）
『大元帥昭和天皇』山田朗（新日本出版社）
『博多町人と学者の森』朝日新聞福岡本部編（葦書房）
『マムルーク』佐藤次高（東京大学出版会）
『明治時代の歴史学界』三上参次（吉川弘文館）

心理学・認知科学

『「きめ方」の論理』佐伯胖（東京大学出版会）
『思考と言語』ヴィゴツキー／柴田義松訳（新読書社）
『生態学的視覚論』ギブソン／古崎敬ほか訳（サイエンス社）
「認知科学選書」（全24巻、東京大学出版会）

教育

『ことばが劈かれるとき』竹内敏晴（ちくま文庫）

社会

『お金と愛情の間』ソコロフ／江原由美子ほか訳（勁草書房）
『オーギュスト・コント』清水幾太郎（岩波新書）
『ジェンダー』（ライブラリ相関社会科学2）原ひろ子ほか編（新世社）
『時間の比較社会学』真木悠介（岩波現代文庫）
『情報の文明学』梅棹忠夫（中公文庫ほか）
『情報文明論』公文俊平（NTT出版）
『情報論ノート』梅棹忠夫（中公叢書）
『新ヨーロッパ大全』トッド／石崎晴己ほか訳（藤原書店）
『水平運動史研究』キム・チョンミ（現代企画室）
『民は愚かに保て』ウォルフレン／篠原勝訳（小学館）
『日本／権力構造の謎』ウォルフレン（篠原勝訳、ハヤカワ文庫ほか）
『人間を幸福にしない日本というシステム』ウォルフレン（鈴木主税訳、新潮文庫ほか）
『フェミニズムと表現の自由』マッキノン／奥田暁子ほか訳（明石書店）

人類学・民俗学

『親族の基本構造』レヴィ＝ストロース（福井和美訳、青弓社ほか）
『ヘヤー・インディアンとその世界』原ひろ子（平凡社）
『南方熊楠』鶴見和子（講談社学術文庫ほか）
『村と学童』柳田國男（海鳴社ほか）

■社会科学■

社会科学一般

『職業としての学問』ウェーバー（尾高邦雄訳、岩波文庫ほか）
『職業としての政治』ヴェーバー（脇圭平訳、岩波文庫ほか）
『女性と社会保障』社会保障研究所編（東京大学出版会）
『プロテスタンティズムの倫理と資本主義の精神』ヴェーバー（大塚久雄訳、岩波文庫ほか）

政治

『近代中国政治外交史』坂野正高（東京大学出版会）
『ジャン・ジャック・ルソー論』吉岡知哉（東京大学出版会）
『世界システム』（現代政治学叢書19）田中明彦（東京大学出版会）
『日本政治思想史研究』丸山眞男（東京大学出版会）
『日本の政治』京極純一（東京大学出版会）
『東アジアの国家と社会』（全6巻）猪口孝編（東京大学出版会）
『マキアヴェッリ』スキナー／塚田富治訳

（未來社）
『リヴァイアサン』長尾龍一（講談社学術文庫）

経済・経営

『家族・私有財産・国家の起源』エンゲルス（戸原四郎訳、岩波文庫ほか）
『経済学のためのゲーム理論入門』ギボンズ／福岡正夫ほか訳（創文社）
『ゲームの理論と経済行動』ノイマンほか（銀林浩ほか監訳、ちくま学芸文庫ほか）
『現代日本の労働問題』戸塚秀夫ほか編著（ミネルヴァ書房）
『現代の経済理論』岩井克人ほか編（東京大学出版会）
『新フェミニスト経済学』ウォーリング／篠塚英子訳（東洋経済新報社）
『反古典の政治経済学』村上泰亮（中央公論新社）

■自然科学■

自然科学一般

『科学革命の構造』クーン／中山茂訳（みすず書房）
『科学と仮説』ポアンカレ（河野伊三郎訳、岩波文庫ほか）
『科学と方法』ポアンカレ（吉田洋一訳、岩波文庫ほか）
『科学の価値』ポアンカレ（吉田洋一訳、岩波文庫ほか）
『キュリー夫人伝』キュリー／河野万里子訳（白水社）
『ゲーデル、エッシャー、バッハ』ホフスタッター／野崎昭弘ほか訳（白揚社）
『新編　色彩科学ハンドブック』日本色彩学会編（東京大学出版会）
『シングル・レンズ』フォード／伊藤智夫訳（法政大学出版局）
『マイケル・ファラデー』トーマス／千原秀昭ほか訳（東京化学同人）

数学

『定本　解析概論』高木貞治（岩波書店）
『デタラメの世界』増山元三郎（岩波新書）
『統計でウソをつく法』ハフ／高木秀玄訳（講談社ブルーバックス）

物理・化学

『現代物理学』（基礎物理学5）小出昭一郎（東京大学出版会）
『電磁気学』（基礎物理学3）加藤正昭（東京大学出版会）
『統計力学』阿部龍蔵（東京大学出版会）
『熱学』（基礎物理学2）小出昭一郎（東京大学出版会）
『波動』（基礎物理学4）岩本文明（東京大学出版会）
『光と物質のふしぎな理論』ファインマン（釜江常好ほか訳、岩波現代文庫ほか）
『物理学序論としての力学』（基礎物理学1）藤原邦男（東京大学出版会）

地理・地学・宇宙

『新しい地球観』上田誠也（岩波新書）
『グローバルテクトニクス』杉村新（東京大学出版会）
『なぜ地球は人が住める星になったか?』ブロッカー／斎藤馨児訳（講談社ブルーバックス）
『日本周辺の海溝』海溝Ⅱ研究グループ編（東京大学出版会）
『日本列島の誕生』平朝彦（岩波新書）
『変動する日本列島』藤田和夫（岩波新書）

生物・農学

『偶然と必然』モノー／渡辺格ほか訳（みすず書房）
『栽培植物と農耕の起源』中尾佐助（岩波新書）
『作物の進化と農業・食糧』ハーラン／熊田恭一ほか訳（学会出版センター）
『植物の生理』ゴールストンほか／高宮篤ほか訳（岩波書店）
『植物の物質生産』イェンセン／門司正三ほか訳（東海大学出版会）
『進化とゲーム理論』メイナード＝スミス／寺本英ほか訳（産業図書）
『生態学の基礎』オダム（三島次郎訳、培風館ほか）
『生命の起源と生化学』オパーリン／江上不二夫編（岩波新書）
『地球市民のための生物学序説』エーアリックほか／柳田為正ほか訳（啓学出版）
『ブラインド・ウォッチメイカー』ドーキンス／中嶋康裕ほか訳（早川書房）
「UPバイオロジー」（全97巻、東京大学出版会）
『ラン藻という生きもの』（UPバイオロジー75）藤田善彦ほか（東京大学出版会）
『利己的な遺伝子』ドーキンス／日高敏隆ほか訳（紀伊國屋書店）

医学・薬学

『アラビアの医術』前嶋信次（平凡社ライブラリー）
『笑うカイチュウ』藤田紘一郎（講談社文庫ほか）

1996年

一九九六年アンケート執筆者（敬称略）

大木　康　　佐藤隆夫　　羽田　正
金子邦彦　　島崎邦彦　　福田有広
神谷和也　　下山晴彦　　船津　衛
桑野　隆　　鈴木賢次郎　　増井良啓
小松久男　　橋本毅彦　　森田　修
齋藤　洋　　箸本春樹
酒井哲哉　　長谷川哲夫

■総記■

『知的生産の技術』梅棹忠夫（岩波新書）

『知の論理』小林康夫ほか編（東京大学出版会）

■人文科学■

哲学・思想・宗教

『イスラームとは何か』小杉泰（講談社現代新書）

『神々の誕生』吉野裕子（岩波書店ほか）

『仮面の解釈学』坂部恵（東京大学出版会）

『旧修辞学』バルト／沢崎浩平訳（みすず書房）

『思索と経験をめぐって』森有正（講談社学術文庫ほか）

『市場・道徳・秩序』坂本多加雄（ちくま学芸文庫ほか）

『神話作用』バルト／篠沢秀夫訳（現代思潮新社）

『精神の生態学』ベイトソン／佐藤良明訳（新思索社）

『全体主義の時代経験』藤田省三（『藤田省三著作集』第6巻、みすず書房）

『定本　想像の共同体』アンダーソン／白石隆ほか訳（書籍工房早山）

『中国における近代思惟の挫折』島田虔次／井上進補注（東洋文庫）

『日本の思想』丸山真男（岩波新書）

『風土』和辻哲郎（岩波文庫ほか）

『物と心』大森荘蔵（東京大学出版会ほか）

『臨床の知とは何か』中村雄二郎（岩波新書）

『歴史主義の貧困』ポパー／久野収ほか訳（中央公論社）

文学・評論・言語

『悪場所の発想』廣末保（ちくま学芸文庫ほか）

『カラマーゾフの兄弟』ドストエフスキー（原卓也訳、新潮文庫ほか）

『完全な真空』レム／沼野充義ほか訳（国書刊行会）

『記憶の蜃気楼』鈴木信太郎（講談社文芸文庫ほか）

『「気」の文化論』赤塚行雄（創拓社）

『木のぼり男爵』カルヴィーノ／米川良夫訳（白水uブックス）

『ギリシア神話』呉茂一（新潮文庫ほか）

『銀の匙』中勘助（岩波文庫ほか）

『結婚狂詩曲』銭鍾書／荒井健ほか訳（岩波文庫）

『コインロッカー・ベイビーズ』村上龍（講談社文庫ほか）

『高熱隧道』吉村昭（新潮文庫ほか）

『コミュニケーション不全症候群』中島梓（ちくま文庫ほか）

『西遊記』（中野美代子訳、岩波文庫ほか）

『事物の声　絵画の詩』杉田英明（平凡社）

『邪宗門』高橋和巳（朝日文芸文庫ほか）

『世界終末戦争』リョサ／旦敬介訳（新潮社）

『戦後史の空間』磯田光一（新潮文庫ほか）

『戦争と平和』トルストイ（工藤精一郎訳、新潮文庫ほか）

『タイタンの妖女』ヴォネガット・ジュニア（浅倉久志訳、ハヤカワ文庫ほか）
『チェーザレ・ボルジアあるいは優雅なる冷酷』塩野七生（新潮文庫ほか）
『父・こんなこと』幸田文（新潮文庫ほか）
『罪と罰』ドストエフスキー（工藤精一郎訳、新潮文庫ほか）
『トニオ・クレーゲル』マン（高橋義孝訳、新潮文庫ほか）
『南総里見八犬伝』曲亭馬琴（小池藤五郎校訂、岩波文庫ほか）
『背教者ユリアヌス』辻邦生（中公文庫ほか）
『白磁の杯』竹山道雄（角川文庫ほか）
『白痴』ドストエフスキー（米川正夫訳、岩波文庫ほか）
『果しなき流れの果に』小松左京（ハルキ文庫ほか）
『春の戴冠』辻邦生（中公文庫ほか）
『羊の歌』加藤周一（岩波新書ほか）
「フランソワ・ラブレー研究序説」渡辺一夫（東京大学博士論文）
『フランソワ・ラブレーの作品と中世・ルネッサンスの民衆文化』バフチーン（川端香男里訳、せりか書房ほか）
『濹東綺譚』永井荷風（角川文庫ほか）
『マッハの恐怖』柳田邦男（新潮文庫ほか）
『モモ』エンデ（大島かおり訳、岩波少年文庫ほか）
「吉川幸次郎全集」（全27巻、筑摩書房）
『聊斎志異』蒲松齢（増田渉ほか訳、平凡社ライブラリーほか）
『竜馬がゆく』司馬遼太郎（文春文庫ほか）
『ロシア』川端香男里（講談社学術文庫ほか）
『ロシア　その歴史と心』藤沼貴（第三文明社）
『わが祖国』角田房子（新潮文庫ほか）

美術・芸術

『中国郷村祭祀研究』田仲一成（東京大学出版会）
『中国祭祀演劇研究』田仲一成（東京大学出版会）
『中国の宗族と演劇』田仲一成（東京大学出版会）
『中国巫系演劇研究』田仲一成（東京大学出版会）
『パブロ・カザルス』カーン編／吉田秀和ほか訳（朝日選書）
『ピアニストという蛮族がいる』中村紘子（中公文庫ほか）
『描写の芸術』アルパース／幸福輝訳（ありな書房）
『ルネッサンスの光と闇』高階秀爾（中公文庫ほか）

歴史

『クビライの挑戦』杉山正明（講談社学術文庫ほか）
『サーカスが来た！』亀井俊介（東京大学出版会ほか）
『ジャポンヤ』イブラヒム／小松香織ほか訳（第三書館）
「新書イスラームの世界史」（全3巻）鈴木董ほか編（講談社現代新書）

「講座世界史」（全12巻）歴史学研究会編（東京大学出版会）
『知の帝国主義』コーエン／佐藤慎一訳（平凡社）
『長篠合戦の世界史』パーカー／大久保桂子訳（同文舘出版）
『西アジア遊記』宮崎市定（中公文庫ほか）
『日本人の中東発見』（中東イスラム世界2）杉田英明（東京大学出版会）
「日本都市史入門」（全3巻）高橋康夫ほか編（東京大学出版会）
『武装せる予言者』ドイッチャー／田中西二郎ほか訳（新評論）
『フランス農村史の基本性格』ブロック／河野健二ほか訳（創文社）
『ペルシア紀行』シャルダン／佐々木康之ほか訳（岩波書店）
『ヨーロッパ100年史』ジョル／池田清訳（みすず書房）
『ルネッサンス夜話』高階秀爾（河出文庫ほか）

心理学・認知科学

『インテリジェント・アイ』グレゴリー／金子隆芳訳（みすず書房）
『傾いた図形の謎』（認知科学選書11）高野陽太郎（東京大学出版会）
『記憶』（認知心理学2）高野陽太郎編（東京大学出版会）
『言語』（認知心理学3）大津由紀雄編（東京大学出版会）
『コミュニティ心理学』山本和郎（東京大学出版会）
『視覚の冒険』下條信輔（産業図書）
『自由からの逃走』フロム／日高六郎訳（東京創元社）
『知覚と運動』（認知心理学1）乾敏郎編（東京大学出版会）
『人間の情報処理』ルーメルハート／御領謙訳（サイエンス社）
「認知心理学講座」（全4巻）大山正ほか編（東京大学出版会）
『見るしくみ』グレゴリー／船原芳範訳（平凡社）
『ユング心理学入門』河合隼雄（培風館ほか）

教育

『大衆教育社会のゆくえ』苅谷剛彦（中公新書）

社会

『家族救助信号』鈴木浩二（朝日出版社）
「現代社会学叢書シリーズ」（東京大学出版会）
『現代社会の社会意識』見田宗介（弘文堂）
『現代日本の精神構造』見田宗介（弘文堂）
『自我・主体・アイデンティティ』井上俊ほか編（「岩波講座現代社会学」第2巻、岩波書店）
『社会意識の構造』城戸浩太郎（新曜社）
『社会学』福武直ほか（光文社）
「社会学講座」（全18巻）福武直監修（東京大学出版会）
「社会学シリーズ」（東京大学出版会）

『社会学的想像力』ミルズ／鈴木広訳（紀伊國屋書店）
『社会学における行為理論』新明正道（恒星社厚生閣）
『社会本質論』新明正道（「新明正道著作集」第2巻、誠信書房）
『社会理論と社会構造』マートン／森東吾ほか訳（みすず書房）
『精神・自我・社会』ミード（稲葉三千男ほか訳、「現代社会学大系」第10巻、青木書店ほか）
『パワー・エリート』ミルズ／鵜飼信成ほか訳（東京大学出版会）
『フィールドワーク』佐藤郁哉（新曜社）
『変革期における人間と社会』マンハイム（福武直訳、みすず書房ほか）
『命題コレクション　社会学』作田啓一ほか編（ちくま学芸文庫ほか）
「リーディングス　日本の社会学」（全20巻、東京大学出版会）

■社会科学■

政治

『アメリカ外交50年』ケナン（近藤晋一ほか訳、岩波現代文庫ほか）
『井上毅と明治国家』坂井雄吉（東京大学出版会）
『国家平等観念の転換』田畑茂二郎（秋田屋）
『政略論』マキアヴェリ／会田雄次編（『世界の名著16』、中央公論社）
『大正デモクラシー論』三谷太一郎（東京大学出版会）
『日本政党政治の形成』三谷太一郎（東京大学出版会）

法律

『仮想の近代』村上淳一（東京大学出版会）
『近代法における債権の優越的地位』我妻榮（有斐閣）
『所有権法の理論』川島武宜（岩波書店）
『損害賠償法の理論』平井宜雄（東京大学出版会）
『法政策学』平井宜雄（有斐閣）
『法の実現における私人の役割』田中英夫ほか（東京大学出版会）
「民法講義」（I〜V、全8巻）我妻榮（岩波書店）

経済・経営

『意思決定と合理性』サイモン／佐々木恒男ほか訳（文眞堂）
『ウォール街のランダム・ウォーカー』マルキール／井手正介訳（日本経済新聞出版社）
『価値と資本』ヒックス／安井琢磨ほか訳（岩波書店）
『企業・市場・法』コース／宮沢健一ほか訳（東洋経済新報社）
『経営者の時代』チャンドラー・ジュニア／鳥羽欽一郎ほか訳（東洋経済新報社）
『経済学のための数学入門』神谷和也ほか（東京大学出版会）

『現代経済学の数学的方法』二階堂副包（岩波書店）
『市場と企業組織』ウィリアムソン／浅沼萬里ほか訳（日本評論社）
『日本における職場の技術・労働史』山本潔（東京大学出版会）

■自然科学■

自然科学一般

『科学英文技法』兵藤申一（東京大学出版会）
『科学革命の構造』クーン／中山茂訳（みすず書房）
『科学と方法』ポアンカレ（吉田洋一訳、岩波文庫ほか）
『かたちの秘密』彰国社編（彰国社）
『ガリレオの思考をたどる』ドレイク／赤木昭夫訳（産業図書）
『ガリレオの生涯』ドレイク／田中一郎訳（共立出版）
『機械の中の幽霊』ケストラー（日高敏隆ほか訳、ちくま学芸文庫ほか）
『技術屋の心眼』ファーガソン／藤原良樹ほか訳（平凡社ライブラリー）
『偶然とカオス』ルエール／青木薫訳（岩波書店）
『ゲーデル、エッシャー、バッハ』ホフスタッター／野崎昭弘ほか訳（白揚社）
『発想法』川喜田二郎（中公新書）
『表現と介入』ハッキング／渡辺博訳（産業図書）

工学

『図学入門』磯田浩ほか（東京大学出版会）

物理・化学

『アインシュタイン研究』西尾成子編（中央公論社）
『試験管の中の太陽』山口栄一（講談社）
『物理学序説』寺田寅彦（「寺田寅彦全集」第10巻、岩波書店）
『量子力学』朝永振一郎（みすず書房）

地理・地学・宇宙

『新しい地球観』上田誠也（岩波新書）
『火山と地震の国』（日本の自然1）中村一明ほか（岩波書店）
『火山とプレートテクトニクス』中村一明（東京大学出版会）
『活断層とは何か』池田安隆ほか（東京大学出版会）
『銀河の発見』ベレンゼン／高瀬文志郎ほか訳（地人書館）
『古地震を探る』太田陽子ほか編（古今書院）
『地震と断層』島崎邦彦ほか編（東京大学出版会）
『縞々学』川上紳一（東京大学出版会）
『星界の報告』ガリレオ（山田慶児ほか訳、岩波文庫ほか）
『天文対話』ガリレオ／青木靖三訳（岩波文庫）

生物・農学

『攻撃』ローレンツ／日高敏隆ほか訳（みすず書房）

『サンバガエルの謎』ケストラー（石田敏子訳、岩波現代文庫ほか）

『進歩の終焉』ステント／渡辺格ほか訳（みすず書房）

『性の起源』マーグリスほか／長野敬ほか訳（青土社）

『生物学のすすめ』メイナード＝スミス／木村武二訳（紀伊國屋書店）

『生命とは何か』シュレーディンガー（岡小天ほか訳、岩波文庫ほか）

『生命の誕生と進化』大野乾（東京大学出版会）

『動物行動学』ローレンツ／日高敏隆ほか訳（新思索社）

『動物行動学入門』スレーター／日高敏隆ほか訳（岩波書店）

『二重らせん』ワトソン（江上不二夫ほか訳、講談社文庫ほか）

『ファーブル昆虫記』（山田吉彦ほか訳、岩波文庫ほか）

『骨の動物誌』神谷敏郎（東京大学出版会）

『虫に食べられないアズキを求めて』石井象二郎（偕成社）

『メダカに学ぶ生物学』江上信雄（中公新書）

「ＵＰバイオロジー」（全97巻、東京大学出版会）

医学・薬学

『医の倫理』ブロディ／舘野之男ほか訳（東京大学出版会）

『医療の現場で考えたこと』徳永進（岩波書店）

『患者にまなぶ』宮内美沙子（岩波書店）

『近代医学の史的基盤』川喜田愛郎（岩波書店）

『精神療法と精神分析』土居健郎（金子書房）

『聴覚生理学への道』勝木保次（紀伊國屋書店）

『脳から心へ』宮下保司ほか編（岩波書店）

『脳の探求者ラモニ・カハール』萬年甫（中公新書）

『脳はどこまでわかったか』三上章允（講談社現代新書）

1997年

一九九七年アンケート執筆者（敬称略）

麻生　建
大瀧雅之
大西　隆
加藤陽子
兼岡一郎
苅谷剛彦
苅部　直

久保田晃弘
佐藤一子
城山英明
武川正吾
玉井克哉
西秋良宏
橋元良明

長谷川まゆ帆
樋口広芳
福田慎一
宮下志朗
油井大三郎

■総記■

『いま、なぜ民族か』蓮實重彦ほか編（東京大学出版会）

『地中海 終末論の誘惑』蓮實重彦ほか編（東京大学出版会）

『文明の衝突か、共存か』蓮實重彦ほか編（東京大学出版会）

■人文科学■

哲学・思想・宗教

『オリエンタリズム』サイード／板垣雄三ほか監修、今沢紀子訳（平凡社ライブラリー）

『言語ゲームと社会理論』橋爪大三郎（勁草書房）

『言語にとって美とはなにか』吉本隆明（角川文庫ほか）

『サブジェクトからプロジェクトへ』フルッサー／村上淳一訳（東京大学出版会）

『女性・ネイティヴ・他者』ミンハ／竹村和子訳（岩波書店）

『戦後精神の経験』藤田省三（『藤田省三著作集』第7・8巻、みすず書房ほか）

『全体主義の起原』アーレント／大久保和郎ほか訳（みすず書房）

『定本 想像の共同体』アンダーソン／白石隆ほか訳（書籍工房早山）

『月が赤く満ちる時』ミンハ／小林富久子訳（みすず書房）

『人間の条件』アレント（志水速雄訳、ちくま学芸文庫ほか）

『普遍論争』山内志朗（平凡社ライブラリー）

『夜の鼓動にふれる』西谷修（東京大学出版会）

『歴史と終末論』ブルトマン／中川秀恭訳（岩波書店ほか）

文学・評論・言語

『失われた世界』ドイル（龍口直太郎訳、創元SF文庫ほか）

『江戸川乱歩集』（『日本探偵小説全集』第2巻、創元推理文庫）

『思い出すままに』吉田健一（講談社文芸文庫ほか）

『紙の中の戦争』開高健（岩波書店ほか）

『ガリヴァ旅行記』スウィフト（平井正穂訳、岩波文庫ほか）

『言語・思考・現実』ウォーフ（池上嘉彦訳、講談社学術文庫ほか）

『ことばの考古学』レンフルー／橋本槙矩訳（青土社）

『ことばの栞』鈴木一郎（東京大学出版会）

『ことばの探究』クーパー／大出晁ほか訳（紀伊國屋書店）

『ことばを読む』井上ひさし（中公文庫ほか）

『虚無への供物』中井英夫（講談社文庫ほか）

『コンピュータ新人類の研究』野田正彰（文春文庫ほか）

『再生する樹木』弥永徒史子（朝日出版社）

『三四郎』夏目漱石（岩波文庫ほか）

『邪宗門』高橋和巳（朝日文芸文庫ほか）

『上海の長い夜』鄭念（篠原成子ほか訳、朝日文庫ほか）
『収容所群島』ソルジェニツィン（木村浩訳、新潮文庫ほか）
『侏儒の言葉』芥川龍之介（角川文庫ほか）
『シュリーマン』ルートヴィヒ／秋山英夫訳（白水社）
『小説家の小説家論』安岡章太郎（福武文庫ほか）
『水曜日のクルト』大井三重子（偕成社文庫ほか）
『西洋古典こぼればなし』柳沼重剛（岩波書店）
『それから』夏目漱石（岩波文庫ほか）
『徒然草抜書』小松英雄（講談社学術文庫ほか）
『ドイツ言語哲学の諸相』麻生建（東京大学出版会）
『ドイツの森番たち』広瀬隆ほか（集英社）
『読書癖』池澤夏樹（みすず書房）
『ハツカネズミと人間』スタインベック（大浦暁生訳、新潮文庫ほか）
『ハートに火をつけて！　だれが消す』鈴木いづみ（文遊社）
『悲の器』高橋和巳（河出文庫ほか）
「フランソワ・ラブレー研究序説」渡辺一夫（東京大学博士論文）
『北京好日』林語堂／佐藤亮一訳（芙蓉書房出版）
『北京の長い夜』トーマス／吉本晋一郎訳（並木書房）
『豊饒の海』三島由紀夫（新潮文庫ほか）
『星の王子さま』サン＝テグジュペリ（内藤濯訳、岩波少年文庫ほか）
『本とシェイクスピア時代』山田昭廣（東京大学出版会）
『見果てぬ夢「明石原人」』直良三樹子（角川文庫ほか）
『メタファーの記号論』菅野盾樹（勁草書房）
『藪の中』芥川龍之介（角川文庫ほか）
『夜と霧』フランクル（池田香代子ほか訳、みすず書房ほか）
『ロビンソン・クルーソー』デフォー（平井正穂訳、岩波文庫ほか）
『ワイルドスワン』ユン（土屋京子訳、講談社文庫ほか）
『我が心は石にあらず』高橋和巳（河出文庫ほか）

美術・芸術

『テクノドン』後藤繁雄編（小学館）
『メイキング・オブ・サージェント・ペパー』マーティン／水木まり訳（キネマ旬報社）

歴史

「新しい世界史」（全12巻、東京大学出版会）
『王政復古』井上勲（中公新書）
『危機の二十年』カー（原彬久訳、岩波文庫ほか）
『愚者の王国　異端の都市』デーヴィス／成瀬駒男ほか訳（平凡社）
『クビライの挑戦』杉山正明（講談社学術文庫ほか）

『ジェンダーと歴史学』スコット／荻野美穂訳（平凡社ライブラリー）
『失敗の本質』戸部良一ほか（中公文庫ほか）
『史的システムとしての資本主義』ウォーラーステイン／川北稔訳（岩波書店）
『象徴天皇制度と日本の来歴』坂本多加雄（都市出版）
「講座世界史」（全12巻）歴史学研究会編（東京大学出版会）
『全体を見る眼と歴史家たち』二宮宏之（平凡社ライブラリーほか）
『中国の赤い星』スノー（松岡洋子訳、ちくま学芸文庫ほか）
『帝国主義と民族』江口朴郎（東京大学出版会）
『ナポレオンからスターリンへ』カー／鈴木博信訳（岩波書店）
『20世紀の歴史』ホブズボーム／河合秀和訳（三省堂）
『日本の古代国家』石母田正（岩波書店）
『ハーメルンの笛吹き男』阿部謹也（ちくま文庫ほか）
『フランス・ルネサンスの文明』フェーヴル（二宮敬訳、ちくま学芸文庫ほか）
『ベナンダンティ』ギンズブルグ／竹山博英訳（せりか書房）
『無縁・公界・楽』網野善彦（平凡社ライブラリーほか）
『室町の王権』今谷明（中公新書）
『もう一つのアメリカン・ドリーム』タカキ／阿部紀子ほか訳（岩波書店）
『モンタイユー』ラデュリ／井上幸治ほか訳（刀水書房）
『頼朝の時代』河内祥輔（平凡社）
『歴史学と歴史理論』林健太郎（『林健太郎著作集』第1巻、山川出版社）
『歴史家たち』トムスンほか／近藤和彦ほか編訳（名古屋大学出版会）
『歴史とは何か』カー／清水幾太郎訳（岩波新書）
『歴史・文化・表象』ルゴフ／二宮宏之編訳（岩波書店）

心理学・認知科学

『機械の知　人間の知』（認知科学選書20）辻井潤一ほか（東京大学出版会）
『自由からの逃走』フロム／日高六郎訳（東京創元社）
『創造的人間』マスロー／佐藤三郎ほか訳（誠信書房）

教育

『教育と選抜』天野郁夫（「教育学大全集」第5巻、第一法規出版）
『教育の探求』大田堯（東京大学出版会）
『教育への問い』天野郁夫編（東京大学出版会）
『社会教育論』宮原誠一（国土社）
『大学・学問・教育論集』折原浩（三一書房）
『大学の頽廃の淵にて』折原浩（筑摩書房）
『大衆教育社会のゆくえ』苅谷剛彦（中公新書）
『知的複眼思考法』苅谷剛彦（講談社＋α

文庫ほか）
『テレビと子どもの発達』無藤隆編（東京大学出版会）
『モダンのアンスタンス』森重雄（ハーベスト社）

社会

『現代化と現代社会の理論』庄司興吉（東京大学出版会）
『現代都市論』柴田徳衛（東京大学出版会）
『声の文化と文字の文化』オング／桜井直文ほか訳（藤原書店）
『孤独な群衆』リースマン／加藤秀俊訳（みすず書房）
『社会移動の研究』安田三郎（東京大学出版会）
『社会学入門』清水幾太郎（潮文庫ほか）
『「世界都市」東京の構造転換』町村敬志（東京大学出版会）
『大衆の反逆』オルテガ（寺田和夫訳、中公クラシックスほか）
『日本のメリトクラシー』竹内洋（東京大学出版会）
『橋爪大三郎の社会学講義』橋爪大三郎（ちくま学芸文庫ほか）
『比較社会・入門』苅谷剛彦（有斐閣）
『フィールドワーク』佐藤郁哉（新曜社）

人類学・民俗学

『縛られた巨人』神坂次郎（新潮文庫ほか）
『鳥居龍蔵伝』中薗英助（岩波現代文庫ほか）
『はるかなる視線』レヴィ＝ストロース／三保元訳（みすず書房）
『南方熊楠』鶴見和子（講談社学術文庫ほか）
『南方熊楠コレクション』（全5巻）中沢新一責任編集（河出文庫）

■社会科学■

社会科学一般

『支配の社会学』ウェーバー／世良晃志郎訳（創文社）
『職業としての学問』ウェーバー（尾高邦雄訳、岩波文庫ほか）
『職業としての政治』ウェーバー（脇圭平訳、岩波文庫ほか）

政治

『アメリカ外交の悲劇』ウィリアムズ／高橋章ほか訳（御茶の水書房）
『アメリカとは何か』斎藤眞（平凡社ライブラリー）
『アメリカの民主政治』トクヴィル（井伊玄太郎訳、講談社学術文庫ほか）
『外交』ニコルソン／斎藤眞ほか訳（東京大学出版会）
『貴族の徳、商業の精神』川出良枝（東京大学出版会）
『近代中国政治外交史』坂野正高（東京大学出版会）
『決定の本質』アリソン／宮里政玄訳（中央公論社）
『権力と参加』西尾勝（東京大学出版会）
『国連財政』田所昌幸（有斐閣）

『国連再生のシナリオ』ベルトラン／横田洋三監訳（国際書院）
『戦前期日本官僚制の制度・組織・人事』秦郁彦／戦前期官僚制研究会編（東京大学出版会）
『デモクラシーの本質と価値』ケルゼン／西島芳二訳（岩波文庫）
「日米関係史」（全4巻）細谷千博ほか編（東京大学出版会）
『日本陸海軍総合事典』秦郁彦編（東京大学出版会）
『パルチザンの理論』シュミット（新田邦夫訳、ちくま学芸文庫ほか）
『平和・自由・正義』クリーレ／初宿正典ほか訳（御茶の水書房）
『吉野作造』三谷太一郎（「日本の名著48」、中央公論社）
『リヴァイアサン』長尾龍一（講談社学術文庫）

法律

『アメリカの社会と法』田中英夫（東京大学出版会）
『教会・公法学・国家』和仁陽（東京大学出版会）
『現代法の諸相』水野忠恒編著（放送大学教育振興会）
『憲法理論』シュミット／尾吹善人訳（創文社）
『大地のノモス』シュミット／新田邦夫訳（慈学社出版）
『日本憲法思想史』長尾龍一（講談社学術文庫）
『掠奪の法観念史』山内進（東京大学出版会）
『ハンス・ケルゼン』鵜飼信成ほか編（東京大学出版会）
『法の実現における私人の役割』田中英夫ほか（東京大学出版会）
『民事判例研究』星野英一（有斐閣）
『民法I』内田貴（東京大学出版会）

経済・経営

『概説日本経済史　近現代』三和良一（東京大学出版会）
『価格変動のマクロ経済学』福田慎一（東京大学出版会）
『共生の大地』内橋克人（岩波新書）
『景気循環の理論』大瀧雅之（東京大学出版会）
『ケインズ『一般理論』を読む』宇沢弘文（岩波現代文庫ほか）
『ケインズとハイエク』間宮陽介（ちくま学芸文庫ほか）
『国際金融の政治経済学』浜田宏一（創文社）
『消費者重視の経済学』伊藤隆敏（日本経済新聞社）
『戦後日本の経済改革』香西泰ほか編（東京大学出版会）
『戦後の日本経済』橋本寿朗（岩波新書）
『大転換』ポラニー（野口建彦ほか訳、東洋経済新報社ほか）
『テレコミューティングが都市を変える』大西隆（日経サイエンス社）
『反古典の政治経済学』村上泰亮（「村上泰

亮著作集」第6・7巻、中央公論新社)
『マクロ経済学・入門』福田慎一ほか(有斐閣)

■自然科学■

自然科学一般

『かもしかみち』藤森栄一(学生社)
『かもしかみち以後』藤森栄一(学生社)
『言語を生みだす本能』ピンカー/椋田直子訳(NHKブックス)
『5000年前の男』シュピンドラー(畔上司訳、文春文庫ほか)
『テクノ・デモクラシー宣言』柳田博明ほか(丸善ライブラリー)

情報科学・コンピュータ

『コンピュータ・パースペクティブ』イームズほか(和田英一監訳、ちくま学芸文庫ほか)
『デファイング・グラビティ』クーナラキス/大谷和利訳(ブッキング)

『マルチメディア』西垣通(岩波新書)
『マルチメディアと著作権』中山信弘(岩波新書)

物理・化学

『宇宙化学』小沼直樹(サイエンスハウス)

地理・地学・宇宙

『火山とマグマ』兼岡一郎ほか(東京大学出版会)
『火山灰は語る』町田洋(蒼樹書房)
『火の山』デッカーほか/井田喜明訳(西村書店)

工学

『生きのびるためのデザイン』パパネック/阿部公正訳(晶文社)
『建築―宿命反転の場』荒川修作ほか/工藤順一ほか訳(水声社)
『誰のためのデザイン?』ノーマン/野島久雄訳(新曜社)
『提言・都市創造』伊藤滋(晶文社)

『箱という劇場』横山正(王国社)
『フォークの歯はなぜ四本になったか』ペトロスキー/忠平美幸訳(平凡社ライブラリー)
『歴史の都市 明日の都市』マンフォード/生田勉訳(新潮社)

生物・農学

『生命の多様性』ウィルソン(大貫昌子ほか訳、岩波現代文庫ほか)
『ヒトはなぜ立ちあがったか』渡辺仁(東京大学出版会)
『保全生物学』樋口広芳編(東京大学出版会)
『ロビンの生活』ラック/浦本昌紀ほか訳(思索社)

医学・薬学

『顔をなくした女』大平健(岩波現代文庫ほか)
『滅びゆく思考力』ハーリー/西村弁作ほか訳(大修館書店)

『やさしさの精神病理』大平健（岩波新書）
『豊かさの精神病理』大平健（岩波新書）

1998年

一九九八年アンケート執筆者（敬称略）

石　弘之　木庭　顕　西中村浩
石塚　満　佐藤俊樹　西平　直
岩本通弥　鈴木博之　西村義樹
大津　透　高橋哲哉　水越　伸
茅根　創　谷口将紀　三村昌泰
姜　尚中　谷本雅之　山中桂一
北川東子　中村健之介　吉井　讓

■総記■

『知の技法』小林康夫ほか編（東京大学出版会）

『「超」勉強法』野口悠紀雄（講談社文庫ほか）

■人文科学■

哲学・思想・宗教

『アドルノ』ジェイ（木田元ほか訳、岩波現代文庫ほか）

『アブラハムの生涯』森有正（日本基督教団出版局）

『アンリ・ベルクソン』ジャンケレヴィッチ／阿部一智ほか訳（新評論）

『意識と本質』井筒俊彦（岩波文庫ほか）

『オリエンタリズム』サイード／板垣雄三ほか監修、今沢紀子訳（平凡社ライブラリー）

『監獄の誕生』フーコー／田村俶訳（新潮社）

『狂気の歴史』フーコー／田村俶訳（新潮社）

『宗教的経験の諸相』ジェイムズ（桝田啓三郎訳、岩波文庫ほか）

『書物としての新約聖書』田川建三（勁草書房）

『聖書の言語を超えて』宮本久雄ほか（東京大学出版会）

『精神の生活』アーレント／佐藤和夫訳（岩波書店）

『戦後日本の思想』久野収ほか（岩波現代文庫ほか）

『善の研究』西田幾多郎（岩波文庫ほか）

『存在と時間』ハイデガー（原佑ほか訳、中央公論新社ほか）

『脱＝社会科学』ウォーラーステイン／本多健吉ほか監訳（藤原書店）

『哲学　原典資料集』山本巍ほか（東京大学出版会）

『ナショナリズムとセクシュアリティ』モッセ／佐藤卓己ほか訳（柏書房）

『日本の思想』丸山真男（岩波新書）

『人間の条件』アレント（志水速雄訳、ちくま学芸文庫ほか）

『ハイデガー』ザフランスキー／山本尤訳（法政大学出版局）

『ピエール・リヴィエールの犯罪』フーコー編／岸田秀ほか訳（河出書房新社）

『ヒュマニズムと芸術の哲学』ヒューム／長谷川鉱平訳（法政大学出版局）

『文明論之概略』福沢諭吉（岩波文庫ほか）

「丸山眞男集」（全16巻・別巻1巻、岩波書店）

『ミシュナ』石川耕一郎訳（エルサレム宗教文化研究所）

『ヨーロッパ社会思想史』山脇直司（東京大学出版会）

『レヴィナス』港道隆（講談社）

『ロシアの宇宙精神』セミョーノヴァほか編／西中村浩訳（せりか書房）

『論理哲学論考』ヴィトゲンシュタイン／藤本隆志ほか訳（法政大学出版局ほか）

文学・評論・言語

『アリランの歌』ウェールズほか（松平いを子訳、岩波文庫ほか）
『一般言語学講義』ソシュール／小林英夫訳（岩波書店ほか）
『意味の世界』池上嘉彦（NHKブックス）
『入沢康夫詩集』（現代詩文庫31、思潮社）
『イワン・デニーソヴィチの一日』ソルジェニーツィン（木村浩訳、新潮文庫ほか）
『英語基礎語彙の研究』服部四郎（三省堂）
『英語の意味』池上嘉彦編（大修館書店）
『〈英文法〉を考える』池上嘉彦（ちくま学芸文庫ほか）
『岡義武ロンドン日記』岡義武／篠原一ほか編（岩波書店）
『オーストラリア』福島健次（日本放送出版協会）
『オリエンタリズムの彼方へ』姜尚中（岩波現代文庫ほか）
『オーレリア』ネルヴァル（「ネルヴァル全集」第6巻、田村毅訳、筑摩書房ほか）
『カラマーゾフの兄弟』ドストエフスキー（原卓也訳、新潮文庫ほか）
『虚栄の市』サッカリー（中島賢二訳、岩波文庫ほか）
『クレオール主義』今福龍太（ちくま学芸文庫ほか）
『言語・思考・現実』ウォーフ（池上嘉彦訳、講談社学術文庫ほか）
『言語の構造』泉井久之助（紀伊國屋書店ほか）
『こころ』夏目漱石（岩波文庫ほか）
『古典の影』西郷信綱（平凡社ライブラリー）
『ことばと身体』尼ヶ崎彬（勁草書房）
『ことばと文化』鈴木孝夫（岩波新書）
『ことばの詩学』池上嘉彦（岩波書店）
『三四郎』夏目漱石（岩波文庫ほか）
『詩学と文化記号論』池上嘉彦（講談社学術文庫ほか）
『シッダールタ』ヘッセ（高橋健二訳、新潮文庫ほか）
『邪宗門』高橋和巳（朝日文庫ほか）
『小説の技法』ジェイムズ／高村勝治訳注（研究社出版）
『少年H』妹尾河童（講談社文庫ほか）
『シルトの岸辺』グラック（安藤元雄訳、ちくま文庫ほか）
『「する」と「なる」の言語学』池上嘉彦（大修館書店）
『戦争と平和』トルストイ（工藤精一郎訳、新潮文庫ほか）
『創造者たち』小林康夫（講談社）
『それから』夏目漱石（岩波文庫ほか）
『単独行』加藤文太郎（山と渓谷社ほか）
『徒然草抜書』小松英雄（講談社学術文庫ほか）
『ドストエフスキーの詩学』バフチン（望月哲男ほか訳、ちくま学芸文庫ほか）
『土台穴』プラトーノフ／亀山郁夫訳（国書刊行会）
『ナジャ』ブルトン（巖谷國士訳、岩波文庫ほか）
『夏の砦』辻邦生（文春文庫ほか）
『日本語と外国語』鈴木孝夫（岩波新書）

『日本人の英語』ピーターセン（岩波新書）
『日本文学史序説』加藤周一（ちくま学芸文庫ほか）
『ビッグ・オーとの出会い』シルヴァスタイン／倉橋由美子訳（講談社）
『フランソワ・ラブレーの作品と中世・ルネッサンスの民衆文化』バフチーン（川端香男里訳、せりか書房ほか）
『フロオベルとモウパッサン』中村光夫（講談社）
『分断を生きる』徐京植（影書房）
『ぼくを探しに』シルヴァスタイン／倉橋由美子訳（講談社）
『翻訳の方法』川本皓嗣ほか編（東京大学出版会）
『やまとうた』小松英雄（講談社）
『山の民』江馬修（春秋社ほか）
『夢みる権利』桑野隆（東京大学出版会）
『幼年期の終り』クラーク（福島正実訳、ハヤカワ文庫ほか）
『レディ・ジョーカー』高村薫（新潮文庫ほか）
『レトリック感覚』佐藤信夫（講談社学術文庫ほか）
『レトリック認識』佐藤信夫（講談社学術文庫ほか）
『レトリックの意味論』佐藤信夫（講談社学術文庫ほか）
『レトリックの消息』佐藤信夫（白水社）
「ロマーン・ヤーコブソン選集」（全3巻）服部四郎ほか編（大修館書店）
『わが異端の昭和史』石堂清倫（平凡社ライブラリー）
『私の読んだ本』松田道雄（岩波新書）
『われら』ザミャーチン（川端香男里訳、岩波文庫ほか）

美術・芸術

『観察者の系譜』クレーリー／遠藤知巳訳（以文社）
『限界芸術論』鶴見俊輔（ちくま学芸文庫ほか）
『ショアー』ランズマン／高橋武智訳（作品社）
『聖像画と手斧』ビリントン／藤野幸雄訳（勉誠出版）
『日本美術の見方』戸田禎佑（角川書店）

歴史

「アジアから考える」（全7巻）溝口雄三ほか編（東京大学出版会）
『アジア間貿易の形成と構造』杉原薫（ミネルヴァ書房）
『異郷と故郷』（新しい世界史8）伊藤定良（東京大学出版会）
『ウィッグ史観批判』バターフィールド／越智武臣ほか訳（未來社）
『英国社会史』今井登志喜（東京大学出版会）
『回想　満鉄調査部』野々村一雄（勁草書房）
『近世濃尾地方の人口・経済・社会』速水融（創文社）
『近代天皇制の文化史的研究』高木博志（校倉書房）
『均田制の研究』堀敏一（岩波書店）

『現代史を学ぶ』溪内謙（岩波新書）
『自分のなかに歴史をよむ』阿部謹也（ちくま文庫ほか）
『正倉院』東野治之（岩波新書）
『食と農の戦後史』岸康彦（日本経済新聞社）
『秦漢隋唐史の研究』（全2巻）濱口重國（東京大学出版会）
『神秘の中世王国』（中東イスラム世界4）高山博（東京大学出版会）
『図集　日本都市史』高橋康夫ほか編（東京大学出版会）
『大モンゴルの世界』杉山正明（角川書店）
「日本都市史入門」（全3巻）高橋康夫ほか編（東京大学出版会）
『日本の古代国家』石母田正（岩波書店）
『日本の誕生』吉田孝（岩波新書）
『日本文明と近代西洋』川勝平太（ＮＨＫブックス）
『文明としてのイスラム』（中東イスラム世界6）加藤博（東京大学出版会）
『未完の占領改革』（新しい世界史11）油井大三郎（東京大学出版会）
『吉田茂とその時代』ダワー（大窪愿二訳、中公文庫ほか）
『律令国家と古代の社会』吉田孝（岩波書店）
『烈士の誕生』真鍋祐子（平河出版社）
『ローマ帝国衰亡史』ギボン（中野好夫ほか訳、ちくま学芸文庫ほか）

心理学・認知科学

『エリクソンの人間学』西平直（東京大学出版会）
『心の社会』ミンスキー／安西祐一郎訳（産業図書）
『魂のライフサイクル』西平直（東京大学出版会）
「認知科学選書」（全24巻、東京大学出版会）
『認知革命』ガードナー／佐伯胖ほか監訳（産業図書）

社会

『近代・組織・資本主義』佐藤俊樹（ミネルヴァ書房）
『公式組織の機能とその派生的問題』ルーマン／沢谷豊ほか訳（新泉社）
『社会システム理論』ルーマン／佐藤勉監訳（恒星社厚生閣）
『社会調査法』盛山和夫ほか（放送大学教育振興会）
『日系アメリカ人のエスニシティ』竹沢泰子（東京大学出版会）
『日本人の行動パターン』ベネディクト／福井七子訳（ＮＨＫブックス）
『日本のメリトクラシー』竹内洋（東京大学出版会）
『人間を幸福にしない日本というシステム』ウォルフレン（鈴木主税訳、新潮ＯＨ！文庫ほか）

人類学・民俗学

『柳田国男』川田稔（吉川弘文館）

『柳田国男の読み方』赤坂憲雄（ちくま新書）
『履歴書』南方熊楠（『南方熊楠』、日本図書センターほか）

■社会科学■

社会科学一般

『作品としての社会科学』内田義彦（岩波書店）
『社会科学再考』石田雄（東京大学出版会）
『社会科学方法論』ウェーバー（富永祐治ほか訳、岩波文庫ほか）
『プロテスタンティズムの倫理と資本主義の精神』ヴェーバー（大塚久雄訳、岩波文庫ほか）
『マックス・ヴェーバー入門』山之内靖（岩波新書）

政治

『安全保障』田中明彦（読売新聞社）
『安保闘争』井出武三郎（三一新書）
『いま政治になにが可能か』佐々木毅（中公新書）
『貴族の徳、商業の精神』川出良枝（東京大学出版会）
『近代日本の国家構想』坂野潤治（岩波現代文庫ほか）
『現代日本の政治過程』小林良彰（東京大学出版会）
『自民党政権』佐藤誠三郎ほか（中央公論社）
『スターリン政治体制の成立』渓内謙（岩波書店）
『税制改革と官僚制』加藤淳子（東京大学出版会）
『戦後日本の市場と政治』樋渡展洋（東京大学出版会）
『相対化の時代』坂本義和（岩波新書）
『日本政治思想史研究』丸山眞男（東京大学出版会）
『メディアの権力』ハルバースタム（筑紫哲也ほか訳、朝日文庫ほか）

法律

『憲法論』シュミット／阿部照哉ほか訳（みすず書房）
『損害賠償法の理論』平井宜雄（東京大学出版会）
『中国家族法の原理』滋賀秀三（創文社）
『唐令拾遺』仁井田陞（東京大学出版会）
『唐令拾遺補』仁井田陞（東京大学出版会）

経済・経営

『近代日本とイギリス資本』石井寛治（東京大学出版会）
『思想としての近代経済学』森嶋通夫（岩波新書）
『世界市場と幕末開港』石井寛治ほか編（東京大学出版会）
『プロト工業化の時代』斎藤修（日本評論社）

■自然科学■

自然科学一般

『奪われし未来』コルボーンほか／長尾力ほか訳（翔泳社）
『オッペンハイマー』村山磐（太平出版社）
『ガイアの時代』ラヴロック／スワミ・プレム・プラブッダ訳（工作舎）
『科学者とは何か』村上陽一郎（新潮選書）
『科学は変わる』高木仁三郎（社会思想社ほか）
『ゲーデル、エッシャー、バッハ』ホフスタッター／野崎昭弘ほか訳（白揚社）
『旅人』湯川秀樹（角川文庫ほか）
『地球温暖化問題に答える』小宮山宏（東京大学出版会）
『地球温暖化を防ぐ』佐和隆光（岩波新書）
『地球環境問題とは何か』米本昌平（岩波新書）
『土と文明』カーターほか／山路健訳（家の光協会）
『時と暦』青木信仰（東京大学出版会）
『緑の世界史』ポンティング／石弘之ほか訳（朝日選書）
『理科系の作文技術』木下是雄（中公新書）
『理系のための研究生活ガイド』坪田一男（講談社ブルーバックス）
『若き科学者へ』メダウォー／鎮目恭夫訳（みすず書房）

情報科学・コンピュータ

『エージェントアプローチ人工知能』ラッセルほか／古川康一監訳（共立出版）
『知識の表現と高速推論』石塚満（丸善）
「20世紀のメディア」（全4巻、ジャストシステム）
『HAL伝説』ストーク編／日暮雅通監訳（早川書房）

数学

『オイラーの贈物』吉田武（東海大学出版会）
『素数夜曲』吉田武（海鳴社）
『わかりやすい統計学』松原望（丸善）

物理・化学

『対称性の破れが世界を創る』スチュアートほか／須田不二夫ほか訳（白揚社）
『物理学とは何だろうか』朝永振一郎（岩波新書ほか）
『物理現象のフーリエ解析』（UP応用数学選書4）小出昭一郎（東京大学出版会）
『物理法則はいかにして発見されたか』ファインマン（江沢洋訳、岩波現代文庫ほか）

地理・地学・宇宙

『一般地質学』（全3巻）ホームズほか／上田誠也ほか訳（東京大学出版会）
『宇宙実験最前線』日本マイクログラビティ応用学会編（講談社ブルーバックス）
『宇宙創成はじめの三分間』ワインバーグ／小尾信弥訳（ダイヤモンド社）
『ホーキング、宇宙を語る』ホーキング（林一訳、ハヤカワ文庫ほか）

工学

『古典主義建築の系譜』サマーソン／鈴木博之訳（中央公論美術出版）
『住宅道楽』石山修武（講談社選書メチエ）
『日本建築史序説』太田博太郎（彰国社）
『日本の近代建築』藤森照信（岩波新書）

生物・農学

『個体群と環境』（UPバイオロジー48）高橋史樹（東京大学出版会）
『サンゴ礁』高橋達郎（古今書院）
『サンゴ礁の自然誌』シェパード／本川達雄訳（平河出版社）
『サンゴの生物学』山里清（東京大学出版会）
『発生現象の細胞社会学』柴谷篤弘（講談社）
『保全生物学』樋口広芳編（東京大学出版会）
『ワンダフル・ライフ』グールド（渡辺政隆訳、ハヤカワ文庫ほか）

医学・薬学

『「甘え」の構造』土居健郎（弘文堂）
『犯罪被害者の心の傷』小西聖子（白水社）
『無意識の発見』エレンベルガー／木村敏ほか監訳（弘文堂）

1999年

一九九九年アンケート執筆者（敬称略）

浅香吉幹　斎藤兆史　野矢茂樹
天野正幸　佐藤良明　土方苑子
石岡圭一　下井　守　保立道久
大久保修平　田中千穂子　大和弘幸
川出敏裕　道垣内弘人
草光俊雄　中澤恒子
小長井一男　長島弘明

■総記■

『新・知の技法』小林康夫ほか編（東京大学出版会）
『知の技法』小林康夫ほか編（東京大学出版会）
『知のモラル』小林康夫ほか編（東京大学出版会）
『知の論理』小林康夫ほか編（東京大学出版会）

■人文科学■

哲学・思想・宗教

『ギリシア哲学史』加藤信朗（東京大学出版会）
『ギリシア哲学の最前線』（全2巻）井上忠ほか編訳（東京大学出版会）
『形而上学』アリストテレス（出隆訳、岩波文庫ほか）
『国家』プラトン（藤沢令夫訳、岩波文庫ほか）
『根拠よりの挑戦』井上忠（東京大学出版会）
『思想のドラマトゥルギー』林達夫ほか（平凡社ライブラリー）
『純粋理性批判』カント（篠田英雄訳、岩波文庫ほか）
『省察』デカルト（山田弘明訳、ちくま学芸文庫ほか）
『初期プラトン哲学』加藤信朗（東京大学出版会）
『新視覚新論』大森荘蔵（東京大学出版会ほか）
『善の研究』西田幾多郎（岩波文庫ほか）
『荘子』福永光司（朝日文庫ほか）
『ソクラテス』岩田靖夫（勁草書房）
『ソクラテスの弁明』プラトン（久保勉訳、岩波文庫ほか）
「講座　日本思想」（全5巻）相良亨ほか編（東京大学出版会）
『パイドン』プラトン（岩田靖夫訳、岩波文庫ほか）
『プラトン』斎藤忍随（講談社学術文庫ほか）
『方法序説』デカルト（谷川多佳子訳、岩波文庫ほか）
『明治精神史』色川大吉（岩波現代文庫ほか）
『物と心』大森荘蔵（東京大学出版会ほか）
『ヨブ記』浅野順一（岩波新書）
『論理哲学論考』ウィトゲンシュタイン（野矢茂樹訳、岩波文庫ほか）

文学・評論・言語

『愛と認識との出発』倉田百三（岩波文庫ほか）
『あのころはフリードリヒがいた』リヒター／上田真而子訳（岩波少年文庫）
『インド・大いなる母』ウッド／安引宏訳（図書出版社）
『上田秋成年譜考説』高田衛（明善堂書店）
『美しきもの見し人は』堀田善衛（朝日選書ほか）
『うひ山ふみ・鈴屋答問録』本居宣長（村岡典嗣校訂、岩波文庫ほか）

『江戸から東京へ』矢田挿雲（中公文庫ほか）
『江戸名所図会』斎藤月岑（市古夏生ほか校訂、ちくま学芸文庫ほか）
『御伽草子』（市古貞次校注、岩波文庫ほか）
『影をなくした男』シャミッソー（池内紀訳、岩波文庫ほか）
『カラマーゾフの兄弟』ドストエフスキー（原卓也訳、新潮文庫ほか）
『漢語の知識』一海知義（岩波ジュニア新書）
『ギリシア・ローマ神話』ブルフィンチ（野上弥生子訳、岩波文庫ほか）
『クマのプーさん』ミルン／石井桃子訳（岩波少年文庫）
『ゲド戦記』ル＝グウィン／清水真砂子訳（岩波少年文庫）
『ゲバラ日記』（平岡緑訳、中公文庫ほか）
『こころ』夏目漱石（岩波文庫ほか）
『古典入門』鈴木日出男ほか（筑摩書房）
『古典の発見』梅原猛（講談社学術文庫ほか）
『今昔物語集』（池上洵一編、岩波文庫ほか）
『櫻史』山田孝雄（講談社学術文庫ほか）
『三四郎』夏目漱石（岩波文庫ほか）
『三太郎の日記』阿部次郎（角川書店ほか）
『渋江抽斎』森鷗外（岩波文庫ほか）
『スナーク狩り』キャロル／高橋康也訳（新書館）
『瀧口修造の詩的実験 1927〜1937』瀧口修造（思潮社）
『地下室の手記』ドストエフスキー（江川卓訳、新潮文庫ほか）
『知の職人たち』紀田順一郎（新潮社ほか）
『罪と罰』ドストエフスキー（江川卓訳、岩波文庫ほか）
「中村幸彦著述集」（全15巻、中央公論社）
「西脇順三郎詩と詩論」（全6巻）西脇順三郎（筑摩書房）
『人間臨終図巻』山田風太郎（徳間文庫ほか）
『緋文字』ホーソン（鈴木重吉訳、新潮文庫ほか）
『ファウンデーション』アシモフ（岡部宏之訳、ハヤカワ文庫ほか）
『風月無尽』前野直彬（東京大学出版会）
『フロイトの生涯』ジョーンズ／竹友安彦ほか訳（紀伊國屋書店）
『ホビットの冒険』トールキン／瀬田貞二訳（岩波少年文庫）
『ホームズ－ラスキ往復書簡集』ハウ編／鵜飼信成訳（岩波書店）
『松尾芭蕉』尾形仂（ちくま文庫ほか）
『三屋清左衛門残日録』藤沢周平（文春文庫ほか）
『芽むしり仔撃ち』大江健三郎（新潮文庫ほか）
『指輪物語』トールキン（瀬田貞二ほか訳、評論社文庫ほか）
『四千万歩の男』井上ひさし（講談社文庫ほか）
『蘭学事始』杉田玄白（緒方富雄校注、岩波文庫ほか）
『乱世の文学者』堀田善衞（未來社）

『吾輩は猫である』夏目漱石（岩波文庫ほか）
『わたしと小鳥とすずと』金子みすゞ（JULA出版局）
『The Expanding Universe of English』東京大学教養学部英語教室編（東京大学出版会）
『The Universe of English II』東京大学教養学部英語部会編（東京大学出版会）

歴史

『王の奇跡』ブロック／井上泰男ほか共訳（刀水書房）
『帰ってきたマルタン・ゲール』デーヴィス／成瀬駒男訳（平凡社ライブラリー）
『支配の代償』（新しい世界史5）木畑洋一（東京大学出版会）
『消費社会の誕生』サースク／三好洋子訳（東京大学出版会）
『チーズとうじ虫』ギンズブルグ／杉山光信訳（みすず書房）
『中世人との対話』笠松宏至（東京大学出版会）
『中世の罪と罰』網野善彦ほか（東京大学出版会）
「大系・日本国家史」（全5巻）原秀三郎ほか編（東京大学出版会）
『日本中世法史論』笠松宏至（東京大学出版会）
「講座　日本歴史」（全13巻）歴史学研究会・日本史研究会ほか編（東京大学出版会）
『法と言葉の中世史』笠松宏至（平凡社ライブラリー）

心理学・認知科学

『少年期の心』山中康裕（中公新書）
『心理療法論考』河合隼雄（新曜社）
『魂のライフサイクル』西平直（東京大学出版会）
『内省心理療法入門』光元和憲（山王出版）
『母と乳幼児のダイアローグ』丹羽淑子（山王出版）
『文化のなかの子ども』（シリーズ人間の発達6）箕浦康子（東京大学出版会）
『ユング自伝』ヤッフェ／河合隼雄ほか訳（みすず書房）

教育

『教育史』宮原誠一（東洋経済新報社）
『生活指導の基礎理論』宮坂哲文（誠信書房）
『世界教育史』梅根悟（新評論）
「戦後日本の教育改革」（全10巻、東京大学出版会）
『日本教育小史』海後宗臣（講談社学術文庫ほか）
『山びこ学校』無着成恭編（岩波文庫ほか）

社会

「現代日本社会」（全7巻）東京大学社会科学研究所編（東京大学出版会）
『日本の都市下層』中川清（勁草書房）

■社会科学■

社会科学一般

『20世紀システム』(全6巻) 東京大学社会科学研究所編 (東京大学出版会)

『プロテスタンティズムの倫理と資本主義の精神』ヴェーバー (大塚久雄訳、岩波文庫ほか)

法律

『嘘の効用』末弘厳太郎 (冨山房百科文庫ほか)

『刑事訴訟の原理』松尾浩也 (東京大学出版会)

『刑法という法律』古田佑紀 (国立印刷局)

『社会のなかの裁判』大野正男 (有斐閣)

『犯罪学』ヴォルドほか/平野龍一ほか監訳 (東京大学出版会)

『法と社会』碧海純一 (中公新書)

『法の実現における私人の役割』田中英夫ほか (東京大学出版会)

『〈法〉の歴史』村上淳一 (東京大学出版会)

経済・経営

『日本資本主義と労働問題』隅谷三喜男ほか (東京大学出版会)

『日本賃労働史論』隅谷三喜男 (東京大学出版会)

『日本における労資関係の展開』兵藤釗 (東京大学出版会)

■自然科学■

自然科学一般

『奪われし未来』コルボーンほか/長尾力ほか訳 (翔泳社)

『環境ホルモン入門』立花隆 (新潮社)

『学者の手すさび』伏見康治 (『伏見康治著作集』第1巻、みすず書房)

『サル学の現在』立花隆 (文春文庫)

『システムの科学』サイモン/稲葉元吉ほか訳 (パーソナルメディア)

『日本人と近代科学』渡辺正雄 (岩波新書)

『未知の星を求めて』関つとむ (三恵書房)

『メス化する自然』キャドバリー/古草秀子訳 (集英社)

『理科系の作文技術』木下是雄 (中公新書)

情報科学・コンピュータ

『AI奇想曲』竹内郁雄編・監修 (NTT出版)

『マルチメディアと著作権』中山信弘 (岩波新書)

数学

『線型代数入門』(基礎数学1) 齋藤正彦 (東京大学出版会)

『日本の数学』小倉金之助 (岩波新書)

物理・化学

『エントロピーと秩序』アトキンス/米沢富美子ほか訳 (日経サイエンス社)

『化学結合論』ポーリング/小泉正夫訳 (共立出版)

『市民の化学』ピメンテル／小尾欣一ほか訳（東京化学同人）
『数理物理学の方法』クーランほか／斎藤利弥監訳（東京図書）

地理・地学・宇宙

『気象力学通論』小倉義光（東京大学出版会）
『経度への挑戦』ソベル（藤井留美訳、角川文庫ほか）
『地震考古学』寒川旭（中公新書）
『地震と断層』島崎邦彦ほか編（東京大学出版会）
『写真と図でみる地形学』貝塚爽平ほか編（東京大学出版会）
『成層圏と中間圏の大気』（大気科学講座3）松野太郎ほか（東京大学出版会）
『測地学入門』萩原幸男（東京大学出版会）
『大気大循環と気候』（ＵＰアース・サイエンス７）廣田勇（東京大学出版会）
『地球を測った男たち』トリストラム／喜多迅鷹ほか訳（リブロポート）
『地球をめぐる風』廣田勇（中公新書）
『地質スケッチ集』羽田忍（築地書館）
『日本近海海底地形誌』茂木昭夫（東京大学出版会）

工学

『工学における設計』猪瀬博編（東京大学出版会）
『システム工学』近藤次郎（丸善）

医学・薬学

『ＭＲＩイヌ・ネコ断層アトラス』舘野之男ほか（東京大学出版会）
『精神療法と精神分析』土居健郎（金子書房）
『治療のこころ』神田橋條治（花クリニック神田橋研究会）
『脳とことば』岩田誠（共立出版）
『犯罪被害者の心の傷』小西聖子（白水社）

2000年

二〇〇〇年アンケート執筆者（敬称略）

秋田喜代美　薩摩順吉　長谷部恭男
安藤　宏　佐藤　仁　花田達朗
石井洋二郎　杉原厚吉　深沢克己
宇野重規　鈴木宏二郎　本郷恵子
大堀壽夫　鈴木　淳　松村秀一
岸本美緒　盛山和夫　山下晋司
北岡伸一　醍醐　聰　湯浅博雄
黒住　真　高槻成紀

■総記■

■人文科学■

哲学・思想・宗教

『あいだ』木村敏（ちくま学芸文庫ほか）
『エセー』モンテーニュ（宮下志朗訳、白水社ほか）
『おそれとおののき』キルケゴール／桝田啓三郎訳（「キルケゴール著作集」第5巻、白水社ほか）
『オリエンタリズム』サイード／板垣雄三ほか監修、今沢紀子訳（平凡社ライブラリー）
『学問のすゝめ』福沢諭吉（岩波文庫ほか）
『心のなかの身体』ジョンソン／菅野盾樹ほか訳（紀伊國屋書店）
『根拠よりの挑戦』井上忠（東京大学出版会）
『最後の日記』クリシュナムルティ／高橋重敏訳（平河出版社）
『思想のドラマトゥルギー』林達夫ほか（平凡社ライブラリー）
『新約聖書』前田護郎訳（「前田護郎選集」別巻、教文館ほか）
『新共同訳　聖書』（日本聖書協会）
『精神現象学』ヘーゲル（樫山欽四郎訳、平凡社ライブラリーほか）
『西洋近代思想史』ミード（魚津郁夫ほか訳、講談社学術文庫ほか）
『善悪の彼岸』ニーチェ（木場深定訳、岩波文庫ほか）
『創世記』関根正雄訳（岩波文庫）
『存在と時間』ハイデガー（原佑ほか訳、中公クラシックスほか）
『歎異抄』（金子大栄校注、岩波文庫ほか）
『道徳の系譜』ニーチェ（木場深定訳、岩波文庫ほか）
『ニコマコス倫理学』アリストテレス（高田三郎訳、岩波文庫ほか）
『日本人の心』相良亨（東京大学出版会）
『日本の思想』丸山真男（岩波新書）
「野口晴哉著作全集」（全生社）
『パイドン』プラトン（岩田靖夫訳、岩波文庫ほか）
『果てしなき探求』ポパー（森博訳、岩波現代文庫ほか）
『仏教』ベック（渡辺照宏訳、岩波文庫ほか）
『文明論之概略』福沢諭吉（松沢弘陽校注、岩波文庫ほか）
『メノン』プラトン（藤沢令夫訳、岩波文庫ほか）
『理想の追求』バーリン／福田歓一ほか訳（「バーリン選集」第4巻、岩波書店）
『理由と人格』パーフィット／森村進訳（勁草書房）
『臨床の知とは何か』中村雄二郎（岩波新書）
『老子・荘子』（『世界の名著4』、中央公論社ほか）

文学・評論・言語

『阿房列車』内田百閒（ちくま文庫ほか）

『アメリカ』カフカ（中井正文訳、角川文庫ほか）
『アンナ・カレーニナ』トルストイ（木村浩訳、新潮文庫ほか）
『生きがいについて』神谷美恵子（みすず書房）
『一色一生』志村ふくみ（講談社文芸文庫ほか）
『エロティシズム』バタイユ／澁澤龍彦訳（ちくま学芸文庫ほか）
『月山・鳥海山』森敦（文春文庫ほか）
『官僚たちの夏』城山三郎（新潮文庫ほか）
『教祖の文学・不良少年とキリスト』坂口安吾（講談社文芸文庫ほか）
『桑の実』鈴木三重吉（岩波文庫ほか）
『芸術と実生活』平野謙（岩波現代文庫ほか）
「シリーズ　言語科学」（全5巻、東京大学出版会）
『ことばの差別』田中克彦（農山漁村文化協会）
『コミュニケーション不全症候群』中島梓（ちくま文庫ほか）
『誤訳迷訳欠陥翻訳』別宮貞徳（ちくま学芸文庫ほか）
『思考と行動における言語』ハヤカワ／大久保忠利訳（岩波書店）
『詩と認知』レイコフほか／大堀俊夫訳（紀伊國屋書店）
『儒林外史』呉敬梓／稲田孝訳（平凡社）
『職人』竹田米吉（中公文庫ほか）
『人生について』小林秀雄（中公文庫ほか）
『水滸伝』（吉川幸次郎ほか訳、岩波文庫ほか）
『救われた舌』カネッティ／岩田行一訳（法政大学出版局）
『センス・オブ・ワンダー』カーソン／上遠恵子訳（新潮社）
『談話の文法』久野暲（大修館書店）
『父　パードレ・パドローネ』レッダ／竹山博英訳（朝日選書）
『チャップリン自伝』チャップリン（中野好夫、新潮文庫ほか）
『罪と罰』ドストエフスキー（江川卓訳、岩波文庫ほか）
『徒然草』吉田兼好（島内裕子校訂、ちくま学芸文庫ほか）
『出口なお』安丸良夫（朝日選書）
『時は準宝石の螺旋のように』ディレーニ／伊藤典夫ほか訳（サンリオSF文庫）
『都市空間のなかの文学』前田愛（ちくま学芸文庫ほか）
『ドン・キホーテ』セルバンテス（牛島信明訳、岩波文庫ほか）
『ナボコフ自伝　記憶よ、語れ』ナボコフ／大津栄一郎訳（晶文社）
『日本書紀の謎を解く』森博達（中公新書）
『日本神話の起源』大林太良（徳間文庫ほか）
「日本の近代小説」（全2巻）三好行雄編（東京大学出版会）
『日本人はなぜ英語ができないか』鈴木孝夫（岩波新書ほか）
『日本語の作文技術』本多勝一（講談社ほか）
『認知意味論』レイコフ／池上嘉彦ほか訳

（紀伊國屋書店）
『バベル17』ディレイニー（岡部宏之訳、ハヤカワ文庫ほか）
『ハリネズミと狐』バーリン（河合秀和訳、岩波文庫ほか）
『遥かなノートル・ダム』森有正（『森有正エッセー集成3』、ちくま学芸文庫ほか）
『貧乏物語』河上肇（岩波文庫ほか）
『不肖・宮嶋　踊る大取材線』宮嶋茂樹（新潮文庫ほか）
『閉鎖病棟』帚木蓬生（新潮文庫ほか）
『ベストセラー小説の書き方』クーンツ（大出健訳、朝日文庫ほか）
『夜叉ケ池・天守物語』泉鏡花（岩波文庫ほか）
『夜ふけと梅の花』井伏鱒二（講談社文芸文庫ほか）
『倚りかからず』茨木のり子（ちくま文庫ほか）
「リベラルアーツシリーズ」（東京大学出版会）
『恋愛名歌集』萩原朔太郎（新潮文庫ほか）
『レトリックと人生』レイコフほか／渡部昇一ほか訳（大修館書店）
『我語りて世界あり』神林長平（ハヤカワ文庫ほか）

美術・芸術

『無言館』窪島誠一郎（講談社）
「吉田秀和全集」（全24巻、白水社）

歴史

『ある出稼石工の回想』ナド／喜安朗訳（岩波文庫）
『ギボン自伝』（中野好之訳、ちくま学芸文庫ほか）
『昭和初期政治史研究』伊藤隆（東京大学出版会）
『神秘の中世王国』（中東イスラム世界4　高山博（東京大学出版会）
『西洋世界の歴史』近藤和彦（山川出版社）
「大日本史料」東京大学史料編纂所編（東京大学出版会）
『太平洋戦争とは何だったのか』ソーン／市川洋一訳（草思社）
『中世的世界の形成』石母田正（岩波文庫ほか）
『中世東寺と東寺領荘園』網野善彦（東京大学出版会ほか）
『日本の近代化と民衆思想』安丸良夫（平凡社ライブラリー）
『日本の中世国家』佐藤進一（岩波現代文庫ほか）
『明清交替と江南社会』岸本美緒（東京大学出版会）
『無縁・公界・楽』網野善彦（平凡社ライブラリーほか）
『明治憲法体制の確立』坂野潤治（東京大学出版会）
『ヨーロッパと海』モラ・デュ・ジュルダン／深沢克己訳（平凡社）
「歴史学選書」（東京大学出版会）
『歴史とは何か』カー／清水幾太郎訳（岩波新書）
『歴史の対位法』義江彰夫ほか編（東京大学出版会）

『歴史の文法』義江彰夫ほか編（東京大学出版会）

心理学・認知科学

『自由からの逃走』フロム／日高六郎訳（東京創元社）

『認知科学の方法』（コレクション認知科学1）佐伯胖（東京大学出版会）

教育

『「からだ」と「ことば」のレッスン』竹内敏晴（講談社現代新書）

『教師と子どもの関係づくり』近藤邦夫（東京大学出版会）

『子どもの自分くずしと自分つくり』竹内常一（東京大学出版会）

『授業研究の歩み』稲垣忠彦（評論社）

『知的複眼思考法』苅谷剛彦（講談社＋α文庫ほか）

「学びと文化」佐伯胖ほか編（全6巻、東京大学出版会）

『ユングとシュタイナー』ヴェーア／石井良ほか訳（人智学出版社）

社会

『現代日本の精神構造』見田宗介（弘文堂ほか）

『公共性の構造転換』ハーバーマス／細谷貞雄ほか訳（未來社）

『仕事！』ターケル／中山容ほか訳（晶文社）

『社会階層』原純輔ほか（東京大学出版会）

「社会情報学」（全2巻）東京大学社会情報研究所編（東京大学出版会）

『ニュースの誕生』木下直之ほか編（東京大学出版会）

『メディアと公共圏のポリティクス』花田達朗（東京大学出版会）

人類学・民俗学

『悲しき熱帯』レヴィ＝ストロース（川田順造訳、中公クラシックスほか）

『バリ　観光人類学のレッスン』山下晋司（東京大学出版会）

『民俗学の旅』宮本常一（講談社学術文庫ほか）

『レヴィ＝ストロース講義』川田順造ほか訳（平凡社ライブラリー）

『忘れられた日本人』宮本常一（岩波文庫ほか）

■社会科学■

社会科学一般

『社会科学入門』高島善哉（岩波新書）

『社会思想史概論』高島善哉ほか（岩波書店）

『職業としての学問』ウェーバー（尾高邦雄訳、岩波文庫ほか）

『職業としての政治』ヴェーバー（脇圭平訳、岩波文庫ほか）

地域

『多文化主義のアメリカ』油井大三郎ほか編（東京大学出版会）

政治

『池田勇人　その生と死』伊藤昌哉（至誠堂）

『近世日本社会と宋学』渡辺浩（東京大学出版会）

『言論の自由の源流』香内三郎（平凡社）

『「死の跳躍」を越えて』佐藤誠三郎（千倉書房）

『政治学講義』佐々木毅（東京大学出版会）

『政治学史』福田歓一（東京大学出版会ほか）

『大正デモクラシー論』三谷太一郎（東京大学出版会）

『東アジアの王権と思想』渡辺浩（東京大学出版会）

「丸山眞男講義録」（全7巻、東京大学出版会）

法律

『憲法入門』伊藤正己（有斐閣）

『何を読みとるか』樋口陽一（東京大学出版会）

『法の概念』ハート／矢崎光圀監訳（みすず書房）

経済・経営

『グローバリズムという妄想』グレイ／石塚雅彦訳（日本経済新聞社）

『経済の常識と非常識』都留重人（岩波書店）

『社会的共通資本』宇沢弘文ほか編（東京大学出版会）

『小農経済の原理』チャーヤノフ／磯辺秀俊ほか訳（大明堂）

『スモールイズビューティフル』シューマッハー（小島慶三ほか訳、講談社学術文庫ほか）

『第二の産業分水嶺』ピオリほか／山之内靖ほか訳（筑摩書房）

「日本近代化の基礎過程」（全3巻）中西洋（東京大学出版会）

『日本の所得と富の分配』石川経夫編（東京大学出版会）

『不平等の再検討』セン／池本幸生ほか訳（岩波書店）

『リスク』バーンスタイン（青山護訳、日経ビジネス人文庫ほか）

■自然科学■

自然科学一般

『科学と幸福』佐藤文隆（岩波現代文庫ほか）

『沈黙の春』カーソン（青樹簗一訳、新潮文庫ほか）

『ネアンデルタール人と現代人』河合信和（文春新書）

情報科学・コンピュータ

『手作りスーパーコンピュータへの挑戦』杉本大一郎（講談社ブルーバックス）

数学

『解析演習』（基礎数学7）杉浦光夫ほか（東京大学出版会）

『解析入門Ⅰ・Ⅱ』（基礎数学2・3）杉浦光夫（東京大学出版会）

『高等数学教程シリーズ』スミルノフ／彌永昌吉ほか翻訳監修（共立出版）

『実践としての統計学』佐伯胖ほか編（東京大学出版会）

『常微分方程式』田辺行人ほか（東京大学出版会）

『線型代数入門』（基礎数学1）齋藤正彦（東京大学出版会）

『統計技法』（工系数学講座14）宮川雅巳（共立出版）

『複素函数論』犬井鉄郎ほか（東京大学出版会）

『有限要素と近似』ジェンキェヴィッチほか／伊理正夫ほか訳（啓学出版）

『乱数』（UP応用数学選書12）伏見正則（東京大学出版会）

物理・化学

『流れ学』谷一郎（岩波書店）

『物理学序論としての力学』（基礎物理学1）藤原邦男（東京大学出版会）

『ランダウ＝リフシッツ理論物理学教程シリーズ』（東京図書）

『流体力学の数値計算法』藤井孝藏（東京大学出版会）

工学

『「住宅」という考え方』松村秀一（東京大学出版会）

『都市の文化』マンフォード／生田勉訳（鹿島出版会）

『バックミンスター・フラー』ポーリー／渡辺武信ほか訳（鹿島出版会）

生物・農学

『アユの話』宮地伝三郎（岩波新書）

『恐竜学』小畠郁生編（東京大学出版会）

『サクラソウの目』鷲谷いづみ（地人書館）

『サルの話』宮地伝三郎（岩波新書）

『照葉樹林文化』上山春平（中公新書ほか）

『生命の多様性』ウィルソン（大貫昌子ほか訳、岩波現代文庫ほか）

『高崎山のサル』伊谷純一郎（講談社学術文庫ほか）

『保全生物学』樋口広芳編（東京大学出版会）

「哺乳類の生物学」（全5巻、東京大学出版会）

医学・薬学

『ケアの本質』メイヤロフ／田村真ほか訳（ゆみる出版）

「フロイト著作集」（全11巻）高橋義孝ほか訳（人文書院）

「分裂病の精神病理」（全16巻、東京大学出版会）

2001年

二〇〇一年アンケート執筆者（敬称略）

荒川義博　佐々真一　水島　司
一條麻美子　貞広幸雄　宮崎　毅
一ノ瀬正樹　佐藤隆夫　山本　巍
太田勝造　島薗　進　山本博文
黒田明伸　時弘哲治　山本隆司
古城桂子　新田一郎　渡部泰明
坂村　健　平島健司

■総記■

『はるかなる山河に』東京大学学生自治会戦歿学生手記編集委員会（東京大学出版会）

■人文科学■

哲学・思想・宗教

『ガンディーの真理』エリクソン／星野美賀子訳（みすず書房）
『極限に面して』トドロフ／宇京頼三訳（法政大学出版局）
『言語にとって美とはなにか』吉本隆明（角川文庫ほか）
『根拠よりの挑戦』井上忠（東京大学出版会）
『朱子学と陽明学』島田虔次（岩波新書）
『純粋理性批判』カント（篠田英雄訳、岩波文庫ほか）
『神道の成立』高取正男（平凡社ライブラリー）
『人倫の形而上学』カント（野田又夫責任編集、「世界の名著39」、中央公論社ほか）
『精神としての身体』市川浩（講談社学術文庫ほか）
『精神の生活』アーレント／佐藤和夫訳（岩波書店）
『ソクラテスの弁明』プラトン（田中美知太郎ほか訳、中公クラシックスほか）
『歎異抄』（金子大栄校注、岩波文庫ほか）
『知識と行為』黒田亘（東京大学出版会）
『ツァラトゥストラ』ニーチェ（吉沢伝三郎訳、ちくま学芸文庫ほか）
『日本人の死生観』立川昭二（筑摩書房）
「表象のディスクール」（全6巻）小林康夫ほか編（東京大学出版会）
『開かれた社会とその敵』ポパー／内田詔夫ほか訳（未來社）
『仏教土着』高取正男（NHKブックス）
『プラトンの呪縛』佐々木毅（講談社学術文庫ほか）
『ベンヤミン』三島憲一（講談社学術文庫ほか）
『法の哲学』ヘーゲル（藤野渉ほか訳、中公クラシックスほか）
『方法序説』デカルト（谷川多佳子訳、岩波文庫ほか）
『モイラ言語』井上忠（東京大学出版会）
『物と心』大森荘蔵（東京大学出版会ほか）
『我と汝』ブーバー（植田重雄訳、『我と汝・対話』岩波文庫ほか）

文学・評論・言語

『生きがいについて』神谷美恵子（みすず書房）
『「うた」をよむ』小林幸夫ほか編著（三省堂）
『美しきもの見し人は』堀田善衛（新潮文庫ほか）
『エエカゲンが面白い』森毅（ちくま文庫ほか）
『火山列島の思想』益田勝実（ちくま学芸文庫ほか）
『コンスタンティノープルの陥落』塩野七生（新潮文庫ほか）

『死刑の遺伝子』島田荘司ほか（南雲堂）
『シビル・アクション』ハー（雨沢泰訳、新潮文庫ほか）
『侏儒の言葉』芥川龍之介（新潮文庫ほか）
『白い航跡』吉村昭（講談社文庫ほか）
『新古今歌人の研究』久保田淳（東京大学出版会）
『蝉しぐれ』藤沢周平（文春文庫ほか）
『戦争と人間』五味川純平（三一書房ほか）
「中世ドイツ文学叢書」（全2巻、郁文堂）
「中世文学集」（全3巻、ちくま文庫ほか）
『ドラキュラの世紀末』丹治愛（東京大学出版会）
『ニーベルンゲンの歌』相良守峯訳（岩波文庫ほか）
『日本語を考える』山口明穂（東京大学出版会）
『人間の詩と真実』霜山徳爾（中公新書）
『ハラスのいた日々』中野孝次（文春文庫ほか）
『光る壁画』吉村昭（新潮文庫ほか）
「フランス中世文学集」（全4巻、白水社）
『ベストセラーの構造』中島梓（ちくま文庫ほか）
『墓碑銘』小島信夫（講談社文芸文庫ほか）
『ユーラシア大陸思索行』色川大吉（中公文庫ほか）
『ヨーロッパ文学とラテン中世』クルツィウス／南大路振一ほか訳（みすず書房）
『檸檬』梶井基次郎（新潮文庫ほか）
『ロケットボーイズ』ヒッカム／武者圭子訳（草思社）
『ワイルド・スワン』ユン（土屋京子訳、講談社文庫ほか）
『私の作家評伝』小島信夫（「小島信夫批評集成3」、水声社ほか）

美術・芸術

『花伝書（風姿花伝）』世阿弥（川瀬一馬校注・現代語訳、講談社文庫ほか）
『ベートーヴェンを求めて』吉田秀和（白水社）
「吉田秀和全集」（全24巻、白水社）

歴史

『アッラーのヨーロッパ』（中東イスラム世界8）内藤正典（東京大学出版会）
『インド史における土地制度と権力構造』松井透ほか編（東京大学出版会）
『インド入門』辛島昇（東京大学出版会）
『カルティニの風景』土屋健治（めこん）
『ガンディー』長崎暢子（岩波書店）
『危機の二十年』カー（原彬久訳、岩波文庫ほか）
『共同体と近代』小谷汪之（青木書店）
『近代中国の国際的契機』浜下武志（東京大学出版会）
『近世日本と東アジア』荒野泰典（東京大学出版会）
『古事類苑』神宮司庁編（吉川弘文館）
『日記の思考』龍福義友（平凡社）
『日本中世の経済構造』桜井英治（岩波書店）
『日本文化の歴史』尾藤正英（岩波新書）
『リオリエント』フランク／山下範久訳

（藤原書店）
『歴史とは何か』カー／清水幾太郎訳（岩波新書）

心理学・認知科学

『傾いた図形の謎』（認知科学選書11）高野陽太郎（東京大学出版会）
『「きめ方」の論理』佐伯胖（東京大学出版会）
『信頼の構造』山岸俊男（東京大学出版会）
『魂のライフサイクル』西平直（東京大学出版会）
「認知心理学」（全5巻、東京大学出版会）
「43人が語る「心理学と社会」」（全4巻、ブレーン出版）

教育

『鍛えられた心』ベッテルハイム／丸山修吉訳（法政大学出版局）
『試験の社会史』天野郁夫（平凡社ライブラリーほか）

社会

『つきあい方の科学』アクセルロッド／松田裕之訳（ミネルヴァ書房）
『文明としてのイエ社会』村上泰亮ほか（中央公論社）

人類学・民俗学

『インドで暮らす』石田保昭（岩波新書）
『私たちのインド』辛島貴子（中公文庫ほか）

■社会科学■

社会科学一般

『支配の社会学』ウェーバー／世良晃志郎訳（創文社）

政治

『国際関係研究入門』岩田一政ほか（東京大学出版会）
『国際社会論』ブル／臼杵英一訳（岩波書店）
『国際的相互依存』（現代政治学叢書18）山本吉宣（東京大学出版会）
「丸山眞男講義録」（全7巻、東京大学出版会）
『ヨーロッパの政治』篠原一（東京大学出版会）

法律

『アナーキー・国家・ユートピア』ノージック／嶋津格訳（木鐸社）
『行政行為の公定力の理論』兼子仁（東京大学出版会）
『行政行為の無効と取消』遠藤博也（東京大学出版会）
『行政訴訟の構造分析』小早川光郎（東京大学出版会）
『近代法の形成』村上淳一（岩波書店）
『憲法理論』シュミット／尾吹善人訳（創文社）
『公法学の法と政策』碓井光明ほか編（有斐閣）

『損害賠償法の理論』平井宜雄（東京大学出版会）
『ドイツ市民法史』村上淳一（東京大学出版会）
『法政策学』平井宜雄（有斐閣）

経済・経営

『損害賠償の経済分析』浜田宏一（東京大学出版会）
『大不況下の世界』キンドルバーガー／石崎昭彦ほか訳（岩波書店ほか）
『知識創造企業』野中郁次郎ほか（東洋経済新報社）
『日本経済』中村隆英（東京大学出版会）

■自然科学■

自然科学一般

『アメリカズカップのテクノロジー』宮田秀明（東京大学出版会）
『機械の中の幽霊』ケストラー（日高敏隆ほか訳、ちくま学芸文庫ほか）
『研究者』有馬朗人監修（東京図書）
『時間に向きはあるか』ホーウィッチ／丹治信春訳（丸善）
『知の創造』ネイチャー責任編集／竹内薫責任翻訳（徳間書店）
『21世紀知の挑戦』立花隆（文春文庫ほか）
『脳のなかの幽霊』ラマチャンドランほか（山下篤子訳、角川文庫ほか）
『複雑系』ワールドロップ（田中三彦ほか訳、新潮文庫ほか）

情報科学・コンピュータ

『サイバネティックス』ウィーナー（池原止戈夫ほか訳、岩波文庫ほか）
『新・思考のための道具』ラインゴールド／日暮雅通訳（パーソナルメディア）
『人間機械論』ウィーナー／鎮目恭夫ほか訳（みすず書房）

数学

『解析入門I・II』（基礎数学2・3）杉浦光夫（東京大学出版会）
『線型代数入門』（基礎数学1）齋藤正彦（東京大学出版会）
『統計学入門』（全3巻）東京大学教養学部統計学教室編（東京大学出版会）
『怠け数学者の記』小平邦彦（岩波現代文庫）

物理・化学

『混沌からの秩序』プリゴジンほか／伏見康治ほか訳（みすず書房）
『ソリトン、カオス、フラクタル』（物理読本4）戸田盛和（岩波書店）
『存在から発展へ』プリゴジン／小出昭一郎ほか訳（みすず書房）
『物理学とは何だろうか』朝永振一郎（岩波新書ほか）
『プラズマ物理入門』チェン／内田岱二郎訳（丸善）
『量子力学』朝永振一郎（みすず書房）

地理・地学・宇宙

『宇宙プロジェクト実践』栗木恭一（日本

ロケット協会）

『環境地水学』宮崎毅（東京大学出版会）

『縞々学』川上紳一（東京大学出版会）

『地図は嘘つきである』モンモニア／渡辺潤訳（晶文社）

『地理情報システムの世界』矢野桂司（ニュートンプレス）

工学

『地域環境工学概論』田淵俊雄ほか（文永堂出版）

『人のうごきと街のデザイン』紙野桂人（彰国社）

生物・農学

『犬たちの隠された生活』トーマス（深町眞理子訳、草思社文庫ほか）

『行動学入門』ヘッブ／白井常ほか訳（紀伊國屋書店）

『栽培植物と農耕の起源』中尾佐助（岩波新書）

『自己組織化と進化の論理』カウフマン（米沢富美子監訳、ちくま学芸文庫ほか）

『進化と人間行動』長谷川寿一ほか（東京大学出版会）

『土の物質移動学』中野政詩（東京大学出版会）

『土は生命の源』岩田進午（創森社）

『動物分類学の論理』馬渡峻輔（東京大学出版会）

『徳の起源』リドレー／岸由二監修（翔泳社）

『土壌圏の科学』東京大学農学部編（朝倉書店）

『土壌の物理』八幡敏雄（東京大学出版会）

『利己的な遺伝子』ドーキンス／日高敏隆ほか訳（紀伊國屋書店）

医学・薬学

『脳は絵をどのように理解するか』ソルソ／鈴木光太郎ほか訳（新曜社）

2002年

二〇〇二年アンケート執筆者（敬称略）

市野川容孝　月尾嘉男
井上　真　寺崎弘昭
小田部胤久　中村　周
金森　修　野崎　歓
柴田元幸　吉野耕作
代田智明
杉本史子

■人文科学■

哲学・思想・宗教

『意味に餓える社会』ボルツ／村上淳一訳（東京大学出版会）
『意味の弾性』佐藤信夫（講談社学術文庫ほか）
「越境する知」（全6巻）栗原彬ほか編（東京大学出版会）
『エピクロス　教説と手紙』エピクロス（出隆ほか訳、岩波文庫ほか）
『科学的精神の形成』バシュラール／及川馥ほか訳（国文社）
『狂気の歴史』フーコー／田村俶訳（新潮社）
『虚構の時代の果て』大澤真幸（ちくま学芸文庫ほか）
『公私』溝口雄三（三省堂）
『真理と方法』ガダマー／轡田收ほか訳（法政大学出版局）
『推測と反駁』ポパー／藤本隆志ほか訳（法政大学出版局）
『世界の共同主観的存在構造』廣松渉（講談社学術文庫ほか）
『中国前近代思想の屈折と展開』溝口雄三（東京大学出版会）
『定本　想像の共同体』アンダーソン／白石隆ほか訳（書籍工房早山）
『ツァラトゥストラ』ニーチェ（手塚富雄訳、中公文庫ほか）
『ドイツ言語哲学の諸相』麻生建（東京大学出版会）
『判断力批判』カント（篠田英雄訳、岩波文庫ほか）
『美学講義』ヘーゲル（長谷川宏訳、作品社ほか）
『美学辞典』佐々木健一（東京大学出版会）
『包括的社会哲学』山脇直司（東京大学出版会）
『方法としての中国』溝口雄三（東京大学出版会）
『物と心』大森荘蔵（東京大学出版会ほか）
『理性の不安』坂部恵（勁草書房ほか）

文学・評論・言語

『赤糸で縫いとじられた物語』寺山修司（ハルキ文庫ほか）
『アンドレ・ブルトン集成』ブルトン／生出耕作ほか訳（人文書院）
『アンナ・カレーニナ』トルストイ（木村浩訳、新潮文庫ほか）
『カムイ伝』白土三平（小学館文庫ほか）
『カラマーゾフの兄弟』ドストエフスキー（原卓也訳、新潮文庫ほか）
『吉里吉里人』井上ひさし（新潮文庫ほか）
『月下の一群』堀口大學（講談社文芸文庫ほか）
「シリーズ　言語態」（全6巻、東京大学出版会）
『黄河海に入りて流る』武田泰淳（勁草書房）
『殺される側の論理』本多勝一（朝日文庫ほか）
『西行花伝』辻邦生（新潮文庫ほか）
『詩への架橋』大岡信（岩波新書）

『上海にて』堀田善衞（ちくま学芸文庫ほか）
『シュルレアリスム宣言』ブルトン（巖谷国士訳、岩波文庫ほか）
『ジョゼフ・フーシェ』ツワイク（高橋禎二ほか訳、岩波文庫ほか）
『スティル・ライフ』池澤夏樹（中公文庫ほか）
『青春の終焉』三浦雅士（講談社）
『トムは真夜中の庭で』ピアス／高杉一郎訳（岩波少年文庫）
『トリストラム・シャンディ』スターン（朱牟田夏雄訳、岩波文庫ほか）
『ドン・キホーテ』セルバンテス（牛島信明訳、岩波文庫ほか）
『日本とアジア』竹内好（ちくま学芸文庫）
『ネルヴァル全集』（全6巻、筑摩書房）
『白鯨』メルヴィル（千石英世訳、講談社文芸文庫ほか）
『万国奇人博覧館』ブクテルほか／守能信次訳（筑摩書房）
『批評という鬱』三浦雅士（岩波書店）
『レトリックの意味論』佐藤信夫（講談社学術文庫ほか）
『私という現象』三浦雅士（講談社学術文庫ほか）

美術・芸術

『絵画の東方』稲賀繁美（名古屋大学出版会）
『歌舞伎』河竹登志夫（東京大学出版会）
『西洋音楽演奏史論序説』渡辺裕（春秋社）
『わが音楽わが人生』柴田南雄（岩波書店）

歴史

『江戸幕府の制度と伝達文書』高木昭作（角川書店）
『支那革命外史』北一輝（『北一輝著作集』第2巻、みすず書房ほか）
『チーズとうじ虫』ギンズブルグ／杉山光信訳（みすず書房）
『地図と絵図の政治文化史』黒田日出男ほか編（東京大学出版会）
『日本の誕生』吉田孝（岩波新書）
『敗北を抱きしめて』ダワー／三浦陽一ほか訳（岩波書店）
『ホモ・ルーデンス』ホイジンガ（高橋英夫訳、中公文庫ほか）

心理学・認知科学

『自由からの逃走』フロム／日高六郎訳（東京創元社）

教育

『イギリス学校体罰史』寺﨑弘昭（東京大学出版会）
『教育への問い』天野郁夫編（東京大学出版会）

社会

『アジア環境白書 2000/01』日本環境会議編
『環境学の技法』石弘之編（東京大学出版会）
『原典メディア環境 1851−2000』月尾嘉男ほか編（東京大学出版会）

『国際社会学』梶田孝道編（名古屋大学出版会）
『コモンズの社会学』井上真ほか編（新曜社）
『装置としての性支配』江原由美子（勁草書房）
『フィールドワーク』佐藤郁哉（新曜社）

人類学・民俗学

『南方熊楠』鶴見和子（講談社学術文庫ほか）

■社会科学■

社会科学一般

『プロテスタンティズムの倫理と資本主義の精神』ヴェーバー（大塚久雄訳、岩波文庫ほか）

政治

『アイデンティティの国際政治学』馬場伸也（東京大学出版会）
『アメリカ帝国への報復』ジョンソン／鈴木主税訳（集英社）
『地球文化のゆくえ』（比較文化叢書7）馬場伸也（東京大学出版会）

経済・経営

『地球環境問題の政治経済学』寺西俊一（東洋経済新報社）
『転換する経済学』玉野井芳郎（東京大学出版会）

■自然科学■

自然科学一般

『サイエンス・ウォーズ』金森修（東京大学出版会）

数学

『定本　解析概論』高木貞治（岩波書店）
『解析入門Ⅰ・Ⅱ』（基礎数学2・3）杉浦光夫（東京大学出版会）
『解析入門』ラング／松坂和夫ほか訳（岩波書店）
『続　解析入門』ラング／松坂和夫ほか訳（岩波書店）
『曲線と曲面の微分幾何』小林昭七（裳華房）
『実体概念と関数概念』カッシーラー／山本義隆訳（みすず書房）
『線型代数入門』（基礎数学1）齋藤正彦（東京大学出版会）
『物理数学入門』（基礎数学11）谷島賢二（東京大学出版会）

物理・化学

『量子力学』山内恭彦（培風館）

医学・薬学

『ものぐさ精神分析』岸田秀（中公文庫ほか）

2003年

二〇〇三年アンケート執筆者（敬称略）

板倉聖哲　菊地正幸　信原幸弘
今井康雄　熊野純彦　廣瀬通孝
内山　融　小森田秋夫　松下信之
遠藤　貢　渋谷博史　松原　宏
太田浩一　杉橋陽一　森田茂紀
大村敦志　髙田康成　森山　工
生越直樹　月本雅幸　安冨　歩
加我君孝　中村圭介
笠原順三　中山洋平

■総記■

『東京大学は変わる』浅野攝郎ほか編（東京大学出版会）

■人文科学■

哲学・思想・宗教

『ウィトゲンシュタインのパラドックス』クリプキ／黒崎宏訳（産業図書）
『梅棹忠夫著作集』（全22巻・別巻1、中央公論新社）
「公共哲学」（全20巻、東京大学出版会）
「講座　美学」（全5巻）今道友信編（東京大学出版会）
『国家』プラトン（藤沢令夫訳、岩波文庫ほか）
『新視覚新論』大森荘蔵（東京大学出版会）
『精神と自然』ベイトソン／佐藤良明訳（新思索社）
『戦略爆撃の思想』前田哲男（凱風社）
『知覚と生活世界』村田純一（東京大学出版会）
『ニーチェ』神崎繁（NHK出版）
「表象のディスクール」（全6巻）小林康夫ほか編（東京大学出版会）
『「文明論之概略」を読む』丸山真男（岩波新書）
「ベンヤミン・コレクション」浅井健二郎編訳（5巻まで刊行中、ちくま学芸文庫）
『方法としての中国』溝口雄三（東京大学出版会）
『ルネサンスの教育』ガレン／近藤恒一訳（知泉書館）

文学・評論・言語

『アフリカの爆弾』筒井康隆（角川文庫ほか）
『或る「小倉日記」伝』松本清張（新潮文庫ほか）
『永遠の都』加賀乙彦（新潮文庫ほか）
『街道をゆく』司馬遼太郎（朝日文庫ほか）
『カラマーゾフの兄弟』ドストエフスキー（原卓也訳、新潮文庫ほか）
『官僚たちの夏』城山三郎（新潮文庫ほか）
『雲の都』加賀乙彦（新潮社）
『劇場都市』大室幹雄（ちくま学芸文庫ほか）
「シリーズ　言語科学」（全5巻、東京大学出版会）
『滑稽』大室幹雄（岩波現代文庫ほか）
『ことばと文化』鈴木孝夫（岩波新書ほか）
「シェイクスピア全集」（全15巻・補巻4）福田恆存訳（新潮社）
『詩集　病者・花』細川宏（現代社）
『ジョージ君の青春記』東海林さだお（文春文庫ほか）
「須賀敦子全集」（全8巻・別巻1、河出書房新社）
『そして我が祖国・日本』本多勝一（朝日文庫ほか）
『地中海都市周遊』陣内秀信ほか（中公新書）
『罪と罰』ドストエフスキー（工藤精一郎訳、新潮文庫ほか）
『ドルジェル伯の舞踏会』ラディゲ（堀口

大學訳、講談社文芸文庫ほか）
『南総里見八犬伝』曲亭馬琴（小池藤五郎校訂、岩波文庫ほか）
『日本語はなぜ変化するか』小松英雄（笠間書院）
『日本語を考える』山口明穂（東京大学出版会）
『白痴』ドストエフスキー（木村浩訳、新潮文庫ほか）
『フランス恋愛小説論』工藤庸子（岩波新書）
『平安時代語新論』築島裕（東京大学出版会）
『棒がいっぽん』高野文子（マガジンハウス）
「ボードレール全集」（全6巻）阿部良雄訳（筑摩書房）
『道をてらす光』日野原重明（春秋社）
『ミメーシス』アウエルバッハ（篠田一士ほか訳、ちくま学芸文庫ほか）
『無用者の系譜』唐木順三（筑摩叢書ほか）
『Prismen』東京大学教養学部ドイツ語部会編（東京大学出版会）

美術・芸術

「アート・イン・コンテクスト」シリーズ（みすず書房）
『イコノロジー研究』パノフスキー（浅野徹ほか訳、ちくま学芸文庫ほか）
『絵は語る』シリーズ（平凡社）
「作品とコンテクスト」シリーズ（三元社）
『美術史の歴史』マイナー／北原恵ほか訳（ブリュッケ）
『美の思索家たち』高階秀爾（青土社）

歴史

『戦史』トゥーキュディデース（久保正彰訳、岩波文庫ほか）
『中世的世界の形成』石母田正（岩波文庫ほか）
『フランス革命の政治文化』ハント／松浦義弘訳（平凡社）
『明治憲法体制の確立』坂野潤治（東京大学出版会）
『ヨーロッパ文化と日本文化』フロイス（岡田章雄訳注、岩波文庫ほか）

心理学・認知科学

『信頼の構造』山岸俊男（東京大学出版会）
「認知心理学」（全5巻、東京大学出版会）

教育

『子どもたちの想像力を育む』佐藤学ほか編（東京大学出版会）
『大衆教育社会のゆくえ』苅谷剛彦（中公新書）
「シリーズ　学びと文化」（全6巻）佐伯胖ほか編（東京大学出版会）
『民主主義と教育』デューイ（松野安男訳、岩波文庫ほか）
『立志・苦学・出世』竹内洋（講談社現代新書）

社会

「国際社会」（全7巻）宮島喬ほか編（東京大学出版会）

『仕事のなかの曖昧な不安』玄田有史（中公文庫ほか）
『デュルケム社会理論の研究』宮島喬（東京大学出版会）
『不平等社会日本』佐藤俊樹（中公新書）
『YOSAKOIソーラン祭り』坪井善明ほか（岩波アクティブ新書）
『世論』リップマン（掛川トミ子訳、岩波文庫ほか）

人類学・民俗学

『黄土高原の村』深尾葉子ほか（古今書院）
『西太平洋の遠洋航海者』マリノフスキ（増田義郎訳、講談社学術文庫ほか）
『ヌアー族』エヴァンズ＝プリチャード／向井元子訳（平凡社ライブラリー）
『ヌアー族の宗教』エヴァンズ＝プリチャード／向井元子訳（平凡社ライブラリー）
『バリ　観光人類学のレッスン』山下晋司（東京大学出版会）

■社会科学■

社会科学一般

『社会認識の歩み』内田義彦（岩波新書ほか）
『職業としての学問』ウェーバー（尾高邦雄訳、岩波文庫ほか）
『職業としての政治』ヴェーバー（脇圭平訳、岩波文庫ほか）
「20世紀システム」（全6巻）東京大学社会科学研究所編（東京大学出版会）

地域

『皇帝ハイレ・セラシエ』カプシチンスキー（山田一広訳、ちくま文庫ほか）
『サッカー戦争』カプシチンスキ／北代美和子訳（中央公論新社）
『民族紛争を生きる人びと』栗本英世（世界思想社）

政治

『貴族の徳、商業の精神』川出良枝（東京大学出版会）
『現存した社会主義』塩川伸明（勁草書房）
『現代政治の思想と行動』丸山眞男（未來社）
『政治学講義』佐々木毅（東京大学出版会）
『政治学批判』ウォリン／千葉真ほか編訳（みすず書房）
『政治制度としての陪審制』三谷太一郎（東京大学出版会）
『政治の成立』木庭顕（東京大学出版会）
『大正デモクラシー論』三谷太一郎（東京大学出版会）
『デモクラシーの政治学』福田有広ほか編（東京大学出版会）
「日本政治史」（全4巻）升味準之輔（東京大学出版会）
『日本政治思想史研究』丸山眞男（東京大学出版会）
『日本政党政治の形成』三谷太一郎（東京

大学出版会）

『リヴァイアサン』ホッブス（永井道雄ほか訳、中公クラシックスほか）

『流動期の日本政治』樋渡展洋ほか編（東京大学出版会）

法律

『憲法と現代法学』渡辺洋三（岩波書店）

『憲法と国家』樋口陽一（岩波新書）

『日本社会の家族的構成』川島武宜（岩波現代文庫ほか）

『法と経済の一般理論』藤田勇（日本評論社）

『民法のすすめ』星野英一（岩波新書）

経済・経営

『近代欧州経済史入門』大塚久雄（講談社学術文庫ほか）

『現代経済地理学』矢田俊文ほか編著（ミネルヴァ書房）

『国際化時代の地域経済学』岡田知弘ほか（有斐閣）

『財政学大綱』大内兵衛（『大内兵衛著作集』第1巻、岩波書店）

『仕事の経済学』小池和男（東洋経済新報社）

『自由の条件』ハイエク／気賀健三ほか訳（『ハイエク全集』第5～7巻、春秋社）

『自由と秩序』猪木武徳（中公叢書）

『西洋経済史学』馬場哲ほか編（東京大学出版会）

『先進国経済の地域構造』松原宏（東京大学出版会）

■自然科学■

自然科学一般

『解明される意識』デネット／山口泰司訳（青土社）

『キュリー夫人伝』キュリー（河野万里子訳、白水社ほか）

『シミュレーションの思想』廣瀬通孝ほか（東京大学出版会）

『新幹線をつくった男』高橋団吉（ＰＨＰ文庫ほか）

『デカルトなんかいらない？』パステルナーク／松浦俊輔訳（産業図書）

『脳のなかの幽霊』ラマチャンドランほか（山下篤子訳、角川文庫ほか）

『マインズ・アイ』ホフスタッターほか編著／坂本百大監訳（阪急コミュニケーションズ）

『理系の女の生き方ガイド』宇野賀津子ほか（講談社ブルーバックス）

数学

『スペクトル解析』日野幹雄（朝倉書店）

物理・化学

『化学結合』ピメンテルほか／千原秀昭ほか訳（東京化学同人）

「基礎物理学」（全5巻、東京大学出版会）

地理・地学・宇宙

『三陸海岸大津波』吉村昭（文春文庫ほか）

『地震学』宇津徳治（共立出版）

『地震学百年』萩原尊禮（東京大学出版会）
『地球の科学』竹内均ほか（ＮＨＫブックス）
『リアルタイム地震学』菊地正幸（東京大学出版会）
『レオロジーと地球科学』唐戸俊一郎（東京大学出版会）

生物・農学

「稲のアジア史」（全3巻）渡部忠世責任編集（小学館）
『細胞』（ＵＰバイオロジー9）佐藤七郎（東京大学出版会）
『日本作物栽培論』川田信一郎（養賢堂）
『根の発育学』森田茂紀（東京大学出版会）

医学・薬学

『フロイト　フリースへの手紙』フロイト／河田晃訳（誠信書房）
『夢判断』フロイト（高橋義孝ほか訳、新潮文庫ほか）

2004年

二〇〇四年アンケート執筆者（敬称略）

青木秀夫　佐々木正人　廣松　毅
石井洋二郎　佐藤勝彦　広渡清吾
石田　淳　佐藤博樹　深沢克己
浦　一章　鈴木博之　藤垣裕子
大矢禎一　田近英一　本郷和人
門脇俊介　田中　純　増井良啓
金子邦彦　長瀬　修　御厨　貴
北田暁大　野崎　歓　山田広昭
久保文明　野矢茂樹　吉澤誠一郎
斎藤兆史　羽田　正

■総記■

『東京大学その百年』（東京大学出版会）
『ヒト、人、人間』（東京大学公開講座75、東京大学出版会）

■人文科学■

哲学・思想・宗教

『アビ・ヴァールブルク　記憶の迷宮』田中純（青土社）
『イスラム報道』サイード／浅井信雄ほか訳（みすず書房）
『意味と他者性』大澤真幸（勁草書房）
『記号の知／メディアの知』石田英敬（東京大学出版会）
『議論のレッスン』福澤一吉（NHK出版）
『君主論』マキアヴェッリ（河島英昭訳、岩波文庫ほか）
『芸術の逆説』小田部胤久（東京大学出版会）
『孔子伝』白川静（中公文庫ほか）
『コウモリであるとはどのようなことか』ネーゲル／永井均訳（勁草書房）
『孤独について』中島義道（文春文庫ほか）
『死者たちの都市へ』田中純（青土社）
『責任と正義』北田暁大（勁草書房）
『荘子』（森三樹三郎訳、中央公論新社ほか）
『他者とは誰のことか』大庭健（勁草書房）
『探究Ⅰ』柄谷行人（講談社学術文庫ほか）
『哲学・航海日誌』野矢茂樹（春秋社）
「新渡戸稲造全集」（全23巻・別巻2巻、教文館）
『日本イデオロギー論』戸坂潤（岩波文庫ほか）
『人間の使命』フィヒテ（宮崎洋三訳、岩波文庫ほか）
『物と心』大森荘蔵（東京大学出版会ほか）
『理由の空間の現象学』門脇俊介（創文社）
『論理哲学論考』ウィトゲンシュタイン（野矢茂樹訳、岩波文庫ほか）
『論理トレーニング101題』野矢茂樹（産業図書）
『ヨーロッパ精神史入門』坂部恵（岩波書店）

文学・評論・言語

『怒りの葡萄』スタインベック（大久保康雄訳、新潮文庫ほか）
『異人たちとの夏』山田太一（新潮文庫ほか）
『英語達人塾』斎藤兆史（中公新書）
『英語の作法』斎藤兆史（東京大学出版会）
『カタロニア讃歌』オーウェル（橋口稔訳、ちくま学芸文庫ほか）
『悲しいだけ・欣求浄土』藤枝静男（講談社文芸文庫ほか）
『美しき惑いの年』カロッサ（手塚富雄訳、岩波文庫ほか）
『カラマーゾフの兄弟』ドストエフスキー（原卓也訳、新潮文庫ほか）
『木のぼり男爵』カルヴィーノ／米川良夫訳（白水社uブックス）
『グロテスク』桐野夏生（文春文庫ほか）
「シリーズ　言語態」（全6巻）（東京大学

出版会）
『行為と妄想』梅棹忠夫（中公文庫ほか）
『こんな夜更けにバナナかよ』渡辺一史（北海道新聞社）
『笹まくら』丸谷才一（新潮文庫ほか）
『三点確保』山田広昭（新曜社）
『邪宗門』高橋和巳（朝日学芸文庫ほか）
『シルトの岸辺』グラック（安藤元雄訳、ちくま文庫ほか）
『ジレンマ』ライル／篠澤和久訳（勁草書房）
『創造の方法学』高根正昭（講談社現代新書）
「大佛次郎ノンフィクション全集」（全5巻、朝日新聞社）
『谷崎潤一郎と異国の言語』野崎歓（人文書院）
『田村隆一詩集』（思潮社現代詩文庫）
『中国語と近代日本』安藤彦太郎（岩波新書）
『継ぐのは誰か？』小松左京（ハルキ文庫ほか）
『徒然草抜書』小松英雄（講談社学術文庫ほか）
『デイヴィッド・コパフィールド』ディケンズ（石塚裕子訳、岩波文庫ほか）
『テロルの決算』沢木耕太郎（文春文庫ほか）
『田紳有楽・空気頭』藤枝静男（講談社文芸文庫ほか）
『天皇の世紀』大佛次郎（文春文庫ほか）
『東京国税局査察部』立石勝規（岩波新書）
『東京セブンローズ』井上ひさし（文春文庫ほか）
「中島敦全集」（全3巻・別巻1、筑摩書房）
『日本近代文学の起源』柄谷行人（岩波現代文庫ほか）
『猫のゆりかご』ヴォネガット（伊藤典夫訳、ハヤカワ文庫ほか）
『パリ』石井洋二郎（ちくま新書）
「久生十蘭全集」（全7巻）大佛次郎ほか編（三一書房）
『プラハの春』春江一也（集英社文庫ほか）
『文学の思考』石井洋二郎（東京大学出版会）
『ペンギンの国のクジャク』ギャラガーほか／田中一江訳（扶桑社文庫ほか）
『ベルリンの秋』春江一也（集英社文庫ほか）
『方丈記』鴨長明（簗瀬一雄訳注、角川ソフィア文庫ほか）
「ボードレール批評」（全4巻）ボードレール（阿部良雄訳、ちくま学芸文庫ほか）
『魔の山』マン（高橋義孝訳、新潮文庫ほか）
『芽むしり仔撃ち』大江健三郎（新潮文庫ほか）
『もてない男』小谷野敦（ちくま新書）
『ヨーロッパ文学とラテン中世』クルツィウス／南大路振一ほか訳（みすず書房）
『ヨーロッパ文明批判序説』工藤庸子（東京大学出版会）
『リトルターン』ニューマン／五木寛之訳（集英社文庫ほか）
『朗読者』シュリンク（松永美穂訳、新潮

文庫ほか）
『論文の書き方』澤田昭夫（講談社学術文庫）

美術・芸術

『ジャン・ルノワール　越境する映画』野崎歓（青土社）
『ブラヴォー、ゼバスティアン』フローヴァ／鈴木昭裕訳（哲学書房）
『魔笛』シャイエ／高橋英郎ほか訳（白水社）
『まなざしのレッスン1　西洋伝統絵画』三浦篤（東京大学出版会）

歴史

『愛国主義の創成』吉澤誠一郎（岩波書店）
『逝きし世の面影』（日本近代素描Ⅰ）渡辺京二（葦書房）
『丘のうえの民主政』橋場弦（東京大学出版会）
『海港と文明』深沢克己（山川出版社）
『記憶の場』ノラ編／谷川稔監訳（岩波書店）
『勲爵士シャルダンの生涯』羽田正（中央公論新社）
『国際商業』（近代ヨーロッパの探究9）深沢克己編著（ミネルヴァ書房）
『銃・病原菌・鉄』ダイアモンド（倉骨彰訳、草思社文庫ほか）
『死を前にした人間』アリエス／成瀬駒男訳（みすず書房）
『新物語世界史への旅』大江一道（山川出版社）
『大地の子』（新しい世界史1）小谷汪之（東京大学出版会）
『新・中世王権論』本郷和人（新人物往来社）
『中世公家政権の研究』本郷恵子（東京大学出版会）
『中世朝廷訴訟の研究』本郷和人（東京大学出版会）
『中世人の経済感覚』本郷恵子（ＮＨＫブックス）
『天津の近代』吉澤誠一郎（名古屋大学出版会）
『武士と文士の中世史』五味文彦（東京大学出版会）
「物質文明・経済・資本主義」（全6巻）ブローデル／村上光彦ほか訳（みすず書房）
『闇の歴史』ギンズブルグ／竹山博英訳（せりか書房）
『雍正帝』宮崎市定（中公文庫ほか）
『ヨーロッパとは何か』ポミアン／松村剛訳（平凡社ライブラリー）
『歴史入門』ブローデル（金塚貞文訳、中公文庫ほか）
『鹿洲公案』藍鼎元／宮崎市定訳（東洋文庫）

心理学・認知科学

『アフォーダンスの心理学』リード／細田直哉訳、佐々木正人監修（新曜社）
『サイコセラピー練習帳』（Ⅰ・Ⅱ）丸田俊彦（岩崎学術出版社）
『自己分析』ホーナイ／霜田静志ほか訳（誠信書房）

『信頼の構造』山岸俊男（東京大学出版会）

『精神の生態学』ベイトソン／佐藤良明訳（新思索社）

「認知科学選書」（全24巻、東京大学出版会）

『明恵 夢を生きる』河合隼雄（講談社＋α文庫ほか）

『レイアウトの法則』佐々木正人（春秋社）

社会

『環境学の技法』石弘之編（東京大学出版会）

『環境税とは何か』石弘光（岩波新書）

『広告都市・東京』北田暁大（ちくま学芸文庫ほか）

『社会調査の公開データ』佐藤博樹ほか編（東京大学出版会）

『社会調査の方法』ウェッブほか／川喜多喬訳（東京大学出版会）

『障害学への招待』石川准ほか編著（明石書店）

『制度論の構図』盛山和夫（創文社）

『生の技法』安積純子ほか（藤原書店）

『理論と方法』（講座社会学1）高坂健次ほか編（東京大学出版会）

『ろう文化』現代思想編集部編（青土社）

■社会科学■

社会科学一般

『職業としての政治』ヴェーバー（脇圭平訳、岩波文庫ほか）

地域

『イスラーム誤認』板垣雄三（岩波書店）

『イスラーム地域研究の可能性』（イスラーム地域研究叢書1）佐藤次高編（東京大学出版会）

政治

『アメリカ研究案内』阿部斉ほか編（東京大学出版会）

『アメリカ研究入門 第3版』五十嵐武士ほか編（東京大学出版会）

『アメリカ自由主義の伝統』ハーツ（有賀貞訳、講談社学術文庫ほか）

『アメリカとは何か』斎藤眞（平凡社ライブラリー）

『アメリカ例外論』リプセット／上坂昇ほか訳（明石書店）

『近代日本の戦争と政治』三谷太一郎（岩波書店）

『現代アメリカ政治と公共利益』久保文明（東京大学出版会）

『現代史の目撃者』スティール／浅野輔訳（TBSブリタニカ）

『現代政治の思想と行動』丸山眞男（未來社）

『国際関係研究入門』岩田一政ほか編（東京大学出版会）

『国際社会論』ブル／臼杵英一訳（岩波書店）

「国際政治講座」（3・4）藤原帰一ほか編（東京大学出版会）

「『死の跳躍』を越えて」佐藤誠三郎（千倉書房）

『政治的なものの概念』シュミット／田中浩ほか訳（未來社）
『戦争と平和の心理学』オスグッド／田中靖政ほか訳（岩波書店）
『戦略と良心』ラパポート／坂本義和ほか訳（岩波書店）
『デモクラシーの政治学』福田有広ほか編（東京大学出版会）
「日米関係史」（全4巻）細谷千博ほか編（東京大学出版会）
『ニューディールとアメリカ民主政』久保文明（東京大学出版会）
『東アジアの王権と思想』渡辺浩（東京大学出版会）
『フランクリン、ジェファソン、マディソン他、トクヴィル』松本重治責任編集（「世界の名著40」、中央公論社）
『米中奔流』マン／鈴木主税訳（共同通信社）
『明治国家の完成』（日本の近代3）御厨貴（中央公論新社）
「矢内原忠雄全集」（全29巻、岩波書店）
『リヴァイアサン』長尾龍一（講談社学術文庫）
『歴代首相物語』御厨貴（新書館）

法律

「岩波講座　現代の法」（全15巻）岩村正彦ほか編（岩波書店）
「岩波講座　現代法」（全15巻）小林直樹ほか編（岩波書店）
『会社法人格否認の法理』江頭憲治郎（東京大学出版会）
『金融取引と課税』中里実（有斐閣）
『ケースブック租税法』金子宏ほか編（弘文堂）
『結合企業課税の理論』増井良啓（東京大学出版会）
『社会と法の戦後史』渡辺洋三（青木書店）
『所得課税の基礎理論』金子宏（有斐閣）
『所得課税の研究』金子宏編（有斐閣）
『信託と課税』佐藤英明（弘文堂）
『税法』清永敬次（ミネルヴァ書房）
『租税法』金子宏（弘文堂）
『租税法』水野忠恒（有斐閣）
『統一ドイツの法変動』広渡清吾（有信堂高文社）
「融ける境　超える法」（全5巻）江頭憲治郎ほか編（東京大学出版会）
『日本憲法思想史』長尾龍一（講談社学術文庫ほか）
『法曹の比較法社会学』広渡清吾編（東京大学出版会）
『法的判断とは何か』原島重義（創文社）
『法哲学講義』笹倉秀夫（東京大学出版会）
『法とフィクション』来栖三郎（東京大学出版会）
『歴史重箱隅つつき』長尾龍一（信山社出版）
『レトリック流交渉術』ハフト／服部高宏訳（木鐸社）

経済・経営

『インターネットと課税システム』渡辺智之（東洋経済新報社）
『金融構造改革の誤算』大崎貞和（東洋経

済新報社）

『景気循環論』シュムペーター／吉田昇三監訳（有斐閣）

『経済発展の理論』シュムペーター／塩野谷祐一ほか訳（岩波文庫ほか）

『財政崩壊を食い止める』神野直彦ほか（岩波書店）

『資本主義・社会主義・民主主義』シュムペーター／中山伊知郎ほか訳（東洋経済新報社）

『将来人口推計の視点』社会保障審議会人口部会編（ぎょうせい）

『人材を生かす企業』フェファー／佐藤洋一監訳（トッパン）

『成長と人材』佐藤博樹ほか編（勁草書房）

『1940年体制』野口悠紀雄（東洋経済新報社）

『デフレ下の法人課税改革』中里実（有斐閣）

『電子社会と市場経済』奥野正寛ほか編著（新世社）

『日本経済』中村隆英（東京大学出版会）

『日本国債の研究』富田俊基（東洋経済新報社）

『日本の経済格差』橘木俊詔（岩波新書）

『日本の税制改革』小西砂千夫（有斐閣）

『不平等の再検討』セン／池本幸生ほか訳（岩波書店）

『変化のなかの雇用システム』仁田道夫（東京大学出版会）

『マネジメントの正体』ロビンズ／清川幸美訳（ソフトバンクパブリッシング）

■自然科学■

自然科学一般

『カオスの紡ぐ夢の中で』金子邦彦（ハヤカワ文庫ほか）

『科学技術と公共性』（公共哲学8）佐々木毅ほか編（東京大学出版会）

『科学的発見の論理』ポパー／大内義一ほか訳（恒星社厚生閣）

『科学論の現在』金森修ほか編著（勁草書房）

『偶然とカオス』ルエール／青木薫訳（岩波書店）

『ゲーデル、エッシャー、バッハ』ホフスタッター／野崎昭弘ほか訳（白揚社）

『公共のための科学技術』小林傳司編（玉川大学出版部）

『ご冗談でしょう、ファインマンさん』ファインマン（大貫昌子訳、岩波現代文庫ほか）

『専門知と公共性』藤垣裕子（東京大学出版会）

『脳のなかの幽霊』ラマチャンドランほか（山下篤子訳、角川文庫ほか）

『複雑系のカオス的シナリオ』金子邦彦ほか（朝倉書店）

『複雑系の進化的シナリオ』金子邦彦ほか（朝倉書店）

『理科系の作文技術』木下是雄（中公新書）

情報・コンピュータ

『記憶のゆくたて』武邑光裕（東京大学出版会）

物理・化学

『カオスの中の秩序』ベルジェほか／相澤洋二訳（産業図書）

『散逸構造』プリゴジーヌほか／小畠陽之助ほか訳（岩波書店）

『磁力と重力の発見』山本義隆（みすず書房）

『多体電子論』（全3巻）青木秀夫監修（東京大学出版会）

『物理学のすすめ』（21世紀学問のすすめ8）塚田捷編（筑摩書房）

『ボース－アインシュタイン凝縮から高温超伝導へ』日本物理学会編（日本評論社）

『量子力学』（Ⅰ・Ⅱ）朝永振一郎（みすず書房）

地理・地学・宇宙

『宇宙「96％の謎」』佐藤勝彦（角川ソフィア文庫ほか）

『宇宙のたくらみ』バロー／菅谷暁訳（みすず書房）

『コスモス・オデッセイ』クラウス／はやしまさる訳（紀伊國屋書店）

『進化する地球惑星システム』東京大学地球惑星システム科学講座編（東京大学出版会）

『生命と地球の共進化』川上紳一（NHKブックス）

『全地球史解読』熊澤峰夫ほか編（東京大学出版会）

『地球進化論』（岩波講座 地球惑星科学13）平朝彦ほか編（岩波書店）

『地球 誕生と進化の謎』松井孝典（講談社現代新書）

『ホーキング、未来を語る』ホーキング（佐藤勝彦訳、ソフトバンク文庫ほか）

『レオロジーと地球科学』唐戸俊一郎（東京大学出版会）

工学

『古典主義建築の系譜』サマーソン／鈴木博之訳（中央公論美術出版）

『都市のかなしみ』鈴木博之（中央公論新社）

『日本建築史序説』太田博太郎（彰国社）

『連戦連敗』安藤忠雄（東京大学出版会）

生物・農学

『酵母』（ネオ生物学シリーズ ゲノムから見た新しい生物4）柳田充弘編（共立出版）

『種の起原』ダーウィン（八杉龍一訳、岩波文庫ほか）

『清酒酵母の研究 90年代の研究』清酒酵母・麹研究会編（日本醸造協会）

『講座 生物物理』大沢文夫（丸善）

『生命の物理』（岩波講座現代物理学の基礎8）大沢文夫ほか編（岩波書店）

『生命とは何か』金子邦彦（東京大学出版会）

『生命とは何か』シュレーディンガー（岡小天ほか訳、岩波文庫ほか）

『生命の誕生と進化』大野乾（東京大学出版会）

『動物進化形態学』倉谷滋（東京大学出版

会）
『発生のしくみが見えてきた』浅島誠（岩波書店）
『はみだし生物学』小松左京（新潮文庫ほか）

医学・薬学

『精神科治療の覚書』中井久夫（日本評論社）
『天才の精神病理』飯田真ほか（岩波現代文庫）
「フロイト著作集」（全11巻、人文書院）

2005年

二〇〇五年アンケート執筆者（敬称略）

内田隆三　清水　明　原　和之
桂　利行　末木文美士　肥爪周二
加藤陽子　高塚和夫　平野　聡
苅部　直　高橋慎一朗　持田信樹
川本隆史　田中弥生　鷲谷いづみ
玄田有史　丹野義彦
齋藤希史　西村幸夫

■総記■

■人文科学■

哲学・思想・宗教

『生き神の思想史』小沢浩（岩波書店）
『イスラームとは何か』小杉泰（講談社現代新書）
『機械の花嫁』マクルーハン／井坂学訳（竹内書店新社）
『君たちはどう生きるか』吉野源三郎（岩波文庫ほか）
『近代中国の知識人と文明』佐藤慎一（東京大学出版会）
『近代日本と仏教』（近代日本の思想・再考II）末木文美士（トランスビュー）
『現代のイスラム』山内昌之（朝日選書）
『現代倫理学の冒険』川本隆史（創文社）
『国家と革命』レーニン／角田安正訳（講談社学術文庫ほか）
『言葉と物』フーコー／渡辺一民ほか訳（新潮社）
『死と狂気』渡辺哲夫（ちくま学芸文庫ほか）
『自分で考えてみる哲学』ウィルソン／山本史郎訳（東京大学出版会）
『呪殺・魔境論』鎌田東二（集英社）
『神道の逆襲』菅野覚明（講談社現代新書）
『親鸞』丹羽文雄（新潮文庫）
『タイの僧院にて』青木保（中公文庫ほか）
『歎異抄』（金子大栄校注、岩波文庫ほか）
『チベット旅行記』河口慧海（講談社学術文庫ほか）
『ニーチェの顔』氷上英廣（岩波新書）
『21世紀公共哲学の地平』（公共哲学10）佐々木毅ほか編（東京大学出版会）
『文明論之概略』福沢諭吉（松沢弘陽校注、岩波文庫ほか）
『パサージュ論』ベンヤミン（今村仁司ほか訳、岩波現代文庫ほか）
『ブッダのことば』中村元訳（岩波文庫ほか）
『碧巌録』（入矢義高ほか訳注、岩波文庫ほか）
『法華経』（坂本幸男ほか訳注、岩波文庫ほか）
『明治思想家論』（近代日本の思想・再考I）末木文美士（トランスビュー）
『柳田国男論・丸山真男論』吉本隆明（ちくま学芸文庫ほか）
『ラカン 哲学空間のエクソダス』原和之（講談社選書メチエ）
『ロールズ』川本隆史（講談社）

文学・評論・言語

『アデン・アラビア』ニザン（篠田浩一郎訳、晶文社ほか）
『犬』中勘助（岩波文庫ほか）
『海からの贈物』リンドバーグ（吉田健一訳、新潮文庫ほか）
『英語のたくらみ、フランス語のたわむれ』斎藤兆史ほか（東京大学出版会）
『園林都市』大室幹雄（三省堂）
「小川環樹著作集」（全5巻）（筑摩書房）

『回思九十年』白川静（平凡社ライブラリー）
『書くことのはじまりにむかって』金井美恵子（中公文庫ほか）
『漢文の話』吉川幸次郎（ちくま学芸文庫ほか）
『漢文脈の近代』齋藤希史（名古屋大学出版会）
『極東アングラ正伝』佐川光晴（双葉社）
『銀の匙』中勘助（岩波文庫ほか）
『クレア』ダレル／高松雄一訳（河出書房新社）
『言志と縁情』大上正美（創文社）
『幻獣辞典』ボルヘスほか／柳瀬尚紀訳（晶文社）
『自分の中に毒を持て』岡本太郎（青春出版社）
『ジュスティーヌ』ダレル／高松雄一訳（河出書房新社）
『新唐詩選』吉川幸次郎ほか（岩波新書）
『大聖堂』フォレット（矢野浩三郎訳、ソフトバンク文庫ほか）
『鉄道ひとつばなし』原武史（講談社現代新書）
『倫敦！　倫敦？』長谷川如是閑（岩波文庫ほか）
『中勘助の恋』富岡多恵子（創元社）
『中島敦全集』（全3巻・別巻1、筑摩書房）
『日本語』金田一春彦（岩波新書）
『日本語の音韻』（日本語の世界7）小松英雄（中央公論新社）
『日本語の外へ』片岡義男（角川文庫ほか）
『日本語の歴史』山口明穂ほか（東京大学出版会）
『日本人の美意識』キーン／金関寿夫訳（中公文庫）
『日本を意識する』齋藤希史編（講談社選書メチエ）
『のんのんばあとオレ』水木しげる（ちくま文庫ほか）
『バルタザール』ダレル／高松雄一訳（河出書房新社）
『平家物語』（梶原正昭ほか校注、岩波文庫ほか）
『マウントオリーヴ』ダレル／高松雄一訳（河出書房新社）
『本居宣長』相良亨（講談社学術文庫ほか）
『夜と霧』フランクル（霜山徳爾ほか訳、みすず書房ほか）
『吾輩は猫である』夏目漱石（岩波文庫ほか）

美術・芸術

『音を視る、時を聴く』大森荘蔵ほか（ちくま学芸文庫ほか）
『吉田秀和全集』（全24巻、白水社）

歴史

『アジアから考える』（全7巻）溝口雄三ほか編（東京大学出版会）
『オスマン帝国の解体』鈴木董（ちくま新書）
『昭和初期政治史研究』伊藤隆（東京大学出版会）
『図集　日本都市史』高橋康夫ほか編（東京

大学出版会）

『中世史を考える』石井進（校倉書房）

『中世の都市と武士』高橋慎一朗（吉川弘文館）

『日露戦後政治史の研究』宮地正人（東京大学出版会）

『東と西の語る日本の歴史』網野善彦（講談社学術文庫）

『秘境西域八年の潜行』西川一三（中公文庫ほか）

心理学・認知科学

『エビデンス臨床心理学』丹野義彦（日本評論社）

『「きめ方」の論理』佐伯胖（東京大学出版会）

『幻聴と妄想の認知臨床心理学』石垣琢磨（東京大学出版会）

『自己意識と他者意識』辻平治郎（北大路書房）

『自己注目と抑うつの社会心理学』坂本真士（東京大学出版会）

『自分のこころからよむ臨床心理学入門』丹野義彦ほか（東京大学出版会）

『統合失調症の臨床心理学』横田正夫ほか編（東京大学出版会）

『認知臨床心理学入門』ドライデンほか編／丹野義彦監訳（東京大学出版会）

『ユング心理学入門』河合隼雄（培風館ほか）

「講座臨床心理学」（全6巻）下山晴彦ほか編（東京大学出版会）

教育

『ザ学長』小沢浩（桂書房）

社会

『「NPO」幻想と現実』田中弥生（同友館）

『NPOと社会をつなぐ』田中弥生（東京大学出版会）

『国土論』内田隆三（筑摩書房）

『自殺論』デュルケーム（宮島喬訳、中公文庫ほか）

『社会学を学ぶ』内田隆三（ちくま新書）

「福武直著作集」（全11巻・別巻・補巻、東京大学出版会）

人類学・民俗学

『地名の研究』柳田國男（「柳田國男全集8」、筑摩書房ほか）

■社会科学■

社会科学一般

『プロテスタンティズムの倫理と資本主義の精神』ヴェーバー（大塚久雄訳、岩波文庫ほか）

地域

「現代中国の構造変動」（全8巻）毛里和子ほか編（東京大学出版会）

政治

『共産党宣言』マルクスほか（大内兵衛ほか訳、岩波文庫ほか）

『近代政治思想の誕生』佐々木毅（岩波新書）
『近代中国政治外交史』坂野正高（東京大学出版会）
『近代日韓関係史研究』森山茂徳（東京大学出版会）
『蹇蹇録』陸奥宗光（中塚明校注、岩波文庫ほか）
『現代外交の分析』坂野正高（東京大学出版会）
『国民的独立と国家理性』（岡義武著作集第6巻、岩波書店）
『国家と革命』レーニン（角田安正訳、講談社学術文庫ほか）
『三酔人経綸問答』中江兆民（桑原武夫ほか校注、岩波文庫ほか）
『清帝国とチベット問題』平野聡（名古屋大学出版会）
『政策形成の過程』リンドブロムほか／藪野祐三ほか訳（東京大学出版会）
『大正デモクラシー体制の崩壊』酒井哲哉（東京大学出版会）
『日本政党政治の形成』三谷太一郎（東京大学出版会）
『日本陸軍と大陸政策』北岡伸一（東京大学出版会）
『破局と平和』（日本近代史大系8）石田雄（東京大学出版会）
「丸山眞男講義録」（全7巻、東京大学出版会）
『民主主義の天使』ミフニク／川原彰ほか編訳（同文舘出版）
『明治憲法体制の確立』坂野潤治（東京大学出版会）

法律

『租税論の展開と日本の税制』宮島洋（日本評論社）
『秩序像の転換』（法の臨界Ⅱ）井上達夫ほか編（東京大学出版会）

経済・経営

『ヴェニスの商人の資本論』岩井克人（ちくま学芸文庫ほか）
『企業・市場・法』コース／宮沢健一ほか訳（東洋経済新報社）
『市場と企業組織』ウィリアムソン／浅沼萬里ほか訳（日本評論社）
『資本主義はどこに行くのか』加藤榮一ほか編（東京大学出版会）
『所得と富』石川経夫（岩波書店）
『地方分権の財政学』持田信樹（東京大学出版会）
『日本の所得と富の分配』石川経夫編（東京大学出版会）
『非営利組織の経営』ドラッカー／上田惇生ほか訳（ダイヤモンド社）
『福祉国家の財政学』林健久（有斐閣）

■自然科学■

自然科学一般

『カオス』グリック（大貫昌子訳、新潮文庫ほか）
『科学革命の構造』クーン／中山茂訳（みすず書房）

『ファインマンさん最後の授業』ムロディナウ／安平文子訳（メディアファクトリー）

数学

『定本　解析概論』高木貞治（岩波書店）

『代数学Ⅰ　群と環』（大学数学入門1）桂利行（東京大学出版会）

『代数学Ⅱ　環上の加群』（大学数学入門2）桂利行（東京大学出版会）

『代数学Ⅲ　体とガロア理論』（大学数学入門3）桂利行（東京大学出版会）

『ゲーデル・不完全性定理』吉永良正（講談社ブルーバックス）

『現代代数学』服部昭（朝倉書店）

『線型代数入門』（基礎数学1）齋藤正彦（東京大学出版会）

『代数幾何入門』桂利行（共立出版）

『物理数学の方法』シュワルツ／吉田耕作ほか訳（岩波書店）

『無限の果てに何があるか』足立恒雄（知恵の森文庫ほか）

物理・化学

『化学の基礎77講』東京大学教養学部化学部会編（東京大学出版会）

『古典力学の数学的方法』アーノルド／安藤韶一ほか訳（岩波書店）

『統計物理学』（岩波講座現代物理学の基礎5）戸田盛和ほか編（岩波書店）

『熱力学の基礎』清水明（東京大学出版会）

『分子の複雑性とカオス』（非平衡系の科学Ⅳ）高塚和夫（講談社）

『量子力学』ディラック／朝永振一郎ほか訳（岩波書店）

『量子力学の数学的基礎』ノイマン／井上健ほか訳（みすず書房）

『量子論の基礎』清水明（サイエンス社）

地理・地学・宇宙

『太陽系の果てを探る』渡部潤一ほか（東京大学出版会）

『日本の渚』加藤真（岩波新書）

工学

『集落の教え100』原広司（彰国社）

『東京都市計画物語』越沢明（ちくま学芸文庫ほか）

『都市保全計画』西村幸夫（東京大学出版会）

『日本近現代都市計画の展開』石田頼房（自治体研究社）

「日本のすまい」（全3巻）西山夘三（勁草書房）

『繁華街の近代』初田亨（東京大学出版会）

生物・農学

『外来種ハンドブック』日本生態学会編、村上興正ほか監修（地人書館）

『自然再生』鷲谷いづみ（中公新書）

『種の起原』ダーウィン（八杉龍一訳、岩波文庫ほか）

『生態系へのまなざし』鷲谷いづみほか（東京大学出版会）

『生命の意味論』多田富雄（新潮社）

『ナメクジウオ』安井金也ほか（東京大学出版会）

医学・薬学

『エモーショナル・ブレイン』ルドゥー／松本元ほか訳（東京大学出版会）
『精神病』ラカン／小出浩之ほか訳（岩波書店）
『対象喪失』小此木啓吾（中公新書）
『フロイト』ゲイ／鈴木晶訳（みすず書房）
『フロイトの技法論』ラカン／小出浩之ほか訳（岩波書店）
『フロイト理論と精神分析技法における自我』ラカン／小出浩之ほか訳（岩波書店）
『夢判断』フロイト（高橋義孝訳、新潮文庫ほか）

2006年

二〇〇六年アンケート執筆者（敬称略）

秋山　徹　中村尚史　藤原克己
井上達夫　西田　睦　本田由紀
榎原雅治　能智正博　山岡耕春
岡山　裕　橋本和仁　渡邊日日
木下直之　林　香里
ロバート キャンベル　開　一夫
高橋伸夫　広田照幸

■総記■

『きけわだつみのこえ』日本戦没学生手記編集委員会編（東京大学出版会ほか）
『知の技法』小林康夫ほか編（東京大学出版会）
『東京大学本郷キャンパス案内』木下直之ほか（東京大学出版会）
『はるかなる山河に』東京大学学生自治会戦歿学生手記編集委員会編（東京大学出版会）

■人文科学■

哲学・思想・宗教・総記

『アーレント＝ハイデガー往復書簡』ルッツ編／大島かおりほか訳（みすず書房）
『生きるということ』フロム／佐野哲郎訳（紀伊國屋書店）
『監獄の誕生』フーコー／田村俶訳（新潮社）
『現代思想の冒険』竹田青嗣（ちくま学芸文庫ほか）
『実存主義とは何か』サルトル／伊吹武彦ほか訳（人文書院）
『社会分業論』（現代社会学大系2）デュルケーム（田原音和訳、青木書店ほか）
『ジャーナリズムの思想』（現代日本思想大系12）鶴見俊輔編（筑摩書房）
『ツァラトゥストラ』ニーチェ（手塚富雄訳、中公文庫ほか）
『帝王学』山本七平（文春文庫ほか）
『開かれた社会とその敵』ポパー／内田詔夫ほか訳（未來社）
『福翁自伝』福沢諭吉（岩波文庫ほか）
『武士道』新渡戸稲造（矢内原忠雄訳、岩波文庫ほか）
『プラトンの呪縛』佐々木毅（講談社学術文庫ほか）
『ユダヤ人問題によせて』マルクス／城塚登訳（岩波文庫ほか）
『臨済録』（入矢義高訳注、岩波文庫ほか）

文学・評論・言語

『あんたが悪いっ！』いがらしみきお（実業之日本社）
『インディアスの破壊についての簡潔な報告』ラス・カサス／染田秀藤訳（岩波文庫）
『鷗外の坂』森まゆみ（新潮文庫ほか）
『回想 回転扉の三島由紀夫』堂本正樹（文春新書）
『漢字と日本人』高島俊男（文春新書）
『言語表現法講義』加藤典洋（岩波書店）
『源氏物語虚構論』鈴木日出男（東京大学出版会）
『源氏物語研究序説』阿部秋生（東京大学出版会）
『源氏物語の世界』秋山虔（東京大学出版会）
『源氏物語の文学史』高田祐彦（東京大学出版会）
『古代和歌史論』鈴木日出男（東京大学出版会）

『ことばと国家』田中克彦（岩波新書）
『作家の顔』小林秀雄（新潮文庫ほか）
『産』（日本の名随筆77）森崎和江編（作品社）
『菅原道真』藤原克己（ウェッジ）
『菅原道真と平安朝漢文学』藤原克己（東京大学出版会）
『太平記〈よみ〉の可能性』兵藤裕己（講談社学術文庫ほか）
『トニオ・クレーゲル』マン（高橋義孝訳、新潮文庫ほか）
『日本沈没』小松左京（小学館文庫ほか）
『非政治的人間の考察』マン／前田敬作ほか訳（筑摩叢書）
『平家物語』板坂耀子（中公新書）
『ペスト』カミュ／宮崎嶺雄訳（新潮文庫ほか）
『読むことの力』キャンベル編（講談社選書メチエ）
『私の生活流儀』本多静六（実業之日本社）

美術・芸術

『江戸絵画と文学』今橋理子（東京大学出版会）
『江戸の声』黒木文庫特別展実行委員会／キャンベル編（東京大学出版会）
『高橋由一油画史料』青木茂編（中央公論美術出版）
『ミケランジェリ』ガーベン／蔵原順子訳（アルファベータ）

歴史

『植木枝盛研究』家永三郎（岩波書店）
『青きドナウの乱痴気』良知力（平凡社ライブラリー）
『一揆』勝俣鎮夫（岩波新書）
『江戸名所図会』斎藤月岑（市古夏生ほか校訂、ちくま学芸文庫ほか）
『江戸名物評判記案内』中野三敏（岩波新書）
『江戸名物評判記集成』中野三敏編（岩波書店）
『自分のなかに歴史をよむ』阿部謹也（ちくま文庫ほか）
『第三世界の姓名』松本脩作ほか編（明石書店）
『地名の歴史学』服部英雄（角川書店）
『中世ヨーロッパを生きる』甚野尚志ほか編（東京大学出版会）
『魂鎮への道』飯田進（不二出版）
『東都歳事記』斎藤月岑（朝倉治彦校注、東洋文庫ほか）
『徳政令』笠松宏至（岩波新書）
「日本史講座」（全10巻）歴史学研究会ほか編（東京大学出版会）
『日本中世地域社会の構造』榎原雅治（校倉書房）
『武江年表』斎藤月岑（今井金吾校訂、ちくま学芸文庫ほか）
『村の戦争と平和』（日本の中世12）坂田聡ほか（中央公論新社）
『世の途中から隠されていること』木下直之（晶文社）
『わたしの城下町』木下直之（筑摩書房）

心理学・認知科学

『〈意識〉とは何だろうか』下條信輔（講談社現代新書）
『動きながら識る、関わりながら考える』伊藤哲司ほか編（ナカニシヤ出版）
『現象学的心理学』キーン／吉田章宏ほか訳（東京大学出版会）
『知的好奇心』波多野誼余夫ほか（中公新書）
『日曜ピアジェ　赤ちゃん学のすすめ』開一夫（岩波書店）
『乳児の世界』ロシャ／板倉昭二ほか監訳（ミネルヴァ書房）
『認識とパタン』渡辺慧（岩波新書）
「認知心理学講座」（全4巻）東洋ほか監修（東京大学出版会）
『ヒューマン・ディベロプメント』バウアー／鯨岡峻訳（ミネルヴァ書房）
『マインドタイム』リベット／下條信輔訳（岩波書店）
『「私」とは何か』浜田寿美男（講談社選書メチエ）

教育

『教育』広田照幸（岩波書店）
『教育言説をどう読むか』今津孝次郎編（新曜社）
『日本人のしつけは衰退したか』広田照幸（講談社現代新書）
『変動社会のなかの教育・知識・権力』藤田英典ほか編（新曜社）
『メディアの教育学』今井康雄（東京大学出版会）

社会

『家出っ子』山口敦子（待望社）
『学校・職安と労働市場』苅谷剛彦ほか編（東京大学出版会）
『危険社会』ベック／東廉ほか訳（法政大学出版局）
『制度論の構図』盛山和夫（創文社）
『多元化する「能力」と日本社会』本田由紀（NTT出版）
『乳の海』藤原新也（朝日文芸文庫ほか）
「日本残酷物語」（全5巻）宮本常一ほか監修（平凡社ライブラリー）
『日本のメリトクラシー』竹内洋（東京大学出版会）
『〈犯罪被害者〉が報道を変える』高橋シズヱほか編（岩波書店）
『放送禁止歌』森達也（知恵の森文庫ほか）
『マスメディアの周縁、ジャーナリズムの核心』林香里（新曜社）
『迷走する家族』山田昌弘（有斐閣）
『もの食う人びと』辺見庸（角川文庫ほか）
『世論の政治社会学』岡田直之（東京大学出版会）
『リキッド・モダニティ』バウマン／森田典正訳（大月書店）
『若者と仕事』本田由紀（東京大学出版会）

人類学・民俗学

「現代の社会人類学」（全3巻）伊藤亜人ほか編（東京大学出版会）
『社会の探究としての民族誌』渡邊日日

（三元社）

■社会科学■

社会科学一般

『作品としての社会科学・作品への遍歴』（「内田義彦著作集」8、岩波書店）

『プロテスタンティズムの倫理と資本主義の精神』ヴェーバー（大塚久雄訳、岩波文庫ほか）

政治

『アメリカニズム』古矢旬（東京大学出版会）

『アメリカ二大政党制の確立』岡山裕（東京大学出版会）

『アメリカのデモクラシー』トクヴィル（松本礼二訳、岩波文庫ほか）

『近代の政治思想』福田歓一（岩波新書）

『現代政治理論』キムリッカ／千葉眞ほか訳（日本経済評論社）

『ザ・フェデラリスト』ハミルトンほか（斎藤眞ほか訳、岩波文庫ほか）

『制度』（社会科学の理論とモデル12）河野勝（東京大学出版会）

『覇権国アメリカの再編』五十嵐武士（東京大学出版会）

法律

『マオ』ユンほか／土屋京子訳（講談社）

『共生の作法』井上達夫（創文社）

『現代の貧困』井上達夫（岩波現代文庫ほか）

『他者への自由』井上達夫（創文社）

『日本国憲法』（講談社学術文庫ほか）

『普遍の再生』井上達夫（岩波書店）

『法哲学概論』碧海純一（弘文堂）

『法という企て』井上達夫（東京大学出版会）

経済・経営

『ヴェニスの商人の資本論』岩井克人（ちくま学芸文庫ほか）

『近代資本主義の組織』中林真幸（東京大学出版会）

『経済的自由主義』岡田与好（東京大学出版会）

『産学連携の実証研究』馬場靖憲ほか（東京大学出版会）

『資本論』マルクス（向坂逸郎訳、岩波書店ほか）

『生産組織の経済史』岡崎哲二編（東京大学出版会）

『できる社員は「やり過ごす」』高橋伸夫（日経ビジネス人文庫ほか）

『なぜ世界の半分が飢えるのか』ジョージ／小南祐一郎ほか訳（朝日選書）

『日本鉄道業の形成』中村尚史（日本経済評論社）

『人間回復の経済学』神野直彦（岩波新書）

『反グローバリズム』金子勝（岩波書店）

『粉飾国家』金子勝（講談社現代新書）

■自然科学■

数学

『定本　解析概論』高木貞治（岩波書店）
『放浪の天才数学者エルデシュ』ホフマン（平石律子訳、草思社文庫ほか）

物理・化学

『鏡の中の物理学』朝永振一郎（講談社学術文庫ほか）
『統計物理学』（現代物理学の基礎5）戸田盛和ほか編（岩波書店）
『光触媒のしくみ』藤嶋昭ほか（日本実業出版社）
『光の物理』小林浩一（東京大学出版会）
『量子力学I・II』朝永振一郎（みすず書房）

地理・地学・宇宙

『火山とマグマ』兼岡一郎ほか編（東京大学出版会）
『地震と断層』島崎邦彦ほか編（東京大学出版会）
『東海地震がわかる本』名古屋大学災害対策室編著（東京新聞出版局）

工学

『材料概論』（シリーズ現代工学入門）岸輝雄ほか（岩波書店）

生物・農学

『延長された表現型』ドーキンス／日高敏隆ほか訳（紀伊國屋書店）
『細胞の分子生物学』アルバーツほか／中村桂子ほか監訳（ニュートンプレス）
『時間・愛・記憶の遺伝子を求めて』ワイナー／垂水雄二訳（早川書房）
『シグナル伝達がわかる』秋山徹編（羊土社）
『種の起原』ダーウィン（八杉龍一訳、岩波文庫ほか）
『生態系へのまなざし』鷲谷いづみほか（東京大学出版会）
『生と死の自然史』レーン／西田睦監訳（東海大学出版会）
『ナチュラリスト』ウィルソン／荒木正純訳（法政大学出版局）
『花の性』矢原徹一（東京大学出版会）
『フィンチの嘴』ワイナー（樋口広芳ほか訳、ハヤカワ文庫ほか）

医学・薬学

『がん遺伝子に挑む』エインジャー／野田洋子ほか訳（東京化学同人）
「がん研究のいま」（全4巻）鶴尾隆ほか編集代表（東京大学出版会）
『がん研究レース』ワインバーグ／野田亮ほか訳（岩波書店）

2007年

二〇〇七年アンケート執筆者（敬称略）

合原一幸
石垣琢麿
石川健治
大橋　弘
川島　真
川幡穂高
神野志隆光
白波瀬佐和子
杉森玲子
鈴木　泉
須藤　靖
高原明生
武田洋幸
塚谷裕一
登坂博行
中釜洋子
橋場　弦
宮岡洋一
村松真理子
矢口祐人
柳川範之

■人文科学■

哲学・思想・宗教

『集める!』岩波アクティブ新書編集部編（岩波アクティブ新書）
『アーレント＝ハイデガー往復書簡』ルッツ編／大島かおりほか訳（みすず書房）
『イエスという経験』大貫隆（岩波書店）
『イエスの時』大貫隆（岩波書店）
『オリエンタリズム』サイード／板垣雄三ほか監修、今沢紀子訳（平凡社ライブラリー）
『仮面の解釈学』坂部恵（東京大学出版会）
『カント研究』久保元彦（創文社）
『君たちはどう生きるか』吉野源三郎（岩波文庫ほか）
『経験と言語』黒田亘（東京大学出版会）
『現代人の倫理学』（現代社会の倫理を考える10）加藤尚武（丸善）
『根拠よりの挑戦』井上忠（東京大学出版会）
『純粋理性批判』カント／原佑訳（平凡社ライブラリー）
『真理の探究』村上勝三編（知泉書館）
『聖書』（日本聖書協会ほか）
『知識と行為』黒田亘（東京大学出版会）
『同一性の自己塑性』今道友信（東京大学出版会）

文学・評論・言語

『悪霊』ドストエフスキー（江川卓訳、新潮文庫ほか）
『アメリカの詩を読む』川本皓嗣（岩波書店）
『怒りの葡萄』スタインベック（大久保康雄訳、新潮文庫ほか）
『生きがいについて』神谷美恵子（みすず書房）
『失われた時を求めて』プルースト（鈴木道彦訳、集英社文庫ほか）
『悲しみの鶸』オルテーゼ／村松真理子訳（白水社）
『カラマーゾフの兄弟』ドストエフスキー（原卓也訳、新潮文庫ほか）
『カルヴィーノの文学講義』カルヴィーノ／米川良夫訳（朝日新聞社）
『漢字テキストとしての古事記』神野志隆光（東京大学出版会）
『原初のことば』（シリーズ物語り論2）宮本久雄ほか編（東京大学出版会）
『行人』夏目漱石（岩波文庫ほか）
『孤高の人』新田次郎（新潮文庫）
『こころ』夏目漱石（岩波文庫ほか）
『古事記の達成』神野志隆光（東京大学出版会）
『国家の品格』藤原正彦（新潮新書）
『山月記・李陵』中島敦（岩波文庫ほか）
『三国志』吉川英治（吉川英治歴史時代文庫、講談社）
『小説家が読むドストエフスキー』加賀乙彦（集英社新書）
『親鸞』丹羽文雄（新潮文庫）
『新・水滸伝』吉川英治（吉川英治歴史時代文庫、講談社）
『蒼穹の昴』浅田次郎（講談社文庫ほか）

『それから』夏目漱石（岩波文庫ほか）
『高橋悠治コレクション70年代』高橋悠治（平凡社ライブラリー）
『註文帳・白鷺』泉鏡花（岩波文庫ほか）
『月と六ペンス』モーム（中野好夫訳、新潮文庫ほか）
『罪と罰』ドストエフスキー（江川卓訳、岩波文庫ほか）
『徒然草抜書』小松英雄（講談社学術文庫ほか）
『摘録 断腸亭日乗』永井荷風（岩波文庫ほか）
『天皇と東大』立花隆（文藝春秋）
『流れる星は生きている』藤原てい（中公文庫ほか）
『謎とき『カラマーゾフの兄弟』』江川卓（新潮選書）
『謎とき『罪と罰』』江川卓（新潮選書）
『謎とき『白痴』』江川卓（新潮選書）
『日本人の英語』ピーターセン（岩波新書）
『日本領サイパン島の一万日』野村進（岩波書店）
『白痴』ドストエフスキー（木村浩訳、新潮文庫ほか）
『氷川清話』勝海舟（勝部真長編、角川文庫ほか）
『評伝ドストエフスキー』モチューリスキー／松下裕ほか訳（筑摩書房）
『冬の鷹』吉村昭（新潮文庫ほか）
『マークスの山』高村薫（講談社文庫ほか）
『宮本武蔵』吉川英治（吉川英治歴史時代文庫、講談社）
『ミラノ 霧の風景』須賀敦子（白水社uブックスほか）
『村の家 おじさんの話 歌のわかれ』中野重治（講談社文芸文庫ほか）
『文字逍遥』白川静（平凡社ライブラリー）
『文字遊心』白川静（平凡社ライブラリー）
『ヨーロッパ文学とラテン中世』クルツィウス／南大路振一ほか訳（みすず書房）
『ヨーロッパ文明批判序説』工藤庸子（東京大学出版会）
『ランボー全詩集』ランボー（宇佐見斉訳、ちくま文庫ほか）
「ローマ人の物語」（全15巻）塩野七生（新潮社）
『ワイルド・スワン』ユン（土屋京子訳、講談社文庫ほか）
『Campus Wide』東京大学教養学部英語部会（東京大学出版会）
『On Campus』東京大学教養学部英語部会（東京大学出版会）

美術・芸術

『ゴダール映画史（全）』ゴダール／奥村昭夫訳（ちくま学芸文庫）
『千住家にストラディヴァリウスが来た日』千住文子（新潮文庫）
『日本美術の歴史』辻惟雄（東京大学出版会）
『まなざしのレッスン1 西洋伝統絵画』三浦篤（東京大学出版会）

歴史

『アテナイ公職者弾劾制度の研究』橋場弦（東京大学出版会）

『大江戸見聞録』江戸文化歴史検定協会編（小学館）
『丘のうえの民主政』橋場弦（東京大学出版会）
『危機の二十年』カー（原彬久訳、岩波文庫ほか）
『近世日本の商人と都市社会』杉森玲子（東京大学出版会）
『近世封建社会の基礎構造』朝尾直弘（御茶の水書房）
『国境を越える歴史認識』劉傑ほか編（東京大学出版会）
『自分のなかに歴史をよむ』阿部謹也（ちくま文庫ほか）
『西洋古代史研究入門』伊藤貞夫ほか編（東京大学出版会）
『中世を読み解く』石井進（東京大学出版会）
『中国』フェアバンク／市古宙三訳（東京大学出版会）
『中国中世社会と共同体』谷川道雄（国書刊行会）
『日本近世国家史の研究』高木昭作（岩波書店）
「日本都市史入門」（全3巻）高橋康夫ほか編（東京大学出版会）
『日本を襲ったスペイン・インフルエンザ』速水融（藤原書店）
『敗北を抱きしめて』ダワー／三浦陽一ほか訳（岩波書店）
『箕作元八　滞欧「箙梅日記」』井手文子ほか編（東京大学出版会）

心理学・認知科学

『いま家族援助が求められるとき』中釜洋子（垣内出版）
『幻聴と妄想の認知臨床心理学』石垣琢磨（東京大学出版会）
『自由からの逃走』フロム／日高六郎訳（東京創元社）
『心理学』鹿取廣人ほか編（東京大学出版会）
『心理療法・その基礎なるもの』ミラーほか／曽我昌祺監訳（金剛出版）
『デボラの世界』グリーン／佐伯わか子ほか訳（みすず書房）
『統合失調症』バーチウッドほか／丹野義彦ほか訳（東京大学出版会）
『統合失調症の臨床心理学』横田正夫ほか編（東京大学出版会）
「講座　臨床心理学」（全6巻）下山晴彦ほか編（東京大学出版会）

教育

『教師と子どもの関係づくり』近藤邦夫（東京大学出版会）

社会

『気流の鳴る音』真木悠介（ちくま学芸文庫ほか）
『国際社会論』ブル／臼杵英一訳（岩波書店）
『社会移動の研究』安田三郎（東京大学出版会）
『社会学的想像力』ミルズ／鈴木広訳（紀伊國屋書店）

『少子高齢社会のみえない格差』白波瀬佐和子（東京大学出版会）
「日本の階層システム」（全6巻）原純輔ほか編（東京大学出版会）
『フリーターに滞留する若者たち』堀有喜衣編（勁草書房）

■社会科学■

社会科学一般

『社会科学の方法』大塚久雄（岩波新書）

地域

『現代アメリカのキーワード』矢口祐人ほか編著（中公新書）
『ハワイとフラの歴史物語』矢口祐人（イカロス出版）
『ハワイの歴史と文化』矢口祐人（中公新書）

政治

『近代中国政治外交史』坂野正高（東京大学出版会）
『東アジア国際政治史』川島真ほか編（名古屋大学出版会）
『民主主義』フィンレイ／柴田平三郎訳（刀水書房）

法律

『Q＆A死刑問題の基礎知識』菊田幸一（明石書店）
『行政訴訟の構造分析』小早川光郎（東京大学出版会）
『死刑廃止を考える』菊田幸一（岩波ブックレット）
『自由と特権の距離』石川健治（日本評論社）

経済・経営

『経済学的思考のセンス』大竹文雄（中公新書）
『経済システムの比較制度分析』青木昌彦ほか編著（東京大学出版会）
『経済の考え方がわかる本』新井明ほか編著（岩波ジュニア新書）
『生産組織の経済史』岡崎哲二編（東京大学出版会）
『戦略的思考の技術』梶井厚志（中公新書）
『日本経済』中村隆英（東京大学出版会）
『プロフェッショナル原論』波頭亮（ちくま新書）
『分配の経済学』石川経夫（東京大学出版会）

■自然科学■

自然科学一般

『科学と方法』ポアンカレ（吉田洋一訳、岩波文庫ほか）
『ご冗談でしょう、ファインマンさん』ファインマン（大貫昌子訳、岩波現代文庫ほか）
『春宵十話』岡潔（光文社文庫）
『情緒と創造』岡潔（講談社）
『数学者の言葉では』藤原正彦（新潮文庫）
「寺田寅彦随筆集」（全5巻、岩波文庫ほ

か）
「朝永振一郎著作集」（全15巻、みすず書房）
『中谷宇吉郎随筆集』樋口敬二編（岩波文庫ほか）
『論文捏造』村松秀（中公新書）
『若き数学者のアメリカ』藤原正彦（新潮文庫ほか）

数学

『定本 解析概論』高木貞治（岩波書店）
『線型代数学』佐武一郎（裳華房）
『線型代数入門』（基礎数学1）齋藤正彦（東京大学出版会）
『代数関数論』岩澤健吉（岩波書店）
「非線形・非平衡現象の数理」（全4巻）三村昌泰監修（東京大学出版会）

物理・化学

『一般相対論入門』須藤靖（日本評論社）
『一般相対論の世界を探る』（UT Physics 3）柴田大（東京大学出版会）
『Dブレーン』（UT Physics 2）橋本幸士（東京大学出版会）
『熱力学入門』荻野一善（岩波書店）
『ものの大きさ』（UT Physics 1）須藤靖（東京大学出版会）

地理・地学・宇宙

『宇宙創生はじめの三分間』ワインバーグ／小尾信弥訳（ダイヤモンド社）
『宇宙の定数』バロウ／松浦俊輔訳（青土社）
『海と環境』日本海洋学会編（講談社）
『沙漠化とその対策』赤木祥彦（東京大学出版会）
『生命と地球の歴史』丸山茂徳ほか（岩波新書）
『地球生物学』池谷仙之ほか（東京大学出版会）
『地圏の水環境科学』登坂博行（東京大学出版会）
『地圏水循環の数理』登坂博行（東京大学出版会）
『東京の自然水124』廣田稔明（けやき出版）
『なるほど！ 世界地図帳』帝国書院編集部（帝国書院）
『身近な気象の科学』近藤純正（東京大学出版会）

生物・農学

『〈1分子〉生物学』合原一幸ほか編（岩波書店）
『遺伝子組換え植物の光と影 II』佐野浩監修（学会出版センター）
『変わる植物学 広がる植物学』塚谷裕一（東京大学出版会）
『カラー版 細胞紳士録』藤田恒夫ほか（岩波新書）
『植物は形を変える』柴岡弘郎（共立出版）
『進化と人間行動』長谷川寿一ほか（東京大学出版会）
『生物から見た世界』ユクスキュルほか／日高敏隆ほか訳（岩波文庫ほか）
『動物進化形態学』倉谷滋（東京大学出版会）

『動物のからだづくり』（シリーズ応用動物科学・バイオサイエンス2）武田洋幸（朝倉書店）
『ドリアン』塚谷裕一（中公新書）
『発生遺伝学』武田洋幸ほか（東京大学出版会）
『花の性』矢原徹一（東京大学出版会）
『分子生物学の誕生』鈴木理（秀潤社）
「UPバイオロジー」（全97巻、東京大学出版会）

医学・薬学

「がん研究のいま」（全4巻）鶴尾隆ほか編集代表（東京大学出版会）
『脳のなかの倫理』ガザニガ／梶山あゆみ訳（紀伊國屋書店）
『脳はここまで解明された』合原一幸編著（ウェッジ）
『分裂病と人類』中井久夫（東京大学出版会）
『理工学系からの脳科学入門』合原一幸ほか編（東京大学出版会）

2008年

二〇〇八年アンケート執筆者（敬称略）

赤川　学　小島毅　松方冬子
入村達郎　斎藤毅　松本洋一郎
影浦　峡　佐藤直樹　宮本英昭
風間洋一　下田正弘　村上郁也
加毛　明　外村　大
唐沢かおり　中島隆博
窪川かおる　藤原（奥野）正寛

■総記■

■人文科学■

哲学・思想・宗教

『愛するということ』フロム（鈴木晶訳、紀伊國屋書店ほか）

『インド思想史』早島鏡正ほか（東京大学出版会）

『ウィトゲンシュタインはこう考えた』鬼界彰夫（講談社現代新書）

『構造と力』浅田彰（勁草書房）

『国家』プラトン（藤沢令夫訳、岩波文庫ほか）

『残響の中国哲学』中島隆博（東京大学出版会）

『宗教的経験の諸相』ジェイムズ（桝田啓三郎訳、岩波文庫ほか）

『西欧精神の探究』堀米庸三ほか編（NHKライブラリー）

『勢 効力の歴史』ジュリアン／中島隆博訳（知泉書館）

『中国思想史』溝口雄三ほか（東京大学出版会）

『忠誠と反逆』丸山眞男（ちくま学芸文庫ほか）

『定本 想像の共同体』アンダーソン／白石隆ほか訳（書籍工房早山）

『日本的霊性』鈴木大拙（岩波文庫ほか）

『涅槃経の研究』下田正弘（春秋社）

『パリニッバーナ』下田正弘（NHK出版）

『表徴の帝国』バルト（宗左近訳、ちくま学芸文庫ほか）

『仏教入門』高崎直道（東京大学出版会）

文学・評論・言語

『或阿呆の一生』芥川龍之介（新潮文庫ほか）

『惜みなく愛は奪う』有島武郎（新潮文庫ほか）

『オリエンタルな夢』平川祐弘（筑摩書房）

『婦系図』泉鏡花（新潮文庫ほか）

『河童』芥川龍之介（新潮文庫ほか）

『金閣寺』三島由紀夫（新潮文庫ほか）

『近代能楽集』三島由紀夫（新潮文庫ほか）

『銀の匙』中勘助（岩波文庫ほか）

『空海の風景』司馬遼太郎（中公文庫ほか）

『言語態の問い』（シリーズ言語態1）山中桂一ほか編（東京大学出版会）

『源氏物語』（石田穣二ほか校注、新潮日本古典集成ほか）

『古事記』（倉野憲司校注、岩波文庫ほか）

『子どもと話す 言葉ってなに？』影浦峡（現代企画室）

『三国志演義』井波律子（岩波新書）

『残像に口紅を』筒井康隆（中公文庫ほか）

『司馬遷』武田泰淳（講談社学芸文庫ほか）

『死霊』埴谷雄高（講談社文芸文庫ほか）

『ソシュール一般言語学講義』ソシュール／影浦峡ほか訳（東京大学出版会）

『空と風と星と詩 尹東柱全詩集』尹一柱編、伊吹郷訳（影書房）

『それから』夏目漱石（岩波文庫ほか）

『他人の顔』安部公房（新潮文庫ほか）

『頼むから静かにしてくれ』カーヴァー／

村上春樹訳（中央公論新社）
『天皇と東大』立花隆（文藝春秋）
『楡家の人びと』北杜夫（新潮文庫ほか）
『鼻』芥川龍之介（新潮文庫ほか）
『ヒロシマ・ノート』大江健三郎（岩波新書）
『文明の衝突』ハンチントン／鈴木主税訳（集英社）
『星と嵐』レビュファ（近藤等訳、集英社文庫ほか）
『冥途』内田百閒（ちくま文庫ほか）
『物は言いよう』斎藤美奈子（平凡社）
『藪の中』芥川龍之介（新潮文庫ほか）
『雪国』川端康成（新潮文庫ほか）
『羅生門』芥川龍之介（新潮文庫ほか）
『On Campus』東京大学教養学部英語部会編（東京大学出版会）
『Passages』東京大学教養学部フランス語部会編（東京大学出版会）

美術・芸術

『ドガ・ダンス・デッサン』ヴァレリー（清水徹訳、筑摩書房ほか）

歴史

『オランダ風説書と近世日本』松方冬子（東京大学出版会）
『近世後期政治史と対外関係』藤田覚（東京大学出版会）
『古代アフリカ王国』シニー／東京大学インクルレコ訳（理論社）
『在日朝鮮人社会の歴史学的研究』外村大（緑蔭書房）
『十八史略』曾先之（林秀一訳、明治書院ほか）
『昭和史 1926―1945』半藤一利（平凡社ライブラリー）
『中世の秋』ホイジンガ（堀越孝一訳、中公クラシックスほか）
『謎解き 洛中洛外図』黒田日出男（岩波新書）
『日本帝国主義の朝鮮支配』朴慶植（青木書店）
『歴史のための弁明』ブロック／松村剛訳（岩波書店）

心理学・認知科学

『錯視完全図解』北岡明佳監修（Newton別冊、ニュートンプレス）
『事故と安全の心理学』三浦利章ほか編著（東京大学出版会）
『社会心理学』（朝倉心理学講座7）唐沢かおり編（朝倉書店）
「講座心理学」（全15巻）八木冕監修（東京大学出版会）
「心理学研究法」（全17巻）続有恒ほか監修（東京大学出版会）
『心理学的測定法』田中良久（東京大学出版会）
『新・心理学の基礎知識』中島義明ほか編（有斐閣）

社会

『学歴と格差・不平等』吉川徹（東京大学出版会）
『子どもが減って何が悪いか！』赤川学

（ちくま新書）
『2020年の日本人』松谷明彦（日本経済新聞出版社）
『貧困襲来』湯浅誠（山吹書店）

■社会科学■

社会科学一般

『プロテスタンティズムの倫理と資本主義の精神』ヴェーバー（大塚久雄訳、岩波文庫ほか）

政治

『近代中国政治外交史』坂野正高（東京大学出版会）
『デモクラシーの政治学』福田有広ほか編（東京大学出版会）
『日本政治思想史研究』丸山眞男（東京大学出版会）
「丸山眞男講義録」（全7巻、東京大学出版会）

法律

『会社法人格否認の法理』江頭憲治郎（東京大学出版会）
『近代法の形成』村上淳一（岩波書店）
『損害賠償法の理論』平井宜雄（東京大学出版会）
『法政策学』平井宜雄（有斐閣）
『法とフィクション』来栖三郎（東京大学出版会）

経済・経営

『近現代日本経済史要覧』三和良一ほか編（東京大学出版会）
『市場を創る』マクミラン／瀧澤弘和ほか訳（NTT出版）
『資本論』マルクス（向坂逸郎訳、岩波文庫ほか）
『ミクロ経済学』奥野正寛編著（東京大学出版会）

■自然科学■

自然科学一般

『科学哲学の冒険』戸田山和久（NHKブックス）
『系統樹思考の世界』三中信宏（講談社現代新書）
『サイバネティックス』ウィーナー（池原止戈夫ほか訳、岩波文庫ほか）
『「産業科学技術」の哲学』吉川弘之ほか（東京大学出版会）
『沈黙の春』カーソン（青樹簗一訳、新潮文庫ほか）
『脳のなかの幽霊』ラマチャンドランほか（山下篤子訳、角川文庫ほか）
『人はなぜエセ科学に騙されるのか』セーガン（青木薫訳、新潮文庫ほか）

数学

『定本　解析概論』高木貞治（岩波書店）
『解析入門Ⅰ』（基礎数学2）杉浦光大（東

京大学出版会）
『近世数学史談』高木貞治（岩波文庫）
『集合・位相入門』松坂和夫（岩波書店）
『数学入門』遠山啓（岩波新書）
『数論』（I、II）斎藤毅ほか（岩波書店）
『線形代数の世界』斎藤毅（東京大学出版会）
『代数的構造』遠山啓（ちくま学芸文庫ほか）
『フェルマーの最終定理』シン（青木薫訳、新潮文庫ほか）

物理・化学

『現代熱力学』プリゴジンほか／妹尾学ほか訳（朝倉書店）
『散逸構造』プリゴジーヌほか／小畠陽之助ほか訳（岩波書店）
『相対性理論入門講義』風間洋一（培風館）
『Dブレーン』（UT Physics 2）橋本幸士（東京大学出版会）
「ファインマン物理学」（全5巻）ファインマンほか／坪井忠二ほか訳（岩波書店）
『物理学はいかに創られたか』アインシュタインほか／石原純訳（岩波新書）
『物理はいかに考えられたか』風間洋一（岩波書店）

地理・地学・宇宙

『進化する地球惑星システム』東京大学地球惑星システム科学講座編（東京大学出版会）
『惑星地質学』宮本英昭ほか編（東京大学出版会）

工学

『工学は何をめざすのか』中島尚正編（東京大学出版会）
『システムの科学』サイモン／稲葉元吉ほか訳（パーソナルメディア）
『設計の理論・計算熱流体力学』（岩波講座現代工学の基礎15）冨山哲男ほか編（岩波書店）
『熱流体ハンドブック』小竹進ほか（丸善）

生物・農学

『がん細胞』岡田節人（東京大学出版会）
『攻撃』ローレンツ／日高敏隆ほか訳（みすず書房）
『光合成の科学』東京大学光合成教育研究会（東京大学出版会）
『細胞』佐藤七郎（東京大学出版会）
『種の起原』ダーウィン（八杉龍一訳、岩波文庫ほか）
「シリーズ進化学」（全7巻）石川統ほか編（岩波書店）
『ストライヤー生化学』ストライヤーほか／入村達郎ほか訳（東京化学同人）
『生物がつくる〈体外〉構造』ターナー／滋賀陽子訳（みすず書房）
『生命科学』東京大学生命科学教科書編集委員会編（羊土社）
『生命と複雑系』田中博（培風館）
『生命の多様性』ウィルソン（大貫昌子ほか訳、岩波現代文庫ほか）
「多様性の植物学」（全3巻）岩槻邦男ほか

編（東京大学出版会）
『動物進化形態学』倉谷滋（東京大学出版会）
『ナメクジウオ』安井金也ほか（東京大学出版会）
『爬虫類の進化』疋田努（東京大学出版会）
『文系のための生命科学』東京大学生命科学教科書編集委員会編（羊土社）
『哺乳類の進化』遠藤秀紀（東京大学出版会）
『「四億年の目撃者」シーラカンスを追って』ワインバーグ（戸根由紀恵訳、文春文庫ほか）
『理系総合のための生命科学』東京大学生命科学教科書編集委員会編（羊土社）
『両生類の進化』松井正文（東京大学出版会）
『レーヴン／ジョンソン生物学』レーヴンほか／R/J Biology 翻訳委員会監訳（培風館）

医学・薬学

『感染と免疫』プレーフェア／入村達郎訳（東京化学同人）
『免疫薬理学の原理』ナイカンプほか編／入村達郎ほか監訳（シュプリンガーフェアラーク東京）

2009年

二〇〇九年アンケート執筆者（敬称略）

飯田敬輔　小玉重夫　増田直紀
石川博康　小屋口剛博　山本史郎
伊藤たかね　竹内整一　若林正丈
遠藤利彦　谷垣真理子　渡辺　裕
遠藤基郎　難波成任
トム・ガリー　西成活裕
川島博之　藤本隆宏

■総記■

『東京大学本郷キャンパス案内』木下直之ほか（東京大学出版会）

『東京大学歴代総長式辞告辞集』東京大学創立一二〇周年記念刊行会編（東京大学出版会）

■人文科学■

哲学・思想・宗教

『アリストテレスの現象学的解釈』ハイデガー（高田珠樹訳、平凡社ほか）

『君主論』マキアヴェッリ（河島英昭訳、岩波文庫ほか）

『芸術の条件』小田部胤久（東京大学出版会）

『現代論理入門』クワイン／杖下隆英訳（大修館書店）

『構造と力』浅田彰（勁草書房）

「死生学」（全5巻）島薗進ほか編（東京大学出版会）

『自分で考えてみる哲学』ウィルソン／山本史郎訳（東京大学出版会）

『真理と方法Ⅱ』ガダマー／轡田収ほか訳（法政大学出版局）

『西洋哲学史』ラッセル／市井三郎訳（みすず書房）

『知識人とは何か』サイード／大橋洋一訳（平凡社ライブラリー）

『28歳からのリアル』人生戦略会議（WAVE出版）

『日本人の心』相良亨（東京大学出版会）

『日本人はなぜ「さようなら」と別れるのか』竹内整一（ちくま新書）

『日本人は「やさしい」のか』竹内整一（ちくま新書）

『日本倫理思想史』佐藤正英（東京大学出版会）

文学・評論・言語

『英語の数量表現辞典』研究社辞書編集部編、ガリー監修（研究社）

『神の代理人』塩野七生（新潮社）

『閑吟集』（浅野建二校注、岩波文庫ほか）

『冠詞』関口存男（三修社）

『北朝鮮へのエクソダス』モーリス＝スズキ（田代泰子訳、朝日文庫ほか）

『こころと言葉』長谷川寿一ほか編（東京大学出版会）

『清経入水』秦恒平（角川文庫ほか）

『言語分析の技法』グリーンほか／中澤恒子ほか訳（東京大学出版会）

『幻想文学論序説』トドロフ／三好郁朗訳（創元ライブラリ）

『語の仕組みと語形成』伊藤たかねほか（研究社）

『坂の上の雲』司馬遼太郎（文春文庫ほか）

『三国志』吉川英治（吉川英治歴史時代文庫、講談社）

『趣味のドイツ語』関口存男（三修社）

『新解さんの謎』赤瀬川原平（文春文庫ほか）

『全国アホ・バカ分布考』松本修（新潮文庫ほか）

『対訳シェイクスピア詩集』柴田稔彦編

（岩波文庫）

『ドイツ語学講話』関口存男（三修社）

『東大英単』東京大学教養学部英語部会編著（東京大学出版会）

『東大の教室で『赤毛のアン』を読む』山本史郎（東京大学出版会）

『日本語辞書学への序章』倉島節尚（大正大学出版会）

『日本三文オペラ』開高健（新潮文庫ほか）

『ハムレット』シェイクスピア（福田恆存訳、新潮文庫ほか）

『文学評論』夏目漱石（岩波文庫ほか）

『香港 旅の雑学ノート』山口文憲（新潮文庫ほか）

『マクベス』（福田恆存訳、新潮文庫ほか）

『リア王』（福田恆存訳、新潮文庫ほか）

『竜馬がゆく』司馬遼太郎（文春文庫ほか）

『萱草に寄す』立原道造（「立原道造詩集」杉浦明平編、岩波文庫ほか）

『The Expanding Universe of English』（I・II）東京大学教養学部英語部会編（東京大学出版会）

『The Universe of English』（I・II）東京大学教養学部英語部会編（東京大学出版会）

美術・芸術

『クラシック音楽の政治学』渡辺裕ほか（青弓社）

『宝塚歌劇の変容と日本近代』渡辺裕（新書館）

歴史

『失敗の本質』戸部良一ほか著（中公文庫）

『中国近現代史』小島晋治ほか（岩波新書）

『中世王権と王朝儀礼』遠藤基郎（東京大学出版会）

『中世寺院史料論』永村眞（吉川弘文館）

『中世の罪と罰』網野善彦ほか（東京大学出版会）

『ナショナル・ヒストリーを学び捨てる』酒井直樹編（東京大学出版会）

『歴史のための弁明』ブロック／松村剛訳（岩波書店）

心理学・認知科学

『感情』エヴァンズ／遠藤利彦訳（岩波書店）

『信頼の構造』山岸俊男（東京大学出版会）

『心理学の謎を解く』繁桝算男ほか編（医学出版）

『読む目・読まれる目』遠藤利彦編（東京大学出版会）

教育

「学校の再生をめざして」（全3巻）佐伯胖ほか編（東京大学出版会）

『教育学をつかむ』木村元ほか（有斐閣）

『キーワード 現代の教育学』田中智志ほか編（東京大学出版会）

『シティズンシップの教育思想』小玉重夫（白澤社）

『若い教師への手紙』竹内常一（高校生文化研究会）

社会

『自我の起原』真木悠介（岩波現代文庫ほか）

『つきあい方の科学』アクセルロッド／松田裕之訳（ミネルヴァ書房）

■社会科学■

地域

『戦後台湾経済分析』劉進慶（東京大学出版会）

『台湾民主国の研究』黄昭堂（東京大学出版会）

『帝国主義下の台湾』矢内原忠雄（岩波書店）

『日本帝国主義下の台湾』涂照彦（東京大学出版会）

『日本統治下の台湾』許世楷（東京大学出版会）

『香港』浜下武志（ちくま新書）

『香港回収工作』許家屯（青木まさこほか訳、ちくま学芸文庫ほか）

政治

『現代政治の思想と行動』丸山眞男（未來社）

「シリーズ国際関係論」（全5巻）篠田英朗ほか著（東京大学出版会）

「国際政治講座」（3、4）藤原帰一ほか編（東京大学出版会）

『国連の政治力学』北岡伸一（中公新書）

『台湾』（東アジアの国家と社会2）若林正丈（東京大学出版会）

『台湾の政治』若林正丈（東京大学出版会）

『中国の近代化と知識人』シュウォルツ／平野健一郎訳（東京大学出版会）

『中国の対外戦略』岡部達味（東京大学出版会）

『デモクラシー』クリック／添谷育志ほか訳（岩波書店）

『保守化と政治的意味空間』佐々木毅（岩波書店）

『模索する近代日中関係』貴志俊彦ほか編（東京大学出版会）

法律

『「契約の本性」の法理論』石川博康（有斐閣）

『法律家の歴史的素養』村上淳一編（東京大学出版会）

経済・経営

『経営構想力』大河内暁男（東京大学出版会）

『合理的な愚か者』セン／大庭健ほか訳（勁草書房）

『混雑と待ち』高橋幸雄ほか（朝倉書店）

『組織現象の理論と測定』野中郁次郎ほか（千倉書房）

「リーディングス・日本の企業システム」（第Ⅱ期、全5巻）伊丹敬之ほか編（有斐閣）

■自然科学■

自然科学一般

『科学者とは何か』村上陽一郎（新潮選書）
『科学の方法』中谷宇吉郎（岩波新書）
『研究者』有馬朗人監修（東京図書）
『研究力』有馬朗人監修（東京図書）
『西欧近代科学』村上陽一郎（新曜社）
『縮小文明の展望』月尾嘉男（東京大学出版会）
『世界の食料生産とバイオマスエネルギー』川島博之（東京大学出版会）
『妻を帽子とまちがえた男』サックス（高見幸郎ほか訳、ハヤカワ文庫ほか）

情報科学・コンピュータ

『「複雑ネットワーク」とは何か』増田直紀ほか（講談社ブルーバックス）
『私たちはどうつながっているのか』増田直紀（中公新書）

数学

『虚数の情緒』吉田武（東海大学出版会）
『微分方程式』東京大学工学部応用物理学教室編（東京大学出版会）

物理・化学

『古典力学の形成』山本義隆（日本評論社）
『非線形格子力学』戸田盛和（岩波書店）
『物理学とは何だろうか』朝永振一郎（岩波新書）
『ものの大きさ』（UT Physics 1）須藤靖（東京大学出版会）

地理・地学・宇宙

『火山現象のモデリング』小屋口剛博（東京大学出版会）
『火山とプレートテクトニクス』中村一明（東京大学出版会）
『火山の話』中村一明（岩波新書）
『火山灰は語る』町田洋（蒼樹書房）
『地球内部物理学』島津康男（裳華房）
『地球の進化』島津康男（岩波書店）
『日本の火山地形』守屋以智雄（東京大学出版会）

工学

『渋滞学』西成活裕（新潮選書）
『常識破りのものづくり』山田日登志ほか（NHK出版）
『無駄学』西成活裕（新潮選書）

生物・農学

『鏡の背面』ローレンツ／谷口茂訳（新思索社）
『攻撃』ローレンツ／日高敏隆ほか訳（みすず書房）
『植物医科学』（上）難波成任監修（養賢堂）
『植物のウイルス病物語』都丸敬一（全国農村教育協会）
『植物の病気』日本植物防疫協会編（日本植物防疫協会）
『進化と人間行動』長谷川寿一ほか（東京

大学出版会)
『ソロモンの指環』ローレンツ(日高敏隆訳、ハヤカワ文庫ほか)

医学・薬学

『言語と思考を生む脳』(シリーズ脳科学3)入來篤史編、甘利俊一監修(東京大学出版会)
『言語を生みだす本能』ピンカー/椋田直子訳(NHKブックス)
『心とことばの起源を探る』トマセロ/大堀壽夫ほか訳(勁草書房)

2010年

二〇一〇年アンケート執筆者（敬称略）

池田謙一　後藤春美　藤井省三
市川　裕　坂井秀隆　松田康博
小幡道昭　篠原雅尚　松田良一
加藤雄介　千葉　学　水町勇一郎
川人貞史　箸本春樹　美馬秀樹
玄田有史　長谷川まゆ帆
近藤成一　樋口亮介

■総記■

『高校生のための東大授業ライブ』東京大学教養学部編（東京大学出版会）
『高校生のための東大授業ライブ 純情編』東京大学教養学部編（東京大学出版会）
『高校生のための東大授業ライブ 熱血編』東京大学教養学部編（東京大学出版会）

■人文科学■

哲学・思想・宗教

『ゴルギアス』プラトン（加来彰俊訳、岩波文庫ほか）
『人倫の形而上学』（カント全集11）樽井正義・池尾恭一訳（岩波書店）
『ソクラテスの弁明』プラトン（久保勉訳、岩波文庫ほか）
『知覚の現象学』メルロ＝ポンティ（中島盛夫訳、法政大学出版局ほか）
『法の哲学』ヘーゲル（藤野渉ほか訳、中央公論新社ほか）
『法華経』（坂本幸男ほか訳注、岩波文庫ほか）
『民族という虚構』小坂井敏晶（ちくま学芸文庫ほか）
『ユダヤ教の精神構造』市川裕（東京大学出版会）
『ユダヤ教の歴史』市川裕（山川出版社）

文学・評論・言語

『阿Q正伝』魯迅（竹内好訳、岩波文庫ほか）
『暗夜行路』志賀直哉（新潮文庫ほか）
『異郷の誘惑』石井洋二郎（東京大学出版会）
『イワン・デニーソヴィチの一日』ソルジェニーツィン（木村浩訳、新潮文庫ほか）
『永遠の歴史』ボルヘス（土岐恒二訳、ちくま学芸文庫ほか）
『現代中国文化探検』藤井省三（岩波新書）
『沈まぬ太陽』山崎豊子（新潮文庫ほか）
『大臣』菅直人（岩波新書）
『谷間のゆり』バルザック（宮崎嶺雄訳、岩波文庫ほか）
『電子立国 日本の自叙伝』相田洋（NHKライブラリー）
『東大生はバカになったか』立花隆（文春文庫ほか）
『風月無尽』前野直彬（東京大学出版会）
『水の彼方』田原／泉京鹿訳（講談社）
『〈民主〉と〈愛国〉』小熊英二（新曜社）
『村上朝日堂はいかにして鍛えられたか』村上春樹ほか（新潮文庫ほか）
『村上春樹のなかの中国』藤井省三（朝日選書）

美術・芸術

『田中希代子』萩谷由喜子（ショパン）

歴史

『吾妻鏡』（吉川弘文館）
『アヘンとイギリス帝国』後藤春美（山川出版社）
『甘さと権力』ミンツ／川北稔ほか訳（平凡社）

『イギリスの歴史』川北稔ほか編（有斐閣）

『お産椅子への旅』長谷川まゆ帆（岩波書店）

『女と男と子どもの近代』長谷川まゆ帆（山川出版社）

『古文書学入門』佐藤進一（法政大学出版局）

『上海をめぐる日英関係 1925—1932年』後藤春美（東京大学出版会）

『西洋学事始』樺山紘一（中公文庫ほか）

『大英帝国という経験』（興亡の世界史16）井野瀬久美恵（講談社）

『茶の世界史』角山栄（中公新書）

『中世王権と王朝儀礼』遠藤基郎（東京大学出版会）

『中世　日本と西欧』近藤成一ほか編（吉川弘文館）

『マラリアと帝国』飯島渉（東京大学出版会）

『マルク・ブロックを読む』二宮宏之（岩波書店）

『歴史学と社会理論』バーク／佐藤公彦訳（慶應義塾大学出版会）

心理学・認知科学

『クチコミとネットワークの社会心理』池田謙一編（東京大学出版会）

『信頼の構造』山岸俊男（東京大学出版会）

『政治のリアリティと社会心理』池田謙一（木鐸社）

『服従の心理』ミルグラム（山形浩生、河出文庫ほか）

教育

『危機に立つ日本の理数教育』高等教育フォーラム監修（明石書店）

『世界の科学教育』松田良一編著（明石書店）

『日本の理科教育があぶない』高等教育フォーラム監修（学会センター関西／学会出版センター）

社会

『失われた場を探して』ブリントン／池村千秋訳（ＮＴＴ出版）

「希望学」（全4巻）東大社研ほか編（東京大学出版会）

『人間に格はない』玄田有史（ミネルヴァ書房）

人類学・民俗学

『認識と文化』福井勝義（東京大学出版会）

■社会科学■

地域

『アメリカニズム』古矢旬（東京大学出版会）

『記憶する台湾』呉密察ほか編（東京大学出版会）

政治

『アイザイア・バーリン』イグナティエフ／石塚雅彦ほか訳（みすず書房）

『官のシステム』大森彌（東京大学出版会）

『国際政治』高坂正堯（中公新書）

『政治学のフィールド・ワーク』（高畠通敏集5）栗原彬ほか編（岩波書店）

『選挙制度と政党システム』川人貞史（木鐸社）

『台湾の政治』若林正丈（東京大学出版会）

『台湾』（東アジアの国家と社会2）若林正丈（東京大学出版会）

『台湾における一党独裁体制の成立』松田康博（慶應義塾大学出版会）

『日台関係史 1945―2008』川島真ほか（東京大学出版会）

『日本の国会制度と政党政治』川人貞史（東京大学出版会）

『ピースメイカーズ』マクミラン／稲村美貴子訳（芙蓉書房出版）

『膨張する帝国 拡散する帝国』石田憲編（東京大学出版会）

『理想の追求』（バーリン選集4）バーリン／福田歓一ほか訳（岩波書店）

法律

『英米法辞典』田中英夫編集代表（東京大学出版会）

『刑事訴訟における証拠排除』井上正仁（弘文堂）

『損害賠償法の理論』平井宜雄（東京大学出版会）

『法人処罰と刑法理論』樋口亮介（東京大学出版会）

『法学』松尾浩也ほか編（有信堂）

『〈法〉の歴史』村上淳一（東京大学出版会）

『労働法』水町勇一郎（有斐閣）

『労働法改革』水町勇一郎ほか編（日本経済新聞出版社）

経済・経営

『経済原論』宇野弘蔵（岩波書店）

『経済原論』小幡道昭（東京大学出版会）

『経済原論講義』山口重克（東京大学出版会）

『資本論』マルクス（向坂逸郎訳、岩波文庫ほか）

『労働社会の終焉』メーダ／若森章孝ほか訳（法政大学出版局）

■自然科学■

情報科学・コンピュータ

『30日でできる! OS自作入門』川合秀実（毎日コミュニケーションズ）

『CPUの創りかた』渡波郁（毎日コミュニケーションズ）

自然科学一般

『科学者という仕事』酒井邦嘉（中公新書）

『新ファラデー伝』井上勝也（研成社）

『誰が科学技術について考えるのか』小林傳司（名古屋大学出版会）

『春宵十話』岡潔（光文社文庫ほか）

『ファラデーが生きたイギリス』小山慶太（日本評論社）

『マイケル・ファラデー』ラッセル／須田康子訳（大月書店）

『理科系の作文技術』木下是雄（中公新書）

『ロウソクの科学』ファラデー（竹内敬人

訳、岩波文庫ほか）

数学

『解析力学と微分形式』深谷賢治（岩波書店）
『幾何学入門』コクセター（銀林浩訳、ちくま学芸文庫ほか）
『パンルヴェ方程式』岡本和夫（岩波書店）
『複素関数入門』神保道夫（岩波書店）

物理・化学

『絶対零度への挑戦』メンデルスゾーン／大島恵一訳（講談社ブルーバックス）
『熱学思想の史的展開』山本義隆（ちくま学芸文庫）
『物理学序論としての力学』藤原邦男（東京大学出版会）
『物理学とは何だろうか』朝永振一郎（岩波新書）

地理・地学・宇宙

『地震の物理』金森博雄編（岩波書店）
『地球の内部で何が起こっているのか？』平朝彦ほか（光文社新書）
『付加体と巨大地震発生帯』木村学ほか編（東京大学出版会）
『複合大噴火』上前淳一郎（文春文庫）
『プレート収束帯のテクトニクス学』木村学（東京大学出版会）
『山の自然学』小泉武栄（岩波新書）

工学

『建築の多様性と対立性』ヴェンチューリ／伊藤公文訳（鹿島出版会）
『建築を語る』安藤忠雄（東京大学出版会）
『工学は何をめざすのか』中島尚正編（東京大学出版会）
『知識・構造化ミッション』松本洋一郎ほか監修、藤原毅夫ほか編（日経ＢＰ社）
『見えがくれする都市』槇文彦ほか（鹿島出版会）
『rule of the site』千葉学（ＴＯＴＯ出版）

生物・農学

『変わる植物学　広がる植物学』塚谷裕一（東京大学出版会）
『光合成の科学』東京大学光合成教育研究会編（東京大学出版会）
『図説生物学』東京大学教養学部図説生物学編集委員会編（東京大学出版会）
『生物と無生物のあいだ』福岡伸一（講談社現代新書）
『生物進化を考える』木村資生（岩波新書）
『生命と物質』永山國昭（東京大学出版会）

２０１１年

二〇一一年アンケート執筆者（敬称略）

新井仁之　佐々木猛智　山内祐平
石原孝二　杉本史子　山口いつ子
大野秀敏　園田茂人　暦本純一
小口　高　武田将明　和田一夫
小佐野重利　玉井哲雄
金井利之　丸川知雄
纐纈一起　森　肇志

■総記■

『ACADEMIC GROOVE』東京大学編（東京大学出版会）

■人文科学■

哲学・思想・宗教

『アイデアのつくり方』ヤング／今井茂雄訳（阪急コミュニケーションズ）

『啓蒙とは何か』カント（篠田英雄訳、岩波文庫ほか）

『現象としての人間』ド＝シャルダン／美田稔訳（みすず書房）

『言葉と物』フーコー／渡辺一民ほか訳（新潮社）

『聖書』（日本聖書協会ほか）

『知の全体史』ヴァン＝ドーレン／石塚浩司訳（法政大学出版局）

『発見術としての学問』塩川徹也（岩波書店）

『文明論之概略』福沢諭吉（岩波文庫ほか）

文学・評論・言語

『安全。でも、安心できない…』中谷内一也（ちくま新書）

『陰翳礼賛』谷崎潤一郎（中公文庫ほか）

『英仏文学戦記』斎藤兆史ほか（東京大学出版会）

『剣客商売』池波正太郎（新潮文庫ほか）

『古典文法質問箱』大野晋（角川文庫ほか）

『小説の勃興』ワット／藤田永祐訳（南雲堂）

『日本語が亡びるとき』水村美苗（筑摩書房）

『花も刀も』山本周五郎（新潮文庫）

『春の戴冠』辻邦生（中公文庫ほか）

『レトリックの意味論』佐藤信夫（講談社学術文庫ほか）

『FIRST MOVES』ロシターほか（東京大学出版会）

美術・芸術

『知性の眼』小佐野重利（中央公論美術出版）

『日本美術の歴史』辻惟雄（東京大学出版会）

『ベートーヴェンの〈第9〉』金子建志（音楽之友社）

歴史

『絵図学入門』杉本史子ほか編（東京大学出版会）

『江戸城』深井雅海（中公新書）

『現代中国の歴史』久保亨ほか（東京大学出版会）

『図集 日本都市史』高橋康夫ほか編（東京大学出版会）

『領域支配の展開と近世』杉本史子（山川出版社）

心理学・認知科学

『理解とは何か』（コレクション認知科学2）佐伯胖編（東京大学出版会）

教育

『デジタル教材の教育学』山内祐平編（東京大学出版会）

『「未来の学び」をデザインする』美馬のゆりほか（東京大学出版会）

社会

『教育は不平等を克服できるか』（叢書 中国的問題群8）園田茂人ほか（岩波書店）

『現代演劇のフィールドワーク』佐藤郁哉（東京大学出版会）

『社会学講義』富永健一（中公新書）

『社会分業論』（現代社会学大系2）デュルケーム／田原音和訳（青木書店）

『社会変動の理論』富永健一（岩波書店）

『中国社会はどこへ行くか』園田茂人編（岩波書店）

『不平等国家中国』園田茂人（中公新書）

『メディア論』マクルーハン／栗原裕ほか訳、（みすず書房）

人類学・民族学

『構造人類学』レヴィ＝ストロース／荒川幾男ほか訳（みすず書房）

■社会科学■

政治

『新しい「中世」』田中明彦（日本経済新聞出版社）

『現代政治の思想と行動』丸山眞男（未來社）

『国際政治』藤原帰一（放送大学教育振興会）

『国際政治とは何か』中西寛（中公新書）

『財政調整の一般理論』金井利之（東京大学出版会）

『日本官僚制の研究』辻清明（東京大学出版会）

『東アジアの王権と思想』渡辺浩（東京大学出版会）

法律

『英米法辞典』田中英夫編集代表（東京大学出版会）

『国際法から世界を見る』松井芳郎（東信堂）

『自衛権の基層』森肇志（東京大学出版会）

『情報法の構造』山口いつ子（東京大学出版会）

『続・清代中国の法と裁判』滋賀秀三（創文社）

『WTO体制の法構造』小寺彰（東京大学出版会）

『民法案内1』我妻榮（勁草書房）

経済・経営

『開発経済学』渡辺利夫（日本評論社）

『現代中国の産業』丸川知雄（中公新書）

『工場の哲学』中岡哲郎（平凡社）

『「中国なし」で生活できるか』丸川知雄（PHP研究所）

『トヨタ生産方式』大野耐一（ダイヤモン

ド社）

『なぜビジネス書は間違うのか』ローゼンツワイグ／桃井緑美子訳（日経BP社）

『日本経済史研究入門』（日本経済史6）石井寛治ほか編（東京大学出版会）

『「不足」の政治経済学』ヤーノシュ／盛田常夫編訳（岩波書店）

『法人資本主義』奥村宏（朝日文庫ほか）

『凡才の集団は孤高の天才に勝る』ソーヤー／金子宣子訳（ダイヤモンド社）

『ものづくりの寓話』和田一夫（名古屋大学出版会）

■自然科学■

自然科学一般

『オープンシステムサイエンス』所眞理雄編著訳（NTT出版）

『科学技術倫理学の展開』石原孝二ほか編（玉川大学出版部）

『科学哲学』オカーシャ／廣瀬覚訳（岩波書店）

『系統樹思考の世界』三中信宏（講談社現代新書）

『ゲーデル、エッシャー、バッハ』ホフスタッター／野崎昭弘ほか訳（白揚社）

『パラダイムとは何か』野家啓一（講談社学術文庫ほか）

『理科年表』（丸善）

数学

『ウェーブレット』新井仁之（共立出版）

『社会を変える驚きの数学』合原一幸編著（ウェッジ）

『「無限」に魅入られた天才数学者たち』アクゼル／青木薫訳（早川書房）

物理・化学

『ほかほかのパン』（物理学者のいた街2）太田浩一（東京大学出版会）

地理・地学・宇宙

『海洋地球環境学』川幡穂高（東京大学出版会）

『古生物学』速水格（東京大学出版会）

『古生物学事典』日本古生物学会編（朝倉書店）

『地球生物学』池谷仙之ほか（東京大学出版会）

『地震・津波と火山の事典』藤井敏嗣ほか編（丸善）

『地震の揺れを科学する』山中浩明ほか（東京大学出版会）

『総説』（日本の地形1）米倉伸之ほか編（東京大学出版会）

『西アジア』（「朝倉世界地理講座6」）後藤明ほか編（朝倉書店）

『デジタルブック最新第四紀学』日本第四紀学会編（日本第四紀学会）

工学

『生きのびるためのデザイン』パパネック／阿部公正訳（晶文社）

『建築の多様性と対立性』ヴェンチューリ／伊藤公文訳（鹿島出版会）

『シュリンキング・ニッポン』大野秀敏ほ

か（鹿島出版会）
『ソフトウェア工学の基礎』玉井哲雄（岩波書店）
『連戦連敗』安藤忠雄（東京大学出版会）

生物・農学

『解剖男』遠藤秀紀（講談社現代新書）
『貝類学』佐々木猛智（東京大学出版会）
『変わる植物学　広がる植物学』塚谷裕一（東京大学出版会）
『動物の系統分類と進化』藤田敏彦（裳華房）
『人間はどこまでチンパンジーか？』ダイアモンド／長谷川眞理子ほか訳（新曜社）

医学・薬学

『技法以前』向谷地生良（医学書院）
「シリーズ　脳科学」（全6巻）甘利俊一監修（東京大学出版会）

ランキングリスト66冊

●ランキングリスト66冊

【1位】（11回）

『カラマーゾフの兄弟』ドストエフスキー

『資本論』カール・マルクス

『定本 解析概論』高木貞治

【2位】（10回）

『方法序説』ルネ・デカルト

『プロテスタンティズムの倫理と資本主義の精神』
マックス・ヴェーバー

【3位】（9回）

『定本 想像の共同体』ベネディクト・アンダーソン

【4位】（8回）

『オリエンタリズム』エドワード・W・サイード

『科学革命の構造』トーマス・クーン

『ファインマン物理学』ファインマン、レイトン、サンズ

【5位】（7回）

『罪と罰』ドストエフスキー

『三国志』陳寿

『歴史とは何か』E・H・カー

『職業としての学問』マックス・ウェーバー

『現代政治の思想と行動』丸山眞男

『ゲーデル、エッシャー、バッハ』ダグラス・R・ホフスタッター

『理科系の作文技術』木下是雄

『種の起原』ダーウィン

『利己的な遺伝子』リチャード・ドーキンス

【6位】（6回）

『国家』プラトン

『聖書』

『ソクラテスの弁明』プラトン

『邪宗門』高橋和巳

『戦争と平和』トルストイ

『ドン・キホーテ』セルバンテス

『自由からの逃走』エーリッヒ・フロム

『職業としての政治』マックス・ヴェーバー

『ご冗談でしょう、ファインマンさん』
リチャード・P・ファインマン

『物理学とは何だろうか』朝永振一郎

【7位】（5回）

『荘子』荘子

『存在と時間』ハイデガー

『ツァラトゥストラ』ニーチェ

『日本の思想』丸山真男

『紅楼夢』曹雪芹

『ジャン・クリストフ』ロマン・ロラン
『徒然草抜書』小松英雄
『危機の二十年』E・H・カー
『チーズとうじ虫』カルロ・ギンズブルク
『細胞の分子生物学』Bruce Albertsほか

【8位】(4回)

『知的生産の技術』梅棹忠夫
『監獄の誕生』ミシェル・フーコー
『善の研究』西田幾多郎
『文明論之概略』福沢諭吉
『論理哲学論考』ウィトゲンシュタイン
『アンナ・カレーニナ』トルストイ
『生きがいについて』神谷美恵子
『失われた時を求めて』プルースト
『西遊記』呉承恩
『それから』夏目漱石
『三四郎』夏目漱石
『日本人の英語』マーク・ピーターセン
『ペスト』カミュ
『ヨーロッパ文学とラテン中世』E・R・クルツィウス
『知の帝国主義』P・A・コーエン
『ことばが劈かれるとき』竹内敏晴
『つきあい方の科学』R・アクセルロッド
『悲しき熱帯』レヴィ=ストロース
『忘れられた日本人』宮本常一
『エビと日本人』村井吉敬
『リヴァイアサン』ホッブズ
『科学哲学の形成』H・ライヘンバッハ
『数理物理学の方法』R・クーランほか
『量子力学』朝永振一郎
『ホーキング、宇宙を語る』スティーヴン・W・ホーキング
『ソロモンの指環』コンラート・ローレンツ
『二重らせん』ジェームス・D・ワトソン
『夢判断』フロイト

＊このランキングリストは、一九八八年より二〇一一年までのアンケート設問①②の集計結果で4回以上あがったものです。順位の後の(○回)が取り上げられた回数を示します。

このリストをどう読むか

渡辺　浩
法政大学教授・東京大学名誉教授／日本政治思想史
東京大学出版会理事長

［1］

本書に集計された書籍リストは、思考を挑発する。ながめているとか何か解釈がしたくなる。『カラマーゾフの兄弟』『資本論』『解析概論』『方法序説』『プロテスタンティズムの倫理と資本主義の精神』という配列には、何か深遠な意味があるようにも見える[1]。

しかし、このリストとランキングに、統計としての意味をどれだけ見出すべきかは問題である。まず、これは、東大教員全体の意見の縮図などではない。回答したのは、この二〇年余りの間の『UP』編集部が、たまたまなんらかのつながりや考慮からアンケートを依頼した東大教員である。つまり抽出は無作為でない。東京大学出版会刊行書のリストに至っては、さらに問題である。例えば、いかに評判の本でも、あとで他の出版社の「文庫」や「ライブラリー」といったシリーズの中に収められたりすれば（評判の本は、しばしばそうなる。このリストの中にもいくつも例がある）、「東大出版会の本」としては扱われない。結果として、このリストにおける順位の上昇は止まる。少なくとも「東大出版会の本」のリストのランキングを深刻に受け止めるのは避けるべきだろう。

［2］

しかし、この「東大出版会の本」リストに挙げられた本は、確かに、少なくとも一時、日本の学界とその周囲で評判になった本である。そして、確かに、（私はそのほとんどを読んだが）いずれも読んで面白い。ただし、評判が（「大評判」であっても）結局、「一時の評判」で終わった本もある。

今や引用されることも稀で、品切れのままという本もあるようである。しかし、評判が永く持続し、「定評」となっている本も多い。さらに、丸山眞男『日本政治思想史研究』のように、何カ国語にも訳され、半世紀以上、日本思想史研究の機軸をなしてきた本もある（これに接したことで、人生の進路を変えた人――外国人を含む――を、私は何人も直接に識っている）。賛成するにせよ、批判するにせよ、同書は、その後の広範囲の研究者が決して無視できない、議論の焦点であり続けてきたのである。

そして、それほどでなくとも、挙げられた本の多くは、単に、ある狭い専門分野に新しい知見をもたらしたというものではない。それらは、（哲学書でなくとも）何らかの哲学や思想を語り、あるいは含意した本である。言い換えれば、ある特定の対象を論じながらも、より広く深い問題へと思考を刺戟し、誘う本である。例えば、竹内常一『子どもの自分くずしと自分つくり』は、子どもの「いじめ」や「不登校」を扱っている。そして、その発生の背景と構造とを具体例に寄り添って細密に解析している。しかし、その内容を追っていく内に、読者は、広く大人の社会の在り方を反省させられる。さらに、およそ人が成長することの意味についても考えさせられる。それは、スリリングな心理小説のようでもあり、また哲学書であるようにも感じられる。また、大野乾『生命の誕生と進化』は、題名通り生物学の本である。著者は、生命発生以来の遺伝子を構成するアミノ酸配列について、着実に論理を積み上げていく。しかし、やがて、議論は言語の構成や詩の美に及び、ついには遺伝子塩基配列が音符の配列に変換されて、数頁にわたる本格的な楽譜が示されるに至る（最後にはドビッシーの曲が言及される）。著者によれば、「人類文明、文化の発達つまり人類思考過程の変遷は、約三五億年前あたりに起こった生命誕生以来の遺伝子の分子進化の変遷のほぼ忠実な踏襲」（一五一頁）なのである！この言明の当否の判定は私にはできない。しかし、その読者の意表に大きく出た論旨の展開は、確かに刺戟的である。

もっとも、これらの本の「定評」がさらに何十年続くのか、その予想は難しい。書物同士の激しい生存競争の中で、これらはまさに試練を受けているところである。一部はそれに耐え抜いて、確乎たる「名著」の域に達するかもしれない。さらに学問の進展と時代の変遷さえ大きく超えた、「古典」となる本さえあるかもしれない。それを望みたいものである。

〔3〕

ただし、実は、いわゆる「人類の古典」のリストさえ、案外、時代によって変化するようである。

例えば、岩波文庫は、「いやしくも万人の必読すべき真に古典的価値ある書」を収録したという（岩波茂雄「読書子に寄す　岩波文庫発刊に際して」一九二七年）。しかし、「いやしくも万人の必読すべき真に古典的価値ある書」も、あのように多数になっては、到底「万人」「必読」というわけにはいかない。そこで、「必読」中の「必読」、「古典」中の「古典」を岩波文庫の中から一〇〇冊選び（一九六一年七月[2]）、そのリストを文庫の末尾に載せていた時期がある。選んだのは、当時の知識人中の知識人、一五人だった。しかし、その一〇〇冊を今ながめると、何よりも、戦後日本のある時期の特異な思想状況が看取される。このような本が「古典」とされうる時代もあったのだという、ややにがい感慨さえ、胸に湧く[3]。

本書のリストもまた、決定版ではありえない。今、読むべき本を選ぶための参考には確かになる（そうされることをお勧めしたい）。しかし、このリストが、数十年後に、さらには百年後に、どのように人々の目に映るのか。それは、不明である。アンケートに回答された現代の東大教員の見識に、将来の人々が感嘆することも、また、望みたいものである。

1　もっとも、一九八八年以降のアンケートで『資本論』が上位に挙がるとは何と時代錯誤な、と思われる方もいらっしゃるかもしれない。しかし、現在のような資本主義経済に翻弄されながら、「確かに問題は多いが、これがありうる経済組織の中では最善なのだ」と信じ続けるというのは、どこかカンディードのようではないだろうか。つまり、かつてヴォルテールが残酷に風刺した、この世は「ありうる世界の中では最善」だと信じさせられて一切の不幸と不正を甘受しようとした人物である（『カンディード』一七五九年）。「人間の経済行動の集積が、制御不能の自然現象のようになって人間自身を翻弄するのはおかしい。人々の公共的な決定によって経済も合理的かつ人道的に制御されるべきだ」という（少なくとも一見筋の通った）考えが浮かぶのは自然であろう。この世に資本主義がある限り、その最強の批判者マルクスもまた不滅なのではあるまいか。

2　岩波文庫編集部編『岩波文庫総目録　一九二七―一九八七』（岩波書店、一九八七年）vi頁。

3　ちなみに、一〇〇冊の内、本書二六七頁のリストの六六冊と重なるのは、八点である（『カラマーゾフの兄弟』『方法序説』『罪と罰』『職業としての学問』『ソクラテスの弁明』『創世記（聖書）』『善の研究』『文明論之概略』）。そして、どちらのリストにも、例えば『コーラン』はない。

ブックガイド　東大教師が新入生にすすめる本

2012年4月25日　初　版

［検印廃止］

編　者　東京大学出版会『UP』編集部

発行所　財団法人　東京大学出版会
代表者　渡辺　浩

113-8654 東京都文京区本郷7-3-1 東大構内
http://www.utp.or.jp/
電話 03-3811-8814　Fax 03-3812-6958
振替 00160-6-59964

印刷所　大日本法令印刷株式会社
製本所　牧製本印刷株式会社

ISBN 978-4-13-003332-9　Printed in Japan

小林康夫・山本泰 編　教養のためのブックガイド　A5　一六〇〇円

東京大学教養学部 編　高校生のための東大授業ライブ　A5　一八〇〇円

東京大学教養学部 編　高校生のための東大授業ライブ　熱血編　A5　一八〇〇円

東京大学教養学部 編　高校生のための東大授業ライブ　純情編　A5　一八〇〇円

東京大学教養学部 編　高校生のための東大授業ライブ　ガクモンの宇宙　A5　一八〇〇円

ここに表示された価格は本体価格です．御購入の際には消費税が加算されますので御了承下さい．